湖南大学出版社

图书出版基金资助项目

家富裕之道——

以技术创新加速跨越中等收入陷阱

徐幼民 著

湖南大学出版社

·长沙·

内 容 简 介

本书从技术创新驱动经济发展的角度，对发展中国家陷入中等收入陷阱的原因进行了理论与实证研究；针对中国经济发展的现状提出了相应的对策，认为发展中国家提升技术创新研发投资比重、提升研发投资效率与驱动经济发展的效率是加速跨越中等收入陷阱的关键。

图书在版编目（CIP）数据

国家富裕之道：以技术创新加速跨越中等收入陷阱/徐幼民著 . —长沙：湖南大学出版社，2021.12

ISBN 978-7-5667-2370-3

Ⅰ.①国…　Ⅱ.①徐…　Ⅲ.①中国经济—经济发展—研究　Ⅳ.①F124

中国版本图书馆 CIP 数据核字（2021）第 237610 号

国家富裕之道

——以技术创新加速跨越中等收入陷阱

GUOJIA FUYU ZHI DAO

—YI JISHU CHUANGXIN JIASU KUAYUE ZHONGDENG SHOURU XIANJING

著　　者：徐幼民		
责任编辑：严小涛		
印　　装：广东虎彩云印刷有限公司		
开　　本：710 mm×1000 mm　1/16	印　张：16.25	字数：309 千字
版　　次：2021 年 12 月第 1 版	印　次：2021 年 12 月第 1 次印刷	
书　　号：ISBN 978-7-5667-2370-3		
定　　价：50.00 元		

出 版 人：李文邦

出版发行：湖南大学出版社

社　　址：湖南·长沙·岳麓山　　　邮　　编：410082

电　　话：0731-88822559(营销部),88821343(编辑室),88821006(出版部)

传　　真：0731-88822264(总编室)

网　　址：http://www.hnupress.com

电子邮箱：yanxiaotao@hnu.cn

序　言

　　中国共产党在十八大提出了创新驱动发展战略，提出科技创新是提高社会生产力和综合国力的战略支撑，必须摆在国家发展全局的核心地位。2016年中共中央和国务院印发了《国家创新驱动发展战略纲要》，强调创新驱动是国家命运之所在，国家力量的核心是科技创新能力。在中国加快推进社会主义现代化、实现"两个一百年"的奋斗目标和中华民族伟大复兴中国梦的关键阶段，通过创新来驱动发展，走出一条从人才强、科技强到产业强、经济强、国家强的发展路径，是目前中国所面临的历史使命。

　　国家富裕问题是国家由相对贫穷状态，通过持续的经济增长成为相对富裕国家的问题。其中的关键问题有两个：一是如何通过技术创新来加速经济发展速度，二是需要跨越中等收入陷阱。中国正处于跨越中等收入陷阱的关键阶段，面临着经济发展动力转变必须依靠技术创新驱动而形成新的经济发展动力的艰巨任务。经济发展历史告诉我们，二战之后的发展中国家只有少数国家通过持续的经济发展跨越了中等收入陷阱。这说明了这一问题的严重性，也说明了解决这一问题的难度。

　　改革开放以来，中国的经济发展状况良好，中国经济实力日益强大，科研体系日益完备，人才队伍不断壮大，科学、技术、工程、产业的自主创新能力正在快速提升，庞大的市场规模、完善的产业体系、多样化的消费需求与互联网时代创新效率的提升相结合，为创新提供了广阔的空间。借助于中国特色的社会主义制度所带来的优势，不仅可以走出一条创新驱动发展跨越中等收入陷阱的道路，而且还能够在新中国建国100周年的时候，中国经济发展水平达到中等发达国家的水平。

基于中国创新驱动发展、跨越中等收入陷阱的需要，本书研究在于从技术创新驱动经济发展的角度寻找中等收入陷阱产生的原因、决定因素和有效对策。

导论介绍财富增长理论的简明历史与基本问题。

全书分为四章。第一章：发展中国家产生中等收入陷阱的原因研究。该研究内容包括以下四个方面：第一，用微分方程方法建立了技术创新驱动经济发展效率来决定国家经济发展状态的理论模型。发现国家经济发展状况主要取决于三大因素，即研发投资占国民总收入的比重、研发投资形成技术创新成果的效率、技术创新成果驱动经济发展的效率。第二，根据发展中国家的经济特点建立了技术创新效率约束下的中等收入陷阱模型。如果发展中国家单纯依赖资本积累和农村剩余劳动力的转移来促进经济增长将是不可持续的，必将陷入中等收入陷阱。只有技术创新效率足以对抗要素边际生产率递减作用时，发展中国家的经济才能够持续发展和将农村剩余劳动力转移完毕并跨越中等收入陷阱。第三，根据发展中国家技术创新的模仿方式建立了决定相对收入的微分方程模型。在模仿创新方式约束下可以发现，因为受到专利权期限的约束，发展中国家跨越中等收入陷阱时对技术创新效率的要求更高，否则将因模仿方式本身的约束导致其陷入中等收入陷阱。第四，建立了发展中国家经济结构与就业结构同时转变的微分方程模型。通过研究导致结构变化的因素及其相互关系，可以发现经济结构与就业结构的转变需要保持适当的比例，否则有碍于结构的转变。如果结构转变的积极因素过小、阻碍因素过大，则将降低结构转变的速度，而且还有可能导致城乡经济结构终止转变并停留在不发达的阶段。

第二章：技术创新驱动经济发展的加速效应与原理研究。该研究主要包括以下三个方面的内容：第一，利用反映投入产出的道格拉斯生产函数来研究经济增长过程，可以发现技术创新和进步不仅仅通过提高全要素生产率来提高经济增长的速度，而且将间接提高资本的增长速度，由此证明技术创新和进步驱动经济发展时存在着加速效应。利用发达国家的历史数据可以实证检验这一理论的前提和结论。第二，对工业革命以来经济发展的历史进行了归纳总结，验证技术创新驱动经济发展的加速现象的存在。第三，研究可持续技术创新的决定因素。研究发现可持续技术创新的三大决定因素，即初始技术水平、由研发投资规模和研发效率决定的技术创新乘数以及可以达到的最高技术水平，探讨了加速技术创新的政策措施。

第三章：技术创新驱动经济发展的动力机制研究。首先概括技术创新与市场经济体制之间的关系；然后从企业层面研究影响企业技术创新动力的因素，总结企业技术创新所面临的风险障碍和阈值障碍，从企业产品创新的角度研究决定企业技术创新效率的因素及最优决策；最后从多个角度研究政府在技术创新动力方面的作用。主要包括以下内容：技术创新状况评价问题及发展战略目标选择问题、技术创新驱动经济发展中强势政府的作用、政府激励技术创新政策的有效性、有利于技术创新的国家技术创新体系问题。

第四章：中国经济发展状况与跨越中等收入陷阱的对策研究。本章包括以下内容：第一，通过定量研究判定中国经济发展速度的决定因素及其变化趋势，特别是技术创新状况与农村剩余劳动力转移状况，对中国未来能否跨越中等收入陷阱问题进行了判断。第二，对中国技术创新资源形成状况和驱动经济发展效率状况进行了总结。第三，论述中国在技术创新驱动经济发展过程中所具有的三大优势。第四，总结历史经验，提出中国跨越中等收入陷阱需要解决的问题，给出中国技术创新与跨越中等收入陷阱的对策。

各章最后都对相关问题的研究结论进行了归纳，在此不再复述。

附录为作者对湖南省跨越中等收入陷阱问题进行研究的报告，是湘社科办〔2018〕9号湖南省智库专项课题成果。供读者参考。

通过本书的研究，我们可以总结出这样的认识：技术创新驱动经济发展效率决定了一个国家经济发展的状况，也决定了发展中国家能否跨越中等收入陷阱。提升技术创新的研发投资比重、提升研发投资的效率、提升技术创新成果驱动经济发展的效率是提升技术创新驱动经济发展效率的关键。中国在跨越中等收入陷阱时要充分认识到中国技术创新驱动经济发展的优势之所在：经济规模的优势、经济文化的优势、政治体制的优势。正是有这些优势的存在，在目前国家技术创新驱动经济发展的有效对策支持下，中国经济增长将维持目前5％～6％的速度，并且在 2025 年左右跨越中等收入陷阱，进入高收入国家的行列。

本书中部分章节内容已以论文形式公开发表。

由于中等收入陷阱问题研究以及技术创新问题研究涉及的知识不仅仅有深度，而且有广度，本书的研究限于作者的学识和能力，仅仅是在解决这一问题上贡献一点微薄的力量。这一研究成果存在一些疏漏和不足，敬请各位专家和读者批评指正。

作者自序于湖南大学财院校区

目　次

图索引

表索引

导　论

——财富增长理论的简明历史与基本问题

从以亚当·斯密的《国富论》出版为标志的古典经济学开始，经济学已经有 250 来年的发展历史，财富增长的原因一直是经济学发展过程中的核心问题。在这一历史进程中，随着技术进步以及所带来的资源条件变化，财富增长的动力也随之发生变化，由此也带来了经济学的发展。现代经济学已经发展到了如此复杂的程度，一般采用高深的数学方法对财富增长的原因及其动力进行解释，但是并不能够排除可以采用比较简洁的数学方法。本导论拟尝试用简明的方法将 200 多年来财富增长理论历史进行简明的阐述，探讨其中的基本问题。

一、财富增长理论的历史回顾：从古典经济学开始

1. 历史

古典经济学的先驱者威廉·配第曾经有一句名言：劳动是财富之父、土地是财富之母。这一判断道出了当时决定国家财富水平的两大因素：劳动与土地。古典经济学的奠基者亚当·斯密在其著作《国富论》中系统论述了劳动与财富之间的关系，认为劳动的增长以及劳动生产率的提高是国家财富增长的途径，并认为劳动分工加深以及资本积累有利于提升劳动生产率进而增加一国的财富。古典经济学的完成者李嘉图继承了亚当·斯密的思想，采用演绎方法论证了劳动与商品价值之间的关系，从劳动分工的角度建立了比较利益学说，并建立了级差地租理论。古典经济学的最后一位大家斯图雅特·穆勒在其著作《政治经济学原理》中对财富与生产要素之间的关系做出了系统论述，他将构成财富的商品区分为三类：第一类商品是因劳动的增加而同比例增加的商品；第二类商品是因劳动的增加而增加但增加比例递减的商品，这主要受制于土地边际报酬的递减；第三类商品不因劳动的增加而增加，例如自然界的恩赐。

马克思资本论对古典经济学中的基本问题做出了系统深入的研究。古典经济学已经认识到资本具有提高劳动生产率的重要作用，马克思在此基础上建立了剩余价值学说解释利润来源，建立了生产价格理论解释了利润率平均化现

象，建立了两部类再生产理论，发现了社会再生产过程中消费品生产和资本品生产需要满足的数量比例关系。马克思认为从财富增长的角度来看，资本的增长和劳动的增长以及劳动生产率的提高是财富增长的动力源泉。

颠覆了古典经济学的边际革命则从需求的角度建立了效用价值理论来解释商品之间价格形成的原因及其变化，边际革命产生的瓦尔拉斯一般均衡理论则通过建立线性方程组描述了社会再生产过程中劳动与多种商品之间的数量与价格的平衡关系。这一平衡关系也反映了财富水平主要取决于劳动投入数量、投入的资本品数量以及投入产出效率。

边际革命之后的马歇尔认为决定财富水平的生产要素不仅仅有资本、劳动和土地，而且还应该包括组织这一要素，将生产要素进行有效组合和管理的组织决定了要素生产率水平，进而决定了财富水平。

20世纪经济学家对财富增长的研究围绕着决定要素生产率水平的技术展开。熊彼特先生从创新的角度认识到技术创新和进步是财富增长的重要动力，是市场经济最基本的功能。此后从技术进步的角度来研究财富增长原因层出不穷，并最终产生了新经济增长理论。

二战之后的新古典增长模型利用道格拉斯生产函数发现财富增长取决于供给侧的三大主要因素：资本的增长速度和其产出弹性的乘积、劳动的增长速度和其产出弹性的乘积以及主要由技术创新和进步决定的全要素生产率的增长率。此后哈罗德-多马模型强调经济增长率取决于储蓄率或资本产出比例，索洛、斯旺等修正了资本产出比例不变的假设，并经卡斯和库普曼斯的系统研究形成了新古典增长模型。最后以罗默和卢卡斯的研究为基础，经过阿罗、克鲁格曼、琼斯、贝克尔等研究，发展出了以技术创新和进步为核心的新增长理论，产生了诸如产品种类模型、质量改进模型等典型的新经济增长模型。

新经济增长理论认为：财富增长的动力及其转变主要源于要素的边际报酬递减与技术创新和进步之间的关系。如果不存在技术创新和进步所带来的全要素生产率水平的提高，边际报酬递减效应将导致要素数量停止增长，特别是资本积累停滞，由此导致经济的停滞。因此技术创新和进步所带来的全要素生产率的提高将成为促进经济增长并且带动要素增长的最主要动力。

针对二战之后发展中国家经济发展的特点，刘易斯认为发展中国家财富增长可以来源于就业结构的转变，即通过资本积累和农村剩余劳动力的转移来促进非农产业的发展，进而使发展中国家实现工业化。

2. **评价**

从财富增长的研究历史来看，我们可以发现决定一个国家财富产出水平主要包括两个方面的因素：一方面是所投入的生产要素规模及其增长状况，这些生产要素包括劳动、土地、资本等；另一方面是生产要素产出财富的能力，即决定要素生产率水平的技术，这包括技术本身以及决定生产要素之间关系的组织效率。决定要素生产率水平的技术取决于人类对自然和社会规律认识所能够达到的技术水平，能否将既有的技术水平发挥到极致的社会组织效率也决定了社会财富的产出水平。一般均衡理论所能够证明的就是在既定的技术水平下通过市场经济体制下的资源有效配置，可以在既有的生产要素水平下和既有的技术水平下使财富产出水平达到最大化。

由此来看，社会财富水平的决定除了组织这个因素之外，财富增长的动力取决于技术进步的速度、生产要素的增长速度。但技术进步和生产要素的增长又与社会的有效组织密切相关。

为了在既有的生产要素水平下能够实现财富最大化和财富增长动力的最大化，我们还需要解决市场经济体制下的一些基本经济问题，如社会分工条件下商品之间的相对价格如何决定、生产要素的收入水平如何决定，这样才能够实现生产要素的增长以及要素生产率水平的提高。这些基本问题也决定了生产要素的有效配置和组织，只有有效解决了这些基本问题，我们才能够实现财富的最大化和财富增长动力的最大化。

遗憾的是，从古典经济学到新古典经济学的发展过程中，经济学中的一些基本经济问题并没有得到充分的解决，其中引发了很多争议问题。例如商品之间的相对价格理论中有劳动价值理论与效用价值理论之分歧，决定资本收益和资本来源的理论有边际生产力理论和剩余价值理论的分歧。怎样实现社会财富最大化的经济体制的有计划经济体制与市场经济体制之争。

二战之后经济学的发展产生了数学方法十分深奥的一般均衡理论、最优经济增长问题、不对称信息条件下的激励问题等，对经济过程进行实证分析的计量经济学等方面的研究都发展和运用了高水平的数学方法，经济学的数学化成为了经济学科学进步的标志。大学教授和研究生特别是一流大学的博士研究生沿着这种思维路线在不断拓展经济学的前沿，反而把从古典经济学最基本的一些问题抛给了历史，基本上不进行重新研究。这一历史趋势导致经济学中最基本的问题没有得到充分有效的解决。

基于经济学目前发展的状况以及经济学基本问题的研究状况，我们试图在逻辑简化的基础上梳理从古典经济学到现代经济学所涉及的基本问题，主要是涉及财富增长决定因素中最基本的问题，在此基础上以期对经济历史上的财富增长动力转变的规律有所发现，使人们对经济学的基本问题有直接的、清晰的认识。

我们首先从财富的价值及其与财富增长动力之间的关系所涉及的基本问题

展开，然后分别在技术不变的条件下和技术进步的条件下对财富增长动力及其转变问题展开分析，最后做出概括性的总结。

二、财富价值及其与财富增长动力之间的基本问题

所谓财富是指一段时间内社会生产的商品或服务的总和，为了简化，我们把服务也算成商品。研究财富的增长问题，首先要解决的是对财富本身进行度量，由此形成了财富的价值问题。在解决度量问题的基础上，我们才能够继续分析研究财富增长的动力问题。

1. 商品相对价值的决定因素

古典经济学的劳动价值理论与边际革命产生的效用价值理论在解释商品之间价格形成原因的时候，建立了不同的逻辑。劳动价值理论认为商品的价值由生产商品所耗费的劳动量决定，商品之间的相对价格由生产商品所耗费的劳动量比例来决定；效用价值理论则认为商品的边际效用决定了商品之间的相对价格。其实这两种价值理论并不一定矛盾。

我们做出一个最简单的、单一生产要素的线性生产函数模型（简称 AL 模型）：$Q_i = A_i \times L_i$，即商品的产出数量 Q_i，由生产商品所投入的劳动量 L_i 与生产商品的劳动生产率水平 A_i 决定。在这个生产函数中，生产不同的商品可以有不同的实物劳动生产率，但生产不同商品所使用的劳动没有差别。简单地说，在 AL 模型中，劳动之间是没有区别的，不同劳动可以自由地配置到不同商品生产过程中，并且不会因所使用的劳动不同而产生劳动生产率的差别。不同商品的劳动生产率 A_i 完全由当时的技术水平决定。

假设劳动者追求单一目标即收入的最大化，劳动者之间的商品交换一定是等量劳动相交换，这样才能够使得劳动者所创造的价值和获得的财富达到最大化。因此 AL 模型下劳动价值论的结论是成立的。

在 AL 模型下效用价值理论的结论也是成立的。效用价值理论的结论是商品之间的相对价格取决于商品之间的边际效用，这一结论可以通过调节商品生产的数量来实现。由于任何一种商品在 AL 模型下都可以等劳动成本生产出来，生产数量变化不会改变商品之间的相对价格关系。在 AL 模型下，劳动价值理论与效用价值理论获得了统一。

2. 商品的绝对价值与财富的度量问题

在 AL 模型下，商品的相对价值可以由生产商品的劳动量决定，但是商品的绝对价值量并没有因此而确定，因为劳动并不是度量财富的绝对标准。如果以劳动作为财富的绝对度量标准，单纯提高劳动生产率，而不增加劳动，则不会增加商品的价值量。在这种情况下，劳动的价值量和劳动创造财富的数量就

产生了相互背离的关系。当劳动生产率 A_i 提高的时候，AL 模型下商品所包含的劳动量减少，同样的劳动量可以生产出更多的商品，同样的劳动量也能够创造出更多的财富。因此劳动价值论只解决了商品之间相对价值的决定问题，并没有解决财富的度量问题。

在 AL 模型下，如果所有商品劳动生产率的提高速度都是相同的，这时候商品之间的相对价值没有发生变化，但同样的劳动数量可以创造出更多的商品数量，劳动创造财富的能力随着劳动生产率的提高而提高。因此，在这种情况下，我们可以判断出劳动创造财富的价值随着劳动生产率的提高同比例提高，劳动创造财富的绝对价值与劳动生产率的提高成正比。

但遗憾的是不同商品劳动生产率提高的速度是不相同的，当劳动生产率提高速度不相同的时候，商品之间相对价值会发生变化，这时候我们不能够简单判断出财富价值与劳动生产率提高速度之间的关系。简单地将所有商品的劳动生产率提高速度进行算术平均来求得劳动创造财富能力的提高速度是不可行的，因为不同的商品在社会财富中所占比重是不相同的。依据不同的商品在社会财富中所占的比重来确立权重，进而对劳动生产率提高的速度进行加权平均是一个可取的途径，那只是近似反映了劳动创造财富的增长速度。从严谨逻辑的角度来看，随着劳动生产率的提高，不同商品在社会财富中所占比重会发生变化，加权平均的劳动生产率提高速度只能够从整体上反映出某一时期劳动创造财富的增长速度。

从单个消费者的角度来看，由于不同的人所消耗的商品构成是不相同的，因此相对价格变化时，对不同的人会有不同的权重。不同的人因劳动生产率提高所带来的福利总量变化是不相同的，即消费结构不同使得个人福利的增长速度因劳动生产率的提高而不同。因此，劳动生产率提高有结构上的差异时，虽然劳动创造社会财富的能力可以有一个社会公认的加权增长速度，但从个体的角度来看，劳动生产率提高会产生个人福利增长上的差别，不会有统一的增长速度。

不同商品劳动生产率增长速度的不同在现实中体现为价格指数的变化，是否可以有统一权重的价格指数来衡量和修正国内生产总值的增长？消费物价指数可以有统一的消费比重来确立权重，但由于不同的消费者对不同的商品的消费比重不一样，统一的消费物价指数不可能全部反映每个消费者的消费福利变化。这个逻辑类似于证明社会福利函数不存在的阿罗不可能定理中的逻辑。

虽然我们已经认识到由于不同商品在总财富中权重变化，并且不同的商品劳动生产率增长速度也不尽相同，由此导致商品之间的相对价值发生变化，但某一个确定时期，经过权重修正，我们总可以从整体上揭示出一个时期总体财富的增长状况，加上考虑到这一时期整个劳动的增长状况，由此就能够确定这一个时期相对上一个时期劳动生产率的增长状况，由此来反映全社会财富增长状况以及财富增长的动力究竟来源于劳动成长，还是来源于劳动生产率的提高。

3. 有非劳动因素参与生产过程时，商品价值的决定与财富增长问题

在 AL 模型中，劳动是没有差别的，等量劳动创造等量价值，但是有其他非劳动因素成为劳动过程中的必要条件改变了劳动生产率时，商品价值决定与财富增长动力问题就不那么简单了。

第一，商品价值的决定会发生变化。劳动因素与非劳动因素之间的比例关系会改变劳动生产率。这导致商品之间相对价格的决定不仅仅取决于劳动，而且还取决于非劳动因素。改变劳动生产率的非劳动因素不仅有数量差别而且还深受其质量的影响。因此有非劳动因素参与的时候，劳动价值论能否成立需要进一步研究。

第二，财富的分配会发生变化。拥有这些稀缺的非劳动因素的主体将因对劳动生产率产生直接影响，即对劳动生产财富的能力和效率产生直接影响而应该获得相应的利益，由此产生了相应的利益分配问题。这一利益分配问题显然比 AL 模型复杂，因为 AL 模型是一个单要素模型。由于劳动因素和非劳动因素之间的比例关系在不同生产过程中会形成不同的劳动效率，非劳动因素特别是资本之间的竞争也要求等量资本获得等量利润，与等量劳动获得等量收入不一定能够相协调。

第三，财富的增长动力也会发生变化。当非劳动因素直接影响劳动生产率时，非劳动因素的多少及其质量高低直接影响了劳动生产率的高低，使得财富增长与之密切相关。更为重要的是，如果非劳动因素在财富分配时能够获得自己的利益，进而又改进了非劳动因素的数量和质量，导致劳动者的劳动生产率又进一步提高，这一财富增长的动力似乎可以无限延伸下去，成为社会财富增长的最主要原因。

非劳动因素参与财富的生产过程，并且直接影响到劳动生产率时，由此带来价值的决定、财富的分配、财富增长动力的变化等问题是现代经济学关于财富增长理论的核心问题。这些问题也制约着 200 多年来的经济学的发展。

三、技术不变时财富的增长

所谓技术不变，是指生产过程中投入的生产要素数量与产出数量之间的关系保持不变，即投入产出关系不随时间的变化而变化。值得注意的是，在技术不变时生产要素数量与产出数量并不一定始终保持正比例的关系，如果我们假定它们之间存在正比例的关系，这是为了研究的简便而做出的假设。

1. 土豆模型

土豆模型是指一类有资本参与的多要素生产模型，这个模型由当代著名的马克思主义学者罗默提出。一般情况下，作为投入的资本品与产出的消费品是不一样的商品，但是土豆不一样，土豆既是种子也是最终的食物。将资本品和消费品设为同一种产品，好处在于不需要考虑商品之间的相对价值关系，从而将生产过程中投入产出关系进行了简化，由此相对容易地揭示了资本品的作用。

由于不存在价格问题，我们可以将土豆模型简化为以下形式：$Q = f(K, L)$。产出是土豆，投入的种子也是土豆，产出土豆（Q）减去投入土豆（K）之后就是剩余土豆产品。剩余产品的数量 $Q - K$ 除以所投入的劳动力 L，就是土豆生产的劳动生产率，$L/(Q-K)$ 则是单位商品所包含的劳动量。

如果土豆模型中投入产出的关系是简单的线性关系，即：$Q = L + K$，那么产出 Q 的增长严格依赖于所投入的劳动力 L 和投入种子土豆数量 K。由于剩余产品的数量 $Q - K$ 中大部分用于消费，剩余的一部分可以追加为所投入的土豆种子数量，如果有同等比例的劳动力的增加，土豆的产出水平也会同比例地增加。

一般情况下，剩余产品的数量 $Q - K$ 远大于所投入的种子数量，产出水平增长的主要因素是劳动力的增长。当然，如果劳动生产率特别低，剩余产品的数量 $Q - K$ 全部都要用于消费，甚至连种子本身也用于消费的话，那么下一年的产出水平会相应减少。这种情况只有在战争或者是自然灾害导致劳动生产率急剧下降的情况下才可能出现。一般情况下的土豆模型，其投入产出关系并不是简单的线性关系，所投入的种子数量和劳动数量就有最优配置问题，以实现产出水平的最大化。

我们可以设：当 $K = 0$ 时，$\mathrm{d}f/\mathrm{d}K \geqslant 0$，且二阶导数大于 0。当 $L = 0$ 时，$\mathrm{d}f/\mathrm{d}L \geqslant 0$，且二阶导数大于 0。但是 K 和 L 足够大时二阶导数均小于 0，这个时候 K 与 L 的投入的水平都存在上限。

对于 K，如果不考虑时间成本，K 的上限为 $\mathrm{d}f/\mathrm{d}K = 1$，即最后一单位所投入的土豆种子至少能够产出一单位的土豆。如果考虑到资本品的时间价值，K 的上限为 $\mathrm{d}f/\mathrm{d}K = (1+r)$，这个 r 相当于资本品需要获得的最低利率水平。

对于 L，劳动者将追求净劳动收入的最大化，这时候要求净产出的劳动生产率最大化，即要求 $(Q - K - rK)/L$ 达到最大。这时要求 $(Q - K - rK)/L$ 对 L 的导数为 0，可得 $\mathrm{d}(Q - K - rK)/\mathrm{d}L = (Q - K - rK)/L$。

这时劳动投入的边际净产出等于平均净产出。也就是说基于我们对 Q 与 L 之间的关系，是可以找到一个有效的投入 L，使得净产出的劳动生产率达到最大化。净产出劳动生产率最大化的时候（$Q-K-rK$）/L 决定了劳动者工资率为 w，$w=$（$Q-K-rK$）/L 其实就是劳动的工资率。

这时 $Q-K-rK=wL$，即 $Q-K=wL+rK$ 或者 $Q=wL+K+rK$。

$wL+K$ 实际上是生产 Q 数量的土豆投入的劳动和资本的数量。

假设我们生产 Q 数量的土豆可以不受技术本身的限制来改变所投入的劳动 L 和土豆 K，极端的情况下：当 K 等于 0 的时候，$Q=wL$，这就退化到了 AL 模型。当 $L=0$ 时，$Q=K+rk$。

当 w、r 为常数时，如果 Q 是一个固定不变的产量，这时候 L 与 K 表现出相互替代性。

令 $dQ/dK=0$，有 $wdL/dK=-$（$1+r$），$dL=-$（$1+r$）dK/w。

由于 K/w 相当于将资本品 K 转化为所包含的劳动，按照马克思的说法是物化到资本品中的物化劳动。这时候我们可以发现所投入的活劳动 L 与物化劳动 K 在产出数量不变的时候有相互替代的关系，1 单位的物化劳动等于（$1+r$）倍的活劳动。对于物化劳动与活劳动之间的相互替代关系，我们可以获得以下结果：

第一，作为资本的物化劳动与活劳动之间的相互替代关系不是单纯的 1，受资本时间成本的约束，物化劳动所创造的价值是活劳动创造价值的 $1+r$ 倍。简单地说，物化为资本的劳动投入以节约更多的活劳动投入为前提。物化劳动和活劳动在创造财富的过程中不能够简单地将它们的数量相加。这一结果与资本论中不变资本仅仅转移自身的价值不创造新价值的逻辑有区别。

第二，在这个土豆模型中，等量资本有等量的利润，等量的劳动有等量的收入。李嘉图体系矛盾不复存在。

第三，即便把对工资的支付也算成资本，也只需要把工资 w 水平降低到 $w/$（$1+r$）水平，前面两个判断结果依然成立。

2. **受土地约束的土豆模型**

土豆模型忽略了一个很重要的生产要素——土地。如果土地是稀缺的，并且土地与土地之间存在质量差异，这时候将带来完全不相同的结果，地租因此而产生。

当土地之间存在质量差异时，投入到同等面积土地上的劳动和资本的数量是不会相同的。决定投入到土地上资本数量的决策准则与土豆模型并没有差别，即资本 K 的边际产出率应该为（$1+r$）。

但是劳动的投入不能够以劳动生产率最大化为准则。首先我们应该可以判断出对不同的土地进行投入的劳动数量以劳动的边际生产率相等为准则。在这种情况下，劳动的边际生产率不等于劳动的平均生产率，而支付给劳动者的报酬却取决于劳动的边际生产率。在这种情况下，总产出减去资本和劳动的报酬之后有剩余，这个剩余就构成了地租。地租的高低与土地的肥沃程度有密切的正相关关系，土地的肥沃程度越高，所能够投入的资本和劳动的数量越多并且劳动的平均产出率更高，由此导致的地租水平也更高。

问题是决定劳动报酬的边际生产率又取决于什么因素？在古典经济学中劳动者报酬取决于劳动力再生产所需要的成本，这个背后又受制于人口增长。如果人口的增长所带来的劳动力增长有超过劳动者所获得报酬的趋势时，劳动者的收入水平一定会压低到生存工资水平。生存工资水平决定了土地上所投入的劳动边际生产率。在古典经济学那个时代，为什么劳动者收入水平如此低下？除了劳动生产率背后的技术水平比较低下之外，劳动力的增长速度过快导致土地上的边际报酬水平下降应该是一个重要原因。

但是从历史的发展的角度来看，相对发达的国家，基本上已经不存在有形的农业地租了。因为发达国家农业生产的组织形式是家庭农业而不是租地农业。此外，即使土地作为资产，也许会产生无形的地租隐藏在农场主的劳动报酬和资本报酬之中，这一地租水平也应该是比较低的。原因在于现在农产品的产出水平已经能够充分满足市场中对农产品的需求，土地已经不是稀缺的农业资源，因为农产品已经不再稀缺。形成这种状况的原因有两个方面：第一是农业技术水平的进步使得土地的产出水平大大提高，土地之间的质量差异也因为技术进步而改变，不再存在显著的质量差异。在一些发达国家，比如说美国，土地都实行休耕制，表明土地已经过剩。第二是农业生产方式已经发生了改变，农业生产主要采用机械化生产，活劳动投入的数量很少，制约劳动投入的边际准则已经发生变化，劳动投入的边际收益和平均收益基本相等不再存在显著差距。这两个方面的变化使得发达国家农业土地的地租基本上消失。

发达国家的农业发展状况使得农业地租已经基本退出了国民收入的分配，现代经济学主要是依据发达国家的经济状况发展过来的，因此，主流的教科书已经没有了地租理论。

3. 两部类模型

土豆模型回避了资本品和最终产品之间的价格关系问题，是一个比较简洁的模型。但毕竟一般的资本品和最终消费品是不一样的。马克思的两部类生产理论将资本品的生产与消费品的生产过程加以区别并研究两者之间的相互关系，由此形成了两部类再生产理论。这实际上也可以简单地视为一种产品是消费品、另外一种产品是资本品的生产过程。

马克思的两部类生产理论是这样描述的：C 表示不变资本且在生产过程中只转移自己的价值，V 表示可变资本且在生产过程中会创造剩余价值，剩余价值 M 是可变资本创造的，由此形成商品的价值 M。下标 1 和 2 分别表示第 1 部类的生产资料以及第 2 部类的消费资料。因此有：

$$\begin{cases} C_1+V_1+M_1=G_1 \\ C_2+V_2+M_2=G_2 \end{cases}$$

由于再生产过程中生产资料的生产取得平衡的时候有：$C_1+C_2=G_1$。

由此可得：$C_2=V_1+M_1$。这也是两生产部门之间相互交换必须满足的条件。

马克思认为只有可变资本才创造剩余价值，并且剩余价值率 r 是统一的。即 $M_1=r\times V_1$，$M_2=r\times V_2$。

在这种情况下，利润率 $M_1/(C_1+V_1)$ 与 $M_2/(C_2+V_2)$ 将因 C 与 V 的比例不同而不同，由此陷入了李嘉图体系矛盾的第 2 个矛盾。

不过马克思又建立了生产价格理论，认为商品的生产价格将通过利润率的平均化偏离商品的价值，由此来解决利润率平均化的矛盾。但是这一过程又引发了其他的问题，比如说生产价格转型问题、对劳动价值论本身质疑的问题。

如同土豆模型，如果我们认识到投入资本品的基本作用在于节约劳动，不变资本和可变资本之间有相互替代的关系并且替代的比例不是 1，在这种情况下即便是两部类再生产理论也不会违背劳动价值理论。

设资本品的使用以节约活劳动为前提，即 1 单位不变资本的使用相当于 $(1+r)$ 倍的可变资本的使用，在这种情况下有：

$C_1\times(1+r)+V_1+M_1=G_1$，即 $C_1\times(1+r)+V_1\times(1+r)=G_1$，也即 $(C_1+V_1)\times(1+r)=G_1$。

$C_2\times(1+r)+V_2+M_2=G_2$，即 $C_2\times(1+r)+V_2\times(1+r)=G_2$，也即 $(C_2+V_2)\times(1+r)=G_2$。

在这种情况下，商品之间的劳动价值量也就是商品的生产价格，商品之间的交换按照同量劳动相交换也就是按照生产价格进行交换，李嘉图体系矛盾也就不复存在了。按照生产价格进行交换，两部类之间的价值平衡和物质平衡关系也很容易实现。

4. 多产品模型及一般均衡理论

边际革命时代的瓦尔拉斯曾经采用线性方程组的方法来描述多产品的生产过程，并试图由此证明产品的数量和价格有唯一解。20 世纪 60 年代英国学者斯拉法著有一本名为《用商品生产商品》的书，在这本书里面，他用比较严谨的线性代数方法建立了 n 种商品的投入产出关系，唯一不可替代的是这些方程组中的是劳动。但是斯拉法并不把商品价格建立在劳动价值论的基础上，而是认为商品的相对价格取决于所谓标准商品。

斯拉法利用商品生产过程中的投入产出的平衡关系，建立了一个涉及 n 种商品投入和另一投入要素——劳动的平衡关系，由 n 个反映生产过程的要素投入数量和产出数量之间的方程，构成了一个反映投入产出关系的方程组，生产过程投入产出系数决定了生产条件，构成了商品价格决定和利润分配的基础。

在投入产出系数决定的生产条件基础上，要素投入的全部价值及其利润总和应该等于产出商品的价值总和。即：

$$(A_{i1} \times P_1 + \cdots + A_{in} \times P_n)(r+1) + L_i \times w = B_i \times P_i (i=1, 2, \cdots, n)$$

其中 A_{ij} 是生产 i 种产品的第 j 种投入要素，P_i 是第 i 种产品的价格，B_i 是第 i 种产品的产出数量，w 是的工资水平，L_i 生产第 i 种产品的劳动数量。

由上述方程组能够反映出商品之间价格的关联性，并且商品价格与工资水平有密切的关系。斯拉法得到了很多具体的结论，其中一个是分配关系式：$r = R \times (1-w)$。这里 r 是利润率，R 是最高利润率也是纯产品占全部商品投入的比重，w 是纯产品中支付工资的份额。按照这一分配关系，当 $w=0$ 时，利润率达到最大化；当 $w=1$ 时，利润率为零。

其实斯拉法多产品模型本质上与两部类生产模型没有什么区别，只不过产品的种类超过了两种，投入商品和劳动与产出商品之间的生产函数都是呈现出线性比例函数。因此，斯拉法的模型结论与土豆模型、马克思的两部类再生产理论模型有内在的联系。

由 $r = R \times (1-w)$，

得：$w = 1 - r/R = (R-r)/R$。当 $w=1$ 时，$r=0$。

当 r 由储蓄的时间偏好决定的时候，如果 $0 < r < R$，即 $(R-r)/R$ 为大于零的有限值时，$0 < w < 1$。在这种情况下，劳动者所提供的劳动不能够获得其创造的全部价值，资本品将因对劳动时间的节约而获得一部分剩余产品。这个时候的模型已经退化成为土豆模型，只是产品的种类比土豆模型多而已。

一般均衡理论放宽了对生产函数的要求，在有限的规模经济和凸性生产函数的约束下，一般均衡理论考虑了生产要素之间的相互替代性以及需求对商品生产数量的约束，最后由德布勒和阿罗利用不动点定理证明了一般均衡的存在。在一般均衡的状态下，在既定技术水平和生产要素投入约束下产出水平达到最大化、消费者的福利水平也达到最大化，这一理论是对市场经济条件下通过自由交换和竞争实现了资源的有效配置理论，是当时人类关于社会问题研究上数学应用达到最高水平的理论。引入了时间因素的一般均衡理论也可以有统一的利润率或者利息率。

虽然一般均衡理论在逻辑方法上更具有一般性和先进性，但是其结论与多产品模型是相容的，并没有推翻多产品模型。当然我们要承认，一般均衡理论的结论更加丰富，因为考虑到了生产要素之间的相互替代性以及需求对生产数量的制约。

值得注意的是，如果我们假定生产函数具有规模经济不变的线性特征，在一定条件下不存在联合生产，劳动是唯一不可替代因素的时候，也可以证明商品之间的相对价格主要由所投入的劳动量决定。这是现代经济学中非替代性定理所论证的结果。

从上述技术不变条件下经济模型的发展来看，当生产要素不存在差异、要素生产率水平相等的情况下，市场竞争将产生确定的价格和商品的数量，也可以形成产出最大化和消费福利最大化的资源配置条件。这是技术不变条件下的经济模型所取得的成就。但问题在于财富增长的动力何在？

在技术不变的条件下，如果所有的生产要素都同比例增加，产出水平当然也会同比增加。除非某种生产要素，例如土地不能够由产出来决定，在这种情况下要素的边际生产力水平，特别是土地上的要素边际生产力水平会随着投资增加而降低，从而使得经济增长不可持续。这也是传统农耕文明在技术水平增长方面非常缓慢，产出水平的增长也非常缓慢的原因。

不过需要指出的是，如果技术水平不变，要素的平均产出水平也会保持不变，即便是按照资源的有效配置理论，产出水平达到最大情况下的平均产出水平就是资源最优配置下的最高水平。只要技术水平不变，劳动生产率也会保持不变，因此人均收入水平也保持不变。由此可以推断出技术不变条件下，人均产出水平将有保持不变的极大值而无法持续增长。

现代宏观经济学对长期经济增长的理论研究发现，当技术保持不变时，存在一个最优储蓄率，使得人均消费水平达到最大化。最优储蓄率等于储蓄的时间偏好以及劳动力的增长率。根据这一判断可以发现，如果技术停滞，在最优增长条件下，人均最大产出水平及其消费水平也是保持不变的。

根据以上模型的研究，我们可以归纳出技术不变条件下的一些基本结论：第一，在投入既定、技术不变条件下，存在最优产出水平，而最优产出水平取决于资源能否达到最优配置、储蓄率是否达到最优。第二，在最优状态下，要素的收入水平也达到了最优，因此技术停滞条件下，要素的收入水平不会增长。第三，总产出水平将随着投入数量的增长而增长，由于资本的增长取决于储蓄率是由经济过程本身决定的，劳动力的增长决定了总产出水平的增长。也就是说在技术保持不变资源达到最优配置的时候，劳动力的增长速度决定了总产出的增长速度，如果劳动力停止增长，总产出水平也将停止增长。

四、技术进步条件下财富的增长

专门研究技术创新条件下经济增长问题的新经济增长理论已经发展出众多的数理模型，例如 AK 模型、产品种类模型、质量改进模式等。为了简化其中的逻辑，我们可以从技术进步所表现出来财富增长的形式、技术进步的来源、技术进步推动财富增长的过程、技术进步的障碍来认识技术进步条件下财富增长理论的思想。

1. 技术进步条件下财富增长的表现形式

这些特征包括在投入、产出、资源有效配置、市场效率等诸多方面。

从资本要素投入的角度来看，资本积累速度比劳动增长速度高，由此表现出人均占有资本数量逐步提高。资本积累所带来的人均占有资本数量提高，既是技术进步本身，也是技术进步所带来的结果。原因在于使用资本的基本前提是资本替代劳动的同时能够节约更多的劳动，也就是说资本本身所包含的劳动量能够替代更多的直接劳动投入。因此，一方面人均占有资本数量增加推动了劳动生产率的提高；另一方面，人均占有资本数量的增加是在技术进步条件下不断改进资本技术水平的结果，因为只有在技术进步条件下技术相对先进的资本才能够替代更多的劳动。

从劳动要素投入的角度来看，在技术进步推动经济发展的过程中，劳动者受教育的程度不断提高，这是教育投资形成人力资本的结果，这一投资直接提高了人的技术水平和劳动生产率。虽然提高人的教育水平和素质要花费大量的时间或成本，但劳动生产率水平提高足以弥补投入的资本。例如受过更高教育的劳动者的收入水平随着教育水平的提高，其收入水平提高得更快，大大超过教育成本。

从其他自然要素投入的角度来看，技术进步提高了一些稀缺自然要素的产出率。例如，农药、化肥以及种子改良技术和农业机械化，这些技术进步大大提高了土地的产出率，也提高了劳动生产率。结果是人均所占有耕地面积在相对缩小，而人均所占有粮食却相对增加。劳动生产率的提高使得农业生产不需要耗费过多的劳动，因此，农业劳动占全社会劳动比重逐步下降。发达国家农业劳动力比重在 1%左右，这是区别于发展中国家的一个重要指标；发展中国家农业劳动力的比重基本上在 10%以上，农业国农业劳动力比重都在 50%以上。农业劳动生产率的高低决定了恩格尔系数的大小，目前发达国家的恩格尔系数基本上在 0.2 以下，绝大部分发展中国家的恩格尔系数在 0.3 以上。

从产出角度来看，技术进步带来的不仅仅是产品数量的增加，而且还表现为产品质量的改进以及产品种类的增加。技术先进国家往往能够制造出种类繁多、技术含量高的现代产品，而传统农业国和一般发展中国家，往往不具有这种能力。从产品质量角度来看，一般情况下发达国家所能够制造出来的商品往往比发展中国家同类商品的质量要高，特别是对那些质量要求很高的产品、精密程度要求高的产品，比如说电子产品、高纯度的化学品、复杂程度很高的机械产品（例如飞机），往往一般发展中国家不能够制造出来。发达国家之所以是发达国家，是因为通过技术进步不仅仅提高了劳动生产率，而且能够制造出质量水平更高、产品种类更多的商品。

从资源配置状况来看，技术水平先进的国家往往具有较高的就业率水平，甚至可以达到充分就业的水平。技术水平相对落后的国家往往存在较高的失业率，或者存在边缘化的就业人群，其实际产出水平不仅很低，而且就业也不充分。存在大量农村剩余劳动力的发展中国家，隐形的失业率也比较高。从单个劳动者的角度来看，我们会发现失业率的高低与劳动者的受教育程度有密切的关系。受过高水平教育的劳动者失业率比较低，缺乏专业技能培训的劳动者失业率比较高并且就业往往具有不稳定性。

从市场效率或者是社会分工程度的效率来看，技术水平较高的国家，其市场分工程度比较高，市场交易的效率也比较高。简单地说，技术进步带来了社会分工程度的增加，同时也促进了市场交易范围的增加；技术进步也带来了交易成本的降低，例如运输成本的降低。反之，技术水平水平落后的国家，社会分工程度相对较低，特别是传统的农业国还带有自给自足的倾向。交易范围狭窄、市场分割也是技术水平落后国家的一大特征。

2. 技术进步的三个来源与推动财富增长的途径

技术进步可以通过对人的投资、对资本品的投资以及对技术本身的投资来实现。

通过研发投资提高资本品的技术水平，是技术进步的重要途径。工程技术人员通过研发改进生产工具制造出能够提高劳动生产率的资本品，普及使用技术含量更高的资本品就实现了技术进步。研发投资不仅仅体现在作为生产工具资本品的技术水平上，也体现在最终产品的性能和质量的改进上。

技术进步也体现在劳动者的本身上，通过教育和训练使劳动者的知识水平和劳动技能得以提高，这是技术进步的一个很重要的途径。当然，劳动者劳动技能的提高，也许不需要经过外在的教育和训练，因为长期从事一个专业劳动的劳动者，随着时间的积累，其劳动的熟练程度会逐渐提高，这也是 20 世纪 60 年代阿罗的干中学模型的基本逻辑。

对技术本身进行投资是产生新技术很重要的途径。例如运输工具的改进和创新，人类的运输工具经历了人力车、畜力车、蒸汽机车、内燃机车等变革，完全是人类进行新技术研发的结果。

技术进步推动财富增长的途径与技术进步的三个来源有密切的关系，但又不完全相同。技术进步的三个直接来源可以推动劳动生产率的提高，进而推动财富增长，但是如果技术进步都要靠每一个主体自身的研发来提高技术水平和劳动生产率，那么整个经济体系的效率就是很低的。技术进步推动经济增长的一个很重要的途径不仅仅在于技术进步的原始创新，更重要的途径在于将通过创新所获得的先进技术进行普及，这是技术创新和进步推进经济发展的重要途径。

技术进步的原创者将所获得的技术制成资本品，然后将其转移到使用者的手中，使用包含这样技术的资本品，就可以极大地提高劳动生产率。作为包含先进技术的资本大致经历了这么几个阶段：工具机械、动力机械、控制机械、智能机等阶段。例如早期的工业革命，纺织机械的发明、蒸汽机的发明。当代社会有智能化的控制技术、电脑的发明等。这些技术的资本品的普遍使用，极大提高了使用者的劳动生产率。这才是技术创新和进步推动经济发展最重要的途径。在这个过程中，物质形态的表现就是人们所使用的生产工具不断更新换代。经济指标就表现为人均所占有资本数量在不断增加，从推动经济增长的角度来看，就表现为资本的积累。这是将技术创新和进步推动经济发展的能力发挥到极致的一个很重要的途径。

为了提高人力资本的投资效率，发达国家已建立起高水平的教育体制，将先进科学技术普及到绝大部分劳动者，使他们的劳动生产率得到极大的提高。人类通过不断地研发，使技术水平、知识水平得到不断提高，如果一个社会能够建立起有效率的教育与专业化的职业训练体系，那么劳动者可以拥有先进的科学技术和职业技能，劳动生产率就会得到很大的提高。比较发达国家和相对贫困国家之间的劳动者素质的差异，可以发现国民教育体系水平的高低直接决定了劳动力的素质，也决定了一个国家的经济发展水平。

为了提高技术创新的研发效率，发达国家已经演进出效率比较高的国家创新体系：包括专门从事技术创新的研发机构、专门用于科技研发的财政支持体系以及通过市场募集资金来促进研发和产业化的风险投资体系。是否具有比较高水平的国家创新体系是区别发达国家和发展中国家的标志。

3. 制约技术创新与进步及其经济增长的因素

我们可以将影响和制约技术创新进步及其经济增长的因素区分为两类：一类是影响和制约技术创新本身的因素，另外一类是影响和制约技术创新和进步推动经济增长的因素。

产生一种技术创新和进步，需要研发投资的规模和效率达到一定的要求，然后才能够达到技术创新和进步的目的。技术创新和进步并不是连续的，只有当研发规模达到一定程度之后，才能够形成明显的技术创新和进步，由此形成了研发投资的阈值，即只有达到一定的投资规模，才有可能形成新的技术创新和进步。干中学或者循序渐进式的技术进步，往往因技术创新进步的潜力耗尽而只能够停留在一定的水平上，新的技术进步需要一定规模的研发投资才能够产生。因此能够克服研发投资的阈值障碍，是技术创新和进步产生的前提。

研发投资规模与研发投资效率也有密切的关系，如果研发投资的效率足够高，研发投资的阈值障碍相对较小。否则随着研发效率的降低，研发投资阈值障碍扩大。有科学的理论作为指导，采用科学的研究方法来进行技术创新，可以大大提高研发投资的效率。这种逻辑可以用来解释为什么牛顿力学之后才会有第一次工业革命的产生，因为牛顿物理学提供了关于物体运动的基本规律以及相关的实验方法，提高了研发投资的效率。

技术创新的研发投资也存在着很大的失败风险，如果研发者缺乏足够的资金实力、不能够承担研发失败的后果，研发行为就不可能产生。研发投资要有足够的承担风险能力，这与研发投资者的资金实力有密切的关系。借助于金融体系对研发投资行为进行融资和投资可以提高研发投资者抵抗失败风险的能力，提高研发投资的规模和积极性。

技术创新和进步的投资是在知识的积累基础上进行的，因此技术创新会产生所谓的路径依赖现象，并且形成相应的技术进步轨迹。技术创新研究者应该在继承现有的知识基础上来进行研发。路径依赖可以提高研发投资的成功率。当然不排除新技术革命走出一条新的技术路线，这其中风险相对较大，但是一旦成功意味着技术上的革命，会极大地推进社会生产力的水平。

利用技术创新和进步来推动经济发展，我们可以从技术创新和进步推动经济发展的过程来认识其中的制约因素。

第一大制约因素应该是物质资本的积累。经济学家很早就认识到存在所谓的贫困障碍。也就是说如果一个社群或者社会处于极端贫困状况，其收入除了用于消费之外没有什么剩余，在这种情况下是没有办法积累出物质资本的。我们已经提出投资是把新的技术进行扩散的必要途径之一。贫困的陷阱意味着通过物质资本的积累来推动新技术的运用，进而推动经济发展这条路径不具有可行性。

第二大制约因素应该是人力资本的积累。人类新技术发展背后需要人的知识进步，因为使用新技术的人需要更高的知识水平。但是积累出人力资本也需要教育投资。制约教育投资的第一大因素应该是资本积累能力，如果一个社会没有什么积累能力也不可能对人进行投资，贫困的陷阱因此而产生。另外一个重要因素是社会要认识到对人投资的重要性，特别是如果个人和家庭受制于积累能力不能进行人力资本投资的时候，应该由社会特别是国家来进行投资。普及性、强制性的义务教育是提高人力资本投资规模和效率的重要途径。从发达国家和发展中国家人力资本的积累状况来看，普及性的大学教育是一个国家走向发达国家的必要条件。因为经过系统的大学职业知识培训和技能训练的劳动者成为这个社会劳动者主体的时候，整个社会劳动生产率水平才能够达到发达国家的水平。

第三大制约因素应该是社会意识或者是体制因素。新的技术运用不仅受制于物质资本和人力资本的积累，而且还受制于社会意识的发展。因为能否运用一项新技术的前提是社会能够接受这样的技术。如果基于社会伦理或者是传统意识，社会排斥新技术的运用，那么这种能够推动经济发展的新技术也不能够被普及使用。中国过去曾经在新的铁路建设时遇到过所谓的龙脉问题，使得铁路建设过程一波三折。中国现在也遇到了转基因食品中的安全问题，使得中国的转基因技术不能够普遍运用。这些事例说明了技术在推动经济发展过程中可能遇到的社会意识障碍。

需要指出的是，社会的产权意识特别是知识产权意识对于技术创新和进步及其推动经济发展过程中所需要的法律环境，是一个非常基础性的社会制度条件。如果不能够有效保护新技术的知识产权，新的技术就难以产生。现代在技术应用的过程中也会产生很多专业化的知识，例如商品的品牌，如果也没有相应的社会法律保护环境，新技术的运用就会受到阻碍。

五、财富动力之间的相互关系及其动力的转变

通过上面对技术不变和技术变化情况下财富增长途径的研究，我们应该能够得出这样的基本结论：一个国家的财富的增长，取决于劳动力的增长，以及决定劳动生产率因素的增长。

1. 财富增长动力之间的相互关系

一个国家劳动力的增长主要受制于人口的增长。早期的经济学把人口问题视为经济学的基本问题，特别是古典经济学的人口原理下人口增长有超过财富增长的趋势，使得劳动者只能够获得生存工资水平。这一判断只是那个时代暂时的一个判断，产生这样的判断有它的历史局限性和条件。从人口增长以及相应的劳动力增长历史进程来看，第一次工业革命前后人口的增长和劳动力的增长率，虽然达到比较高的水平，但是相对于财富的增长还是要明显低一些，因此人均财富随着经济发展在逐步提高，劳动力的工资水平也在逐步上升，并且

超过了生存所需要的最低限度。现代经济学虽然对人口问题也做经济学研究，但人口增长以及相关的劳动力增长一般视为财富增长的一个外生变量，劳动力的增长会影响财富增长速度但一般不是决定性的因素。需要指出的是，单纯劳动力增长所带来的财富增长，一般不会提高劳动者所占有的财富数量，也就是说从人均财富的角度来看，劳动力增长所带来的财富增长并不起多大的作用，除非劳动者占全社会人口的比例有所上升。

决定财富增长最主要的因素是决定劳动生产率增长的因素。涉及这方面的因素很多，但是最主要的是资本。随着经济增长，人们不断积累资本，并且资本的增长速度一般会超过劳动力的增长速度，其中的原因在于经济增长速度一般会大于劳动力的增长速度。劳动力人均占有资本数量不断提高，这使得劳动生产率不断提高。其中缘由前面我们在基础研究中已经表明资本的使用以能够节约更多的劳动为前提，人均占有资本数量的增加，使得劳动生产率不断提高。这是一个国家财富增长的重要途径，是最主要的因素。

不过需要指出的是，资本积累推动的劳动生产率的增长以及社会财富的增长，是人们比较容易观察到的决定劳动生产率增长的重要因素。因为资本是可以进行统一计量和累加的，我们的国民经济统计体系对资本积累的状况及其增长，有详细的统计数据，这使得研究者能够清晰地知道这一因素对经济增长的作用以及其背后的规律。资本积累背后实际上是社会分工程度的加深，但是社会分工程度是很难统计的指标，因此我们很难从社会分工的角度对其如何促进和影响经济发展做出定量的实证研究。由此我们应该认识到资本积累所反映出来的经济增长实际上是涉及资本因素的、能够促进劳动生产率提高的多种因素综合作用的结果，只是归因于资本积累而已。

决定劳动生产率增长的因素不仅仅有资本，而且还有其他因素。20世纪50年代，索洛通过实证研究发现经济增长背后的决定因素，除了资本和劳动之外，还有剩下的余值增长率，余值增长率也可以称之为全要素生产率的增长率。随着经济发展，人们发现全要素生产率也在增长，由此揭示出决定劳动生产率增长以及财富增长还有其他因素在起作用。研究发现全要素生产率的增长主要取决于人力资本的增长状况，以及人们通过研发提高技术水平即通过积累技术资本来提高要素生产率所带来的结果。当然，全要素生产率的增长率也与经济体制的效率有密切的关系。

我们可以简单认为，决定财富增长的主要三大因素：劳动的增长、资本的增长和全要素生产率的增长。值得注意的是：这三大因素之间并不一定具有完全的独立性。

因为抛弃了人口原理，实际上我们就是认为劳动力增长主要受制于人口的增长，而人口的增长并不直接受制于财富的增长，因此在现代经济学里面劳动力的增长是相对独立的因素，劳动力的增长与资本积累、全要素生产率的增长没有直接关系。

但是资本积累本身不一定是独立的因素。资本积累是逐年进行储蓄导致的结果，资本积累的存量多少主要受制于历年的经济增长率和储蓄率，也受制于固定资产折旧状况。如果设定经济增长率、储蓄率和折旧率保持不变，我们很容易证明资本存量的增长速度是等于经济增长率的。也许正是因为有这种正比例的关系，才使人们认识到资本积累是经济增长的原因，它们之间的这种相互关系也反映出它们之间有自相关的特性。

由于经济增长率又受制于非资本积累的因素，例如劳动力的增长和全要素生产率的增长。这就使得资本积累率与劳动力增长、全要素生产率的增长所带来的经济增长率有密切关系，这种关系显然是正相关的关系，即劳动力和全要素生产率的增长速度越高，资本积累速度也会随之提高。由此我们可以发现资本积累很大程度上是一个被动因素，受制于决定经济增长的其他两个变量及劳动的增长和全要素生产率的增长。

当然我们也应该认识到决定资本积累速度的，还有另外一个独立的因素，那就是储蓄率。资本积累形成的储蓄占整个国家产出水平的比重构成了储蓄率。但是储蓄率的变化是很缓慢的，具有历史延续性。简单地说，储蓄率一般在20％~40％之间。也就是说储蓄率的相对变化率即使从20％上升到40％，最大也不过就是100％，而这个过程往往要延续上十年。并且储蓄率的变化只能够影响当年的资本积累，不能够影响以往的资本积累状况，因此储蓄率的变化所带来的资本积累速度的变化相对于经济增长速度所带来的变化要明显小一些。如果储蓄率在15年的期间上升100％，储蓄率的变化所带来的资本增长速度的变化不会超过5％。中国从1978年改革开放以来，储蓄率有一个逐步上升的阶段，到2008年储蓄率达到最高水平47％，相对于1978年的储蓄率，30年储蓄率只上升了20个百分点，简单估算一下储蓄率的变化所带来的资本增长变化每年不到0.7个百分点，对资本积累增长速度影响大约为2个百分点。

我们也应该认识到其他资本积累会影响到全要素生产率的增长，原因在于资本积累不仅仅是固定资产的积累，而且还包括人力资本的积累和研发投资形成的技术资本积累。人力资本和技术资本的积累将会提高全要素生产率的增长率，由此也会提高经济增长速度，进而对资本积累产生积极的影响。由此我们可以发现，资本积累的方向即用于固定资本积累、人力资本积累和技术资本积累的效率及促进经济增长的效率，将决定一个国家经济可持续的增长速度。如果资本积累的效率足够高，通过各种资本积累来提升经济增长速度，由此将形成良性的、正反馈的经济循环与经济增长，使经济增长速度保持在较高的水平。

2. 财富增长动力结构的转变

所谓财富增长动力结构的转变指的是，决定经济增长的主要动力因素随着经济发展水平变化其相对重要性在发生变化，即推动经济增长的最主要因素及其效果因经济增长本身所带来的变化而变化。我们可以依据第一次产业革命以来经济增长过程所表现出来的规律性来认识财富增长动力结构的转变。

每一次工业革命都是因为新技术的产生、普及，推动经济发展的结果。在新技术的产生、普及和推动经济发展的过程中，首先要产生新的技术，而这些技术一定是通过研发投资而产生的，例如第一次工业革命中的纺织机械技术、蒸汽机动力技术、铁路运输技术等。在这些技术逐渐普及使用的过程中，投资起了确定性的作用。基于新技术的投资，实际上是把新技术制造成作为生产工具的资本品，投资者购买了这些资本品，然后雇佣劳动者去生产最终产品，由此提高了社会劳动生产率和社会财富水平。

人类最早认识的决定经济增长的最大动力是物质资本投资。因为早期的技术研发投资规模相对比较小，当时技术水平也比较低，研发投资成功概率也比较高。这就使得人们忽略了研发投资的重要性。因此决定经济增长的主要动力因素最开始是物质资本投资，而物质资本投资背后最主要的决定因素就是储蓄。储蓄率就成为决定经济增长的最主要因素。甚至还有人认为发展中国家之所以陷于贫困的陷阱，其中的一种可能性就是因为储蓄率太低。

随着物质资本投资的不断增长，现有的技术不断普及，但现有的技术推动的经济增长也会到极限，使得投资的收益率下降，这个时候新的经济增长就必须依赖新的物质资本投资，而新的物质资本投资又依赖于新的技术。新技术研发的投资就成为决定经济增长的最主要因素。特别是在新技术不断发展、层出不穷的时代，我们可以发现，发达国家推动经济增长的最主要因素就是新技术的投资推动了新技术的发展。研发投资比重就成为发达国家和发展中国家之间的分界标志之一。在这个时候，推动经济增长的最主要因素是研发投资的比重以及相应的研发投资效率。国家创新体系问题的提出就是这一历史进程导致的结果。

研发投资的规模和效率又取决于从事研发投资的人的素质以及数量。人力资本投资问题越来越重要。从发达国家走过的历史进程来看，发达国家不仅有高水平的普及性基础教育，而且还形成了高水平的普及性高等教育。教育水平的不断提高为发达国家提供了充沛的研发人才，同时也为高技术的普及提供了人力资源基础。在这种情况下，我们会发现经济发展的根本动力又取决于人力资本的投资规模和速度。

由此，我们可以发现，现在经济增长过程中最主要的动力首先是物质资本投资的增长，特别是在储蓄率不断提高的过程中，物质资本投资的增长速度会超过经济增长速度，由此带来的结果是物质资本投资带来的经济增长占比可能达到50％以上。但是随着研发投资规模的扩大、教育投资规模的扩大，全要素生产率的增长率也逐步提高，由此带来的经济增长比重逐步上升，现代发达国家全要素生产率的增长率所带来的经济增长占比超过了物质资本投资所带来的占比，由此成为决定经济增长的最主要因素。经济增长动力结构的转变由此发生，即由物质资本投资作为最主要的动力，转变为技术进步所决定的全要素生产率的增长率。这是一般发达国家曾经走过的路程。

在现代经济中，发达国家的劳动力因素所带来的经济增长占比是比较小的。因为发达国家人口的自然增长率比较低，除了少数移民国家例如美国，可能因为移民带来低水平的劳动力增长，使之成为决定经济增长的一个占比很小的因素。其他的欧洲国家以及日本这一因素在经济增长的作用甚至为负，因为总劳动人口在降低。西方在早期工业革命的城市化阶段，例如圈地运动所带来的城市劳动力的增长曾经是推动经济增长的重要因素，已经成为历史了。

在现代经济中，劳动力作为经济增长动力的重要因素，在发展中国家占有相当大的比重。对于后来走上发展之路的发展中国家，动力结构的转变可能有所不同。发展中国家在经济发展的起步阶段，一般是农业国有大量的农业劳动力。但是发达国家的农业技术已经极大地提高了劳动生产率，发展中国家在逐步运用这些新技术的时候，会发现农业领域存在大量过剩的低效率农业劳动力。因此发展中国家农业剩余劳动力会逐步转移到第二、三产业，成为推动经济发展的重要动力，这也是刘易斯的二元经济模模型的核心思想。

一些国家在工业化高速发展的过程中，通过转移农业剩余劳动力可以使得第二、三产业的劳动力增长达到2％～3％的水平，由此带来的经济增长速度占比可以达到40％的水平，成为仅次于资本积累的动力。不过这种劳动力的增长会随着农村剩余劳动力逐步转移完毕而消失。一旦完成了农业剩余劳动力的转移，这个国家也一般成为了发达国家。因此，一个发展中国家逐步成为发达国家的过程，其经济增长动力结构大致是这么演变的：开始阶段物质资本积累动力占比最大，其次是农业剩余劳动力转移所带来的有效劳动力的增长，最后是技术进步所带来的全要素生产率的增长。在成为发达国家的时候，技术进步所带来的全要素生产率增长逐步上升为第一比重，资本积累成为第二，劳动力的因素成为最次要的因素。不过在这一结构转变的过程中，技术进步因素首先要超越劳动力因素，然后再超越资本因素。

但是需要指出的是，技术进步逐步成为决定经济增长的最主要因素过程中，对人进行教育投资、对技术进行的研发投资都是提高劳动生产率的投资，这种投资所带来的经济增长最终超越资本积累所带来的经济增长，其原因在于对人投资和对技术投资所带来的劳动生产率提高速度超越了物质资本积累提高劳动生产率的速度。

3. 影响财富增长的其他因素与财富增长动力之间的关系

财富增长的动力结构转变过程中主要是以供给因素作为研究的基本出发点，经济过程涉及两个方面：供给和需求。经济过程是一个再循环的过程，供给产生的财富一定要通过需求才能够实现它的价值，因此需求方面的因素也会影响到财富的增长。例如需求通过影响产品价值的实现，进而影响到资本的收益率，由此影响资本的增长。需求也可以通过影响就业，进而影响到劳动生产率的增长，影响到财富的增长速度。

一些学者研究改革开放以来中国经济增长问题时已经发现以下重要因素对于中国经济增长有很大的影响：计划经济制度的改革与市场化经济体制的建立、经济的对外开放以及加入世贸组织等。

经济体制改革涉及的是生产要素的配置效率，事实已经证明，市场经济体制能够更有效地配置资源，因此能够提高资本和劳动的效率。简单地说，经济体制改革是通过提高生产要素的配置效率来促进财富增长的，这是决定财富增长的体制因素。

中国经济对外开放，使中国加入到国际分工中，能够有效利用国外技术、管理和资本资源，通过国际分工也可以使得自己的竞争优势能够发挥到极致，使得中国通过扩大市场范围，提升市场需求规模。对外开放程度的加深，实际上提高了中国生产要素的效率及其数量。例如引进国外资本可以提升中国的资本增长速度；引进国外的先进技术，可以直接提高中国的生产要素效率；扩大出口就直接提高了中国出口企业的生产效率。因此对外开放的举措也是通过影响供给侧的生产要素的数量、效率来促进中国财富的增长。

由此，我们可以获得这样一个基本认识：决定财富增长的因素是非常多的，但是最基础的因素是生产要素的数量及其效率，经济体系中其他因素都是通过影响生产要素的数量及其效率来影响财富的增长。

六、结论

财富是社会经济活动所生产出来的能够满足人的需要的物质，对财富增长原因，我们可以得到以下基本认识：

　　（1）通过对财富基本问题的研究，我们可以发现商品之间的相对价格主要取决于生产商品所耗费的劳动。其他因素，例如土地、资本会影响劳动生产率，因此，土地和资本也会产生收入如地租和利润。

　　（2）在技术不变的条件下，财富的增长取决于生产要素的增长，特别是劳动力的增长。土地因为受资源条件的限制总量是已定的，农耕文明下可以通过开垦荒地来形成更多可使用的土地。资本的基本作用在于节约劳动，在技术不变的条件下，随着资本积累所能够节约的劳动将达到极限，这限制了资本增长以及所带来的财富增长。

　　（3）技术进步通过提高劳动生产率，使得财富增长随着劳动生产率增长而增长。劳动生产率的增长取决于资本积累所带来的人均占有资本数量的增加，以及全要素生产率的增长。全要素生产率的增长又取决于人力资本的增长以及通过研发投资使得技术水平的提高。

　　（4）由于资本积累增长的速度受制于财富增长的速度，而财富的增长速度又很大程度上受制于全要素生产率的增长，因此，全要素生产率的增长可以通过提升财富增长速度，进而提升资本积累的增长速度，这使得全要素生产率的增长成为决定经济增长最关键的因素。

　　（5）从第一次工业革命以来经济发展所呈现出来的规律来看，物质资本积累速度是早期工业革命财富增长的第一动力，但是随着物质资本积累越来越依赖于全要素生产率的提高，全要素生产率的增长逐步成为了财富增长的第一推动力。

　　（6）在发展中国家逐步成为发达国家的过程中，农村剩余劳动力逐步转移到生产率水平更高的第二、三产业中，这一劳动力就业结构的转变将提高发展中国家的经济增长速度，成为推动发展中国家经济增长的重要因素。

第一章 发展中国家产生中等收入陷阱的原因研究

发展中国家走向富裕过程的关键问题是要跨越中等收入陷阱。本章首先从发展中国家陷入中等收入陷阱的基本事实出发，归纳出陷入中等收入陷阱国家的基本经济特征，并对已有的相关研究进行总结。然后从多个方面研究产生中等收入陷阱的原因。从技术创新效率的角度建立起技术创新驱动经济发展的理论逻辑，解释一个国家经济发展状况为什么处于停止或快速增长状态，以及国家贫困或者富裕的原因。从技术创新与进步效率角度研究发展中国家陷入中等收入陷阱的原因。以技术创新方式对技术创新效率约束为条件，研究中等收入陷阱产生的原因。研究发展中国家技术创新约束下的经济结构转变问题，探讨其与中等收入陷阱之间的关系。

第一节 关于中等收入陷阱的基本事实和研究状况

在确定了中等收入标准之后，我们可以归纳出中等收入国家的经济特征以及陷入中等收入陷阱国家的经济特征，并对关于中等收入陷阱的研究现状做出归纳与总结。

一、中等收入水平国家的标准和中等收入陷阱问题的提出

世界银行提出了划分不同收入水平国家的分类标准，每年依据上一年各国人均国民总收入（GNI）的估计，修改对世界各经济体的分类。国民总收入（GNI）是指国内生产总值（GDP）加上来自国外的要素收入再减去对国外的要素支出。对于一个大国来说，国外要素的收入和支出相对较少，因此人均国民总收入与人均国内生产总值基本相当。

根据 2018 年 5 月世界银行公布的新标准，人均 GNI 低于 1 006 美元的国家属于低收入国家，中等收入国家的人均 GNI 介于 1 006～12 235 美元之间，而高收入国家的人均 GNI 则高于 12 235 美元。其中，中等收入国家又划分为"中低收入国家"（人均 GNI 介于 1 006～3 955 美元）以及"中高收入国家"

（3 955～12 235 美元）。

收入分组标准变化的主要原因是美元币值因美元的通货膨胀带来的变化，收入水平的绝对标准则体现了不同国家的人均收入水平所决定的购买力水平或消费水平。低收入水平表明其国民的平均消费水平低下，高收入水平表明国民的平均消费水平达到富裕的程度。其实大多数发达国家人均收入水平已经远远超过了高收入水平的下限，例如美国的人均国民总收入水平大约为高收入水平下限的 5 倍。

按照世界银行 2018 年分类标准，人均国民总收入在 1 006～12 235 美元之间的国家，是中等收入水平的国家。这一收入水平的区间是很大的，除了少数极端贫困的低收入国家之外，多数发展中国家都是中等收入水平的国家。

世界银行在《东亚经济发展报告（2006）》中提出了"中等收入陷阱"（middle income trap）概念。世界银行发现，很少有中等收入的发展中国家成功地跻身为高收入国家，即许多发展中国家经过长期的经济发展，其收入水平始终无法达到高收入水平的下限，长时间停留在中等收入状态，似乎陷入了中等收入陷阱。

在 20 世纪，除少数依靠石油出口而成为富裕国家的石油输出国之外，国际上公认的成功跨越"中等收入陷阱"的国家和地区有日本和"亚洲四小龙"。从经济结构和经济体量上来看，日本和韩国实现了由低收入国家向高收入国家的转换，是成功跨越中等收入陷阱的典型国家。日本人均国内生产总值在 1972 年接近 3 000 美元，到 1984 年突破 1 万美元。韩国 1987 年超过 3 000 美元，1995 年达到了 11 469 美元，2014 年更是达到了 28 101 美元，进入了发达国家的行列。

拉美地区和东南亚的一些国家则是陷入"中等收入陷阱"的典型代表。菲律宾 1980 年人均国内生产总值为 684.6 美元，2014 年仍只有 2 865 美元。墨西哥 1973 年人均 GDP 已经达到了 1 000 美元，在当时属于中等偏上收入国家，而 2017 年人均 GDP 只有 8 610 美元，40 多年后仍只属于中等偏上收入国家。

但是，过去被认为是处于中等收入陷阱的典型国家如阿根廷，现在收入水平已经超过了高收入水平的下限。阿根廷在 1964 年时人均国内生产总值就超过 1 000 美元，在 20 世纪 90 年代末已上升到了 8 000 美元以上，但到 2002 年因汇率变化又下降到约 2 000 美元。不过到 2017 年其人均国民总收入已经达到 13 040 美元，已经超过了高收入水平的下限。这一事实表明：所谓的中等收入陷阱只不过是发展中国家经济发展过程中可能存在的陷阱而已，并不是不可跨越的鸿沟。

二、关于中等收入陷阱的基本事实

根据 WDI 数据库最新的数据，至 2017 年，卢森堡、瑞士、挪威等 70 多个国家和地区已经跨入了高收入国家的行列，其 GDP 总量占全球的 40％左右，人口约为全球人口的 10％；中等收入国家主要分布在拉丁美洲、东南亚、东欧等地区，包括巴西、墨西哥、中国等国家，其 GDP 总量超过全球的 55％，人口超过全球人口的 80％；而如今低收入国家包括乌干达、刚果、马里等国，主要分布在撒哈拉沙漠以南的非洲地区。

图 1 给出了欧、亚、拉丁美洲①三个地区的主要经济体在 1960—2010 年间相对于美国的人均 GDP 水平。由图 1 可知，部分亚洲国家在过去半个世纪展现出显著的追赶能力，人均 GDP 从美国人均 GDP 的 30％上升至 60％；欧洲国家同样也出现了相似的追赶行为，但可能由于初始起点较高，以至于上升幅度相对较小，且进入 21 世纪后略有回落；与此相对的是，即便存在足够的上升空间部分，拉美国家并没有缩小与美国的差距，人均 GDP 一直位于美国人均 GDP 的 20％左右。与亚洲国家相比，部分拉美国家本应该在模仿和学习

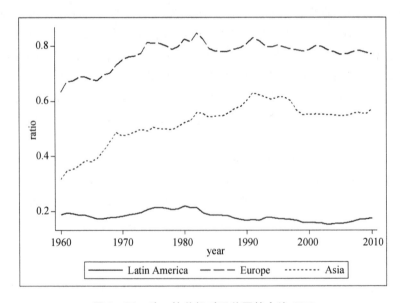

图 1　亚、欧、拉美相对于美国的人均 GDP

---

① 亚洲国家包括中国、日本、韩国、马来西亚、新加坡和泰国，欧洲国家包括奥地利、比利时、芬兰、法国、希腊、意大利、挪威、葡萄牙和西班牙，拉美国家包括阿根廷、巴西、智利、哥伦比亚、墨西哥、秘鲁和委内瑞拉。

西方先进技术方面更具有优势，且发展空间更大，但这种理论上的"后发优势"并没有在过去 50 年间得到体现，这其中的原因值得进一步的研究和探讨。

由于人均 GDP（Y/N）可以分解为劳动生产率（Y/L）与劳动参与率（L/N）的乘积，这里的劳动参与率是指劳动人群占全部人口的比例。低水平的劳动生产率和劳动参与率都可能造成一个国家的人均 GDP 水平低下。然而，Cole（2005）发现：亚、欧、拉美以及美国的劳动参与率差距不大，无法解释如此大的人均 GDP 差异（见表1）。从表 1 可以看出，劳动参与率并不是决定一个国家和地区经济状况的关键因素：一方面，尽管亚洲国家与美国的劳动参与率水平几乎相差无几，但人均 GDP 却存在巨大的差异；另一方面，部分拉美国家的劳动参与率为美国的 70%～80%，但这不足以解释拉美人均 GDP 只有美国 20%的事实。

表 1　亚、欧、拉美与美国的劳动参与率

year	Europe	Asia	Latin America	U. S.
1950	0.43	0.41	0.34	0.40
1973	0.42	0.44	0.31	0.41
1998	0.41	0.49	0.35	0.48

数据来源：Cole（2005）。

因此，劳动生产率成为解释人均 GDP 差异的唯一因素。Cole（2005）发现：相对于美国，拉美国家的相对劳动生产率在过去 50 年间几乎没有发生变动；与此相对的是，在同样的时段，欧洲的相对劳动生产率翻了一倍，而部分亚洲的上升幅度更加明显（从不到 20%上升至 50%）。所以说，一个国家经济的持续增长往往依赖于劳动生产率的不断提高，而当一个国家的劳动生产率停止增长时，其经济就存在陷入衰退的危险。

选取处于不同发展状态的几个典型国家（韩国、巴西、墨西哥和马达加斯加）并画出它们 1960—2010 年人均 GDP 的走势图（见图 2）。从图 2 可以看出，在过去的半个世纪中，韩国展现了强劲的增长动力，从 1960 年的一个贫困国家成功发展为一个发达国家；在这一时期巴西和墨西哥属于陷入中等收入陷阱的典型国家，它们早在 1960 年就已经迈入中等收入国家的行列，但迟迟未能成为高收入国家；马达加斯加则属于典型的贫困国家，其人均 GDP 始终未能超过 1 000 美元，且存在下降的趋势。

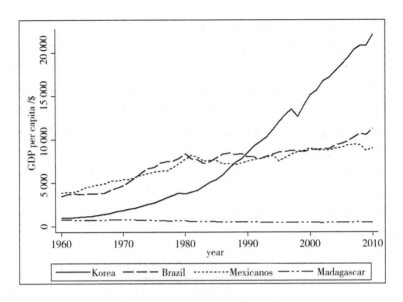

图2 各国历史人均 GDP 走势

比较不同发展状况的国家可以发现，高增长、高收入国家的研发投入（图3）以及对应的专利数量（表2）明显更高，且增长的幅度更大。技术创新和进步的动力来源于对技术创新工作者以及技术本身进行持续的投资，有效率的投资带来产出水平的增长，这又会进一步扩大对技术创新资源以及研发的投资，并可能产生一个正反馈循环。能否形成正反馈关键在于其中的效率，特别是技术创新形成技术创新成果的效率以及创新成果驱动经济发展的效率，由此可以判断一个国家经济所处的状态。

表2 各国应用专利总数

年份	韩国	巴西	墨西哥	马达加斯加
1970	1 846	9 224	8 046	/
1980	5 070	8 377	5 472	/
1990	25 820	7 537	5 061	/
2000	102 010	17 283	13 061	55
2010	170 101	24 999	14 576	43
几何平均增长率	12.0%	2.5%	1.5%	−0.2%

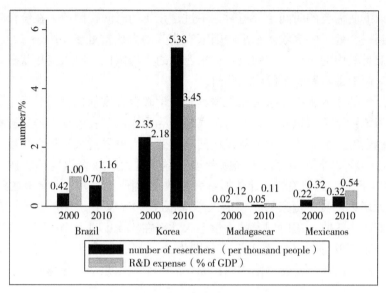

图3　各国研发人数与 R&D 支出份额

三、中等收入水平国家和处于中等收入陷阱状态国家的经济特征

依据处于中等收入水平国家经济发展状况的基本事实，我们可以归纳出中等收入水平国家的经济特征，特别是处于中等收入陷阱状况国家的经济特征。

与发达国家相比较，中等收入水平国家的经济特征是比较明显的，例如劳动生产率低、技术水平低、收入水平和消费水平低下、基础设施和资本积累状况较差、平均受教育程度较低、科技进步能力和研发能力低下等。但是这些特征本身就是收入水平相对于发达国家较低的直接原因或者结果。从深入探讨中等收入陷阱原因的角度来看，有两个表现为数量比例关系的特征可以将中等收入国家与高收入的发达国家直接区别开来：

（1）中低收入水平的发展中国家，其产出结构表现为农业国或者正在工业化国家的特征，即农业产出的比重较高、农业劳动力的比重也较高。中高收入水平的发展中国家虽然其农业产出的比重可能已经下降到10％以下，但农业劳动力的比重依旧较高，农业劳动力的比重一般在20％以上。或者简单地说，处于中等收入水平的国家，一般没有完成工业化进程，即农村剩余劳动力没有完全转移。这是中等收入国家的一个典型特征。

得到这个判断的一般事实依据：高收入水平国家农业劳动力的比重都在10％以下，中等收入水平的国家农业劳动力的比重一般都在20％以上。这一事实也表明：对于能够跨越中等收入陷阱的国家，农业劳动力由20％下降到

10％或以下所需要的时间十分短暂，不过是几年的时间，因此，在统计年鉴中很难查到一个处于中等收入水平的国家农业劳动力比重处于 10％～20％之间。马来西亚是其中的一个，查阅近年马来西亚的人均国民总收入变化状况，可以发现马来西亚即将跨越中等收入陷阱。

（2）中等收入水平国家劳动人群具有大学教育程度的比例明显低于发达国家。查阅统计年鉴可以发现，发达国家与中等收入国家在劳动人群的教育程度这一指标上有典型差距：大多数发达国家的劳动人群受过大学教育程度的比例一般都在 50％以上，中等收入国家劳动人群受过大学教育程度的比例一般都在 30％以下。与之相关的统计数据：大多数发达国家大学毛入学率在 50％以上，绝大多数发展中国家的大学毛入学率都在 20％以下，只有少数正在跨越和可能跨越中等收入陷阱国家的大学毛入学率在 40％以上。2012 年，阿根廷、智利、马来西亚等大学的毛入学率分别为 80.3％、74.4％、37.2％。前面两个国家是刚刚跨越中等收入陷阱的国家，后一个国家是即将跨越中等收入陷阱的国家。

如果一个发展中国家已经陷入中等收入陷阱，那么这个国家经济增长的典型特征：长期经济增长速度较低，或者无法持续维持较高速度的经济增长。在这种情况下，这个国家的经济一定会表现为以下特征：

①陷入中等收入陷阱的国家必定是一个没有实现工业化、城镇化的国家。因此，在其经济结构的转变过程中存在这么一个典型特征：即经济结构无法持续由农业社会向工业社会转变，非农产业和非农劳动力的比重无法持续上升并成为工业化的国家。一些中等收入水平的国家可能具有一定的工业化水平，也可能存在一定的经济总量的增长，但无法完成经济结构的转变，其人均国民总收入就无法达到高收入水平。

②无法维持长期较高经济增长速度的原因必定是过去的经济增长方式无法持续下去。一个国家经济发展水平能够达到中等收入水平，表明其过去存在一定的经济增长速度，但达到中等水平之后，过去的经济增长方式却无法持续，例如主要依赖投资高速增长所推动的经济增长最终必定因为投资增长率下降而使得经济增长速度回落至较低的水平。

③教育水平无法持续提高，研发水平始终处于较低水平。所有的中等收入水平国家的教育水平和产业研发水平与发达国家相比都存在显著差距，这不仅仅是中等收入水平国家的典型经济特征，更重要的是，如果这一差距无法得到改善，这一特征就会成为中等收入国家陷入中等收入陷阱的原因。

如果一个国家的经济发展水平长期停留在较低的水平，很可能还表现出其他典型的社会特征，如收入分配状况中存在收入差距悬殊现象，甚至由此引发社会动乱等，在这里我们不展开对社会原因及其特征的归纳。

四、中等收入陷阱问题的研究状况

1. 关于中等收入陷阱事实的研究

Indermit Gill 和 Homi Kharas 在其 2007 的工作论文中指出只有极少数国家和地区（例如亚洲四小龙）能够在较短时间内通过持续和高速经济增长跨越中等收入阶段。Athukorala 和 Woo（2011）通过估算赶超指数，一定程度上印证了中等收入陷阱的存在。刘钢（2019）通过计算人均产出稳态值的相关估计值，再次证实拉美六国是典型"中等收入陷阱"国家。而张欢、徐康宁（2017）利用国际人均 GDP 数据对世界不同区域的国家进行高收入组跨越成功和失败的划分，发现中等收入陷阱只是一个相对概念，跨越陷阱组国家平均耗时 20～30 年，而落入陷阱组国家长达 40 余年甚至更久仍滞留在中等收入区间，增长陷阱也并非普遍经济发展规律。

通过对事实的归纳可以发现中等收入陷阱现象的存在。事实证据至少有二：其一，亚洲和南美洲的大多数发展中国家进入中等收入水平之后迟迟不能够跨入高收入水平的发达国家行列，即统计数据表明大多数中等收入国家经过长期的经济增长也无法达到用美元表示的、相对于目前美国人均收入一定比例（20%～25%）的高收入水平。其二，某些具有成为发达国家基础条件的国家，例如南美洲的一些国家经过长时间的发展也未能够跨越中等收入阶段成为发达国家。只有极少数的国家和地区（例如亚洲四小龙）通过持续和高速的增长跨越了中等收入阶段。

陷入中等收入陷阱的国家在经济增长方面的特征：其一，经济增长速度较慢、不稳定，导致长期的年均增长率较低。例如阿根廷在 1999—2002 年间经济增长率均为负数，2002 年甚至达到 -10.89%。其二，用美元表示的相对收入水平深受汇率变动的影响。如阿根廷在 2003 年的经济增长率为 8.84%，但以美元计算的 GDP 由人均 4 050 美元下降至 3 670 美元。

值得注意的是，以购买力平价（美元）计算的人均 GDP 水平可以不受汇率变化影响，则其人均收入水平可以随着经济增长持续增长并且逐步达到发达国家水平的程度。例如阿根廷以购买力平价（美元）计算的人均 GDP 水平在 2011 年已达 17 674.37 美元，这已跨越中等收入陷阱，但按汇率计算仅为 9 740.00 美元。由此可见，中等收入陷阱问题是一个用美元的市场汇率计算的人均国民总收入能否达到一定水平的问题。

2. 关于中等收入陷阱原因的研究

有以下四个方面：

第一，收入分配不公。郑秉文（2011）认为"拉美陷阱"的主要成因是分配不公。楼继伟（2010）、Vandenberg 和 Zhuang（2011）认为，中国陷入"中等收入陷阱"的最大风险来自不合理的收入分配结构。程文、张建华（2018）通过构建了一个连续收入分布和创新不确定环境下企业产品创新的数理模型，通过模型推导和数值模拟，发现收入水平与收入差距的不同组合对内资企业的自主创新行为会产生迥然不同的影响，这一微观机制解释了许多贫富分化严重的后发国家在进入中等收入水平的发展阶段后，无法顺利转型为创新驱动的增长模式，落入"中等收入陷阱"的原因。

第二，产业结构不合理。大野健一（2009）把造成中等收入陷阱的原因归结为产业结构升级问题。刘伟（2011）认为，资源配置不合理、产业结构失衡和对国际市场的过度依赖是中国陷入"中等收入陷阱"可能的原因。Jankowska（2012）从生产空间的视角阐述了拉美国家与东亚新兴国家在经济发展道路上的区别，拉美国家因产业结构不能适应过度人口城市化而被"中等收入陷阱"锁定。Aoki（2008）认为农业和非农业两部门的劳动力错配是经济滞胀的一个重要原因。Hausman（2011）指出由贫穷国家向富有国家转变的经济增长过程实际上就是经济结构转换和升级的过程。

第三，人力资本严重匮乏，技术创新能力低。张飞、全毅（2012）的研究认为，高收入国家和中等收入国家的差距主要就是人力资本的差距。蔡昉（2008，2019）认为中国若不能提升人力资本水平并加快政府职能转换，将极有可能陷入中等收入陷阱。马岩（2009）从世界各国比较研究的角度，认为进入中等收入陷阱的国家，具有技术创新和人力资本不适应、对外贸易没有带动产业结构升级、资本账户过快开放三个特点。王一鸣（2018）通过分析典型国家韩国和巴西的发展路径，认为韩国高度重视企业研发机构的建设，推动韩国产业竞争力以及产业利益获得极大提升，快速跨越中等收入阶段进入高收入发展阶段；而巴西企业研发机构建设极其薄弱，难以推动产业创新和转型升级，导致其在中等收入阶段不断徘徊。王刚、代法涛、张龙（2017）通过构建社会资本和创新的两期世代交叠模型，认为社会资本的重要性越大，就越容易获得创新的机制，社会资本提高了 R&D 生产效率，进而使一个经济体获得更高的经济增长率，帮助该经济体避免或摆脱"中等收入陷阱"，数值模拟结果也证明了以上结论。

第四，发展战略与政策缺陷。孔泾源（2011）的研究认为，陷入"中等收入陷阱"的经济体大致是三类：一是长期僵化地实施进口替代战略国家；二是长期僵化地实行计划经济体制的国家；三是长期过度依赖出口导向战略的国家。贾凤兰（2010）解释了当一个国家的人均收入达到中等水平后，由于不能顺利实现经济发展方式的转变，导致新的增长动力不足，最终出现经济停滞徘徊的状态。王一鸣（2011）将日本和亚洲四小龙与马来西亚、阿根廷等拉美国家进行对比，从经济增长、技术创新、收入分配、对外依赖等方面加以考察，认为错失经济发展模式转换时机、技术创新瓶颈难以克服、对经济发展过程中的公平性重视不够、宏观经济政策出现偏差、政治体制变革严重滞后是发展水平和条件相近的国家陷入中等收入陷阱的主要原因。Woo（2009）发现马来西亚在进入中等收入阶段以后仍然沿用了过去的发展方式，没有及时进行经济结构的转换和升级，结果马来西亚的经济增长出现了停滞。邹静娴、张斌（2018）按照不同国家在中等收入阶段停留的时间长短区别为三类国家，从外贸、投资、汇率制度和资本账户开放等多维度进行比较，发现赶超成功国家有效地缩小了与前沿国家的这些维度差距，而赶超失败国家却出现了赶超的停滞。

陆善勇、叶颖（2019）认为：不仅存在中等收入陷阱，而且处于各个收入阶段的国家都有可能面临"陷阱"，产生这些"收入陷阱"的原因实际上都是"比较优势陷阱"，由此提出了要素禀赋优势、科技创新优势和交易效率优势三位一体的综合优势理论。

大多数关于中等收入陷阱原因的研究，包含着一个基本逻辑：在发展中国家农村剩余劳动力转移后期，劳动成本逐步上升导致比较优势不断减少，如果技术创新能力不足、效率较低，则资本投入的边际报酬递减，使得可以单纯依靠要素投入增长来推动经济增长的动力机制失去了作用，从而不能跨越中等收入陷阱。

3. 关于中等收入陷阱的对策研究

蔡昉（2008）认为中等收入国家经济转型的关键在于培养产业升级急需的人力资源。Kenichi Ohno（2009）认为政府能否颁布执行符合本国具体实际的产业提升政策是一国从中等收入阶段踏入高收入阶段的重点。胡鞍钢（2010）指出，跨越"中等收入陷阱"的关键点是用科学的可持续的发展战略指导经济发展的实践，切实转变经济发展方式。王一鸣（2011）以及仪明金、郭得力、王铁山（2011）通过对比研究认为跨越中等收入陷阱的必要条件是实现经济发展模式的转型。迟福林（2011）认为提高科技创新能力是跨越"中等收入陷阱"的重点，由基于要素积累的发展战略转向基于创新的战略，构建由知识利用型经济发展方式向知识创新型经济发展方式的转变，构建以创新为主要驱动力的动力机制，实现本国的产业升级和经济发展方式的转变。Gill I S,

Kharas H J，Bhattasali D（2007）研究了亚洲先进经济体顺利实现向高收入国家跨越的原因，发现通过不断扩大就业、壮大中产阶级规模、缩小贫富差距、保持较低的基尼系数等增加居民收入的措施对经济增长十分有利。郑秉文（2011）将经济增长过程概括为市场驱动、要素驱动、效率驱动和创新驱动阶段，而中等收入陷阱实际上是一种效率陷阱。目前我国处于效率驱动阶段，而要跨越中等收入陷阱则需要制度、政策和基础设施等方面的动力组合。杨先明、王希元（2019）认为结构现代化滞后会导致陷入中等收入陷阱，实现结构现代化必须将驱动力从结构转型为主转换至技术赶超为主。中国要实现驱动力转换，重点在于强化技术创新-产业动态化机制，提升制造业与服务业生产率，推进农业内部现代化。闫森（2017）根据亚洲 15 个经济体目前的人均 GDP，将被研究对象分成三个组别，验证了不同组别间存在不同的收敛曲线，认为能否实现从较低增长收敛曲线向更高增长收敛曲线的转移才是成功跨越"中等收入陷阱"的关键。黄先海、宋学印（2018）认为跌入"中等收入陷阱"的深层机制是陷入了"技术追赶陷阱"，通过构建阶梯递强的知识产权保护制度，实施竞争兼容型的创新补贴政策等，实现较快的技术进步率及经济增长率，从而跨越"中等收入陷阱"。杨俊龙（2018）通过比较拉美国家、东南亚国家与日本、韩国、中国台湾的经济状况，认为经济转型升级、贫富差距缩小、重视教育与科技创新等是成功跨越"中等收入陷阱"主要经验。徐永慧、李月（2017）借助面板有序 Logit 模型，证实了在跨越中等收入陷阱的过程中 TFP 起到了关键性作用，指出实现由外界驱动向自主创新驱动的转型、提升全要素生产率，才能跨越中等收入陷阱。

以上的对策表明，开始进入中等收入状况的国家，必须构建以创新为主要驱动力的动力机制，实现本国的产业升级和经济发展方式的转变，才能跨越中等收入陷阱。

4. 其他相关理论研究

刘易斯的二元经济模型提出发展中国家的经济增长速度受制于资本积累速度和农村剩余劳动力转移的速度。哈罗德-多马模型揭示了经济增长速度不仅仅取决于劳动和资本的增长，而且还取决于由技术进步速度决定的全要素生产率的增长速度。内生经济增长理论则从技术创新驱动发展的角度建立了一些理论逻辑。如果技术能够随着人均占有资本数量的增加而提高，则资本积累可以带来持续的经济增长，这是 AK 模型的基本结论。质量改进模型和产品种类模型则发现，如果技术创新能够提高产品质量和增加产品种类，可以带来持续的经济增长。为了提升技术创新驱动经济发展的效率，日本经济学家提出要发展需求弹性较大、技术进步增长潜力较大的主导产业，因其技术创新驱动经济发展的速度较快，可以持续的时间相对较长，这已经被理论和实践所证实。

5. **目前研究的不足和研究路线**

提出中等收入陷阱问题虽已有较长时间，但从以上研究状况来看，目前研究有以下不足：

（1）关于中等收入陷阱理论研究的不足，未能从创新能力和效率上建立产生中等收入陷阱的理论逻辑。虽然我们已经发现中等收入国家技术创新的能力和效率不足是产生中等收入陷阱的原因，但目前的理论研究没有充分揭示出创新能力和效率是如何导致中等收入水平国家陷入中等收入陷阱的。

（2）关于创新促进经济发展的研究未能充分体现发展中国家的特点。虽然对发展中国家经济增长过程的实证研究可以揭示出决定发展中国家经济增长速度的主要因素，却缺乏从可持续性角度展开导致中等收入陷阱的原因研究。新经济增长理论模型并没有针对发展中国家经济发展的特点及其内在逻辑展开。

基于目前的研究状况，拟从以下几个方面展开研究，首先从技术创新和进步的角度建立一个国家经济发展状况的理论逻辑，然后从发展中国家经济增长特点的角度研究技术创新对发展中国家经济发展状况的决定性作用以及产生中等收入陷阱的根本原因，再以发展中国家技术创新方式对创新效率的约束为条件研究中等收入陷阱产生的原因，最后从发展中国家经济结构转变的角度研究中等收入陷阱产生的原因。

第二节 技术创新驱动经济发展效率决定国家经济发展的状态

增长是经济学永恒的话题，一个国家是富裕或贫穷、发展或衰落，究竟取决于什么因素，这是经济学诞生以来一直希望解决的问题之一。从技术创新驱动经济发展的效率这一角度来研究这个问题，不仅能够解释一个国家为什么长期保存持续发展的动力，而且能够解释一些国家为什么能够在半个世纪左右时间内从贫困走向富裕，而另外一些国家却始终深陷贫困陷阱无法自拔。

陈平（2000）曾经采用非线性的微分方程模型来研究社会演化问题，包括劳动分工的起源和社会分化等问题，能够有效解释中国传统社会的变化。本节拟采用类似的非线性微分方程模型来研究技术创新是如何驱动经济发展的。

一、既定技术水平下，经济增长速度的决定因素

1. 既定技术水平下，经济增长过程的数学描述

在技术创新资源和技术水平给定的条件下，国家将部分国民总收入转化为投资，由此带动产出水平以及国民总收入水平的提高。设在技术水平 A_t 时可获得投资为 $k_t(Y_t) \cdot \Delta t$ ，即市场投资规模为国民总收入水平 Y_t 及时间 Δt 的函数，投资可以提高产出，其效率为 r_1 ，因此有：$\Delta Y_t = r_1 \cdot k(Y_t) \cdot \Delta t$ 。

可以简化 $k(Y_t)$ 的函数形式，令 $k(Y_t) = k_1 \cdot Y_t$ 。简化后 $\Delta Y_t = r_1 \cdot k_1 \cdot Y_t \cdot \Delta t$ 。于是有：$\Delta Y_t / \Delta t = r_1 \cdot k_1 \cdot Y_t \equiv R_1 \cdot Y_t$ ，其中 $R_1 = k_1 \cdot r_1$ 。

这表明，在技术水平给定的情况下，国家可以通过投资来推动本国的经济增长。其速度 R_1 取决于投资占国民总收入水平的比重 k_1 以及投资推动经济增长的效率 r_1 。

2. 投资边际效益递减约束下的经济增长率

由 $\Delta Y_t / \Delta t = R_1 \cdot Y_t$ ，如果 R_1 始终为正数，则靠投资推动的经济增长可以持续下去。但实际上，投资效率 r_1 在技术水平不变条件下，受到边际生产力递减的影响。在既定的技术水平下，随着投资的增加投资潜力逐渐消失，投资推动经济增长的效率将逐步下降，最终导致发展的停滞，产出水平不再增长。

用模型来描述以上思路：设在技术水平保持不变时，由于投资的边际生产力递减，投资推动经济增长的效率受到产出水平 Y_t 的约束，约束系数为 a_{11} ，即有：$dY_t / dt = Y_t \cdot (R_1 - a_{11} \cdot Y_t)$ 。显然，收入水平存在上限 $Y_{max} = R_1 / a_{11}$ 。这表明，在技术水平不变的条件下，由于投资的边际收益递减，投资无法推动经济的长期持续增长。

我们可以称经济增长速度 $R_1 - a_{11} \cdot Y_t$ 为不依赖于技术创新的内在经济增长率。内在经济增长率与投资比例 k_1 和投资推动经济增长率的效率 r_1 正相关，但由于技术给定条件下投资边际收益递减，内在经济增长率最终会随着产出的增长而下降为零。

二、技术创新条件下的经济发展

政府和企业进行研发投入以支持技术创新，技术创新可以形成创新成果，而新的创新成果可以提高生产要素的生产率，进而提升经济增长的速度。由此我们可以将技术创新驱动经济发展的效率分解为两个部分：研发投入形成技术创新成果的效率、创新成果驱动经济发展的效率。

设 G_t 为 t 时期政府和企业研发投入形成的技术创新成果，它对经济增长速度有促进作用，于是有：

$$dY_t/dt = Y_t \cdot (R_1 - a_{11} \cdot Y_t + a_{12} \cdot G_t) \tag{1.1}$$

其中 a_{12} 是技术创新成果促进经济增长的效率。技术创新成果之所以能够提高经济增长率，一方面是因为技术创新可以提升生产要素的生产效率，另一方面技术成果的增加可以扩大投资空间，对抗投资边际收益递减的阻力。$a_{12} \cdot G_t$ 相当于实证研究中全要素生产率的增长率，技术创新成果 G_t 通常可以以新增的或者保有的有效技术发明专利数、新产品的数量、高新技术产品的数量等来反映。如果技术创新成果促进经济增长的动力 $a_{12} \cdot G_t$ 足够大，则 $dY_t/dt > 0$，那么国家经济可以持续增长。

技术创新的成果 G_t 与研发投入正相关，而研发的投入规模往往依赖于经济总量，设为 $k_2 \cdot Y_t$，其中 k_2 代表研发投资占国民总收入的比重；另外令 a_{21} 代表研发投资形成技术创新成果的研发效率，因此研发投入促进技术进步的动力为 $a_{21} \cdot k_2 \cdot Y_t$。

由于原有专利技术的重要性可能会随着新技术的出现而大打折扣，设 G_t 存在自然折旧 R_2，且 G_t 折旧的速度会随着 G_t 的提升而加速。整体的折旧速度为 $R_2 + a_{22} \cdot G_t$，其中 a_{22} 是加速折旧的系数。因此我们对技术创新成果的增长有以下假设：

$$dG_t/dt = G_t \cdot (a_{21} \cdot k_2 \cdot Y_t - R_2 - a_{22} \cdot G_t) \tag{1.2}$$

联立微分方程组（1.1）和（1.2），求解可得：

（1）当 $a_{21} \cdot k_2 \cdot a_{12} < a_{11} \cdot a_{22}$ 时，存在稳定均衡点：

$$\begin{cases} Y_{max} = (R_1 \cdot a_{22} - R_2 \cdot a_{12})/(a_{11} \cdot a_{22} - a_{12} \cdot a_{21} \cdot k_2) \\ G_{max} = (R_1 \cdot a_{21} \cdot k_2 - R_2 \cdot a_{11})/(a_{11} \cdot a_{22} - a_{12} \cdot a_{21} \cdot k_2) \end{cases}$$

稳定均衡点的存在标志着经济增长不可持续。系数 a_{12} 表示技术创新成果促进经济增长的效率，a_{21} 表示研发效率，k_2 代表研发投资占国民总收入的比重。当一个国家的研发投入比重或研发效率过低，或者研发成果对经济的促进作用不足时，都可能使得技术创新无法克服投资的边际收益递减（a_{11}）以及创新成果加速折旧（a_{22}）的阻力，在这种情况下，经济增长是不可持续的。

这一理论逻辑可以解释一些国家为什么会陷入中等收入陷阱。即使中等收入国家存在鼓励研发的政策以及利用研发成果驱动经济发展的专利市场，但如果其效率相对低下，也将导致中等收入国家陷入经济增长停滞状态。

（2）当 $a_{21} \cdot k_2 \cdot a_{12} \geqslant a_{11} \cdot a_{22}$ 时，有 $dY_t/dt > 0$，$dG_t/dt > 0$。在这种情况下，Y_t 和 G_t 可以保持持续的增长态势，呈现出无上限的指数化增长。这一

结论与工业革命以来发达国家的经济增长与技术进步长期共存这一事实是相符合的。

显然，如果技术创新促进经济增长的效率 a_{12} 大于投资边际收益递减的速度 a_{11}，并且研发投资促进技术创新成果形成的效率（$a_{21} \cdot k_2$）大于其加速折旧 a_{22} 的速度时，则必定有 $a_{21} \cdot k_2 \cdot a_{12} \geqslant a_{11} \cdot a_{22}$，长期经济增长是可以持续的。

（3）由于自然折旧率 R_2 的存在，只有当产出水平 Y_t 超过 $R_2/a_{21}k_2$ 之后，$\mathrm{d}G_t/\mathrm{d}t$ 才有可能大于零。这表明只有当经济发展水平达到一定水平之后，一个国家才有能力通过对研发的投资来促进技术创新成果的积累，进而促进经济的发展，而经济水平极端低下国家不可能做到这一点。

三、国家经济处于发展或停滞状况的条件

依据人均 GDP 大小可以将各个国家分为高、中、低收入国家，依据经济增长率水平可以区分一个国家的经济是不断发展还是处于停滞，由此组合成六种可能的发展状态。如果一个国家的经济长期处于停滞状态，那么我们称之陷入了经济发展的陷阱。在现实中，既可能存在中、低收入水平陷阱，亦可能存在高收入水平陷阱。一个国家的经济究竟为何处于该种发展状态，我们可以依据该国技术创新成果的研发效率及其驱动经济发展效率的高低来进行解释。

根据前面的研究，当技术创新驱动经济发展的效率足够高：$a_{21} \cdot k_2 \cdot a_{12} \geqslant a_{11} \cdot a_{22}$ 时，一国经济可以处于持续发展状态。当技术创新驱动经济发展的效率低下，即 $a_{21} \cdot k_2 \cdot a_{12} < a_{11} a_{22}$ 时，一个国家的经济仍存在不断增长的可能，但由于国民总收入存在稳态最大值，这种发展状况不可以长期持续，最终总会落入经济发展陷阱。由稳态均衡时，最大产出水平（$R_1 \cdot a_{22} - R_2 \cdot a_{12}$）/（$a_{11} \cdot a_{22} - a_{12} \cdot a_{21} \cdot k_2$）的值除以这个国家的总人口数，可以得出稳态时人均国民总收入 Y_{max}，其大小则决定了经济发展陷阱的类型：如果 Y_{max} 小于中等收入水平的下限值 Y_{low}，则为低收入水平陷阱；如果 Y_{max} 符合中等收入国家的标准，则处于中等收入陷阱；如果 Y_{max} 大于中等收入水平的上限值 Y_{high}，则陷入了高收入陷阱。

对于低收入陷阱的成因还存在一种特殊情况：由于一个国家的产出水平过低（小于 $R_2/a_{21}k_2$），它无法投入足够的资源进行研发，以至于研发动力不足以对抗技术本身的折旧，使得 $G_t = 0$。该国产出水平存在上限 R_1/a_{11} 值时的人均收入水平往往小于中等收入水平的下限值。即低水平的人均收入水平不能够投入足够的资源进行研发，使得新技术无法产生，生产要素的生产率水平无

法提高，导致收入停留在低收入水平，由此形成一个恶性循环，使得低收入国家陷入低收入陷阱无法自拔。

归纳以上讨论，我们可以得到以下结果（见表3）：

表3　经济增长与不同收入陷阱的产生条件

收入水平	经济增长条件	落入增长陷阱的条件
低收入国家 （$Y_t < Y_{low}$）	$a_{21} \cdot k_2 \cdot a_{12} \geqslant a_{11} \cdot a_{22}$ 或者 $a_{21} \cdot k_2 \cdot a_{12} < a_{11} \cdot a_{22}$ 且 $Y_t < Y_{max}$	$Y_t < Y_{low}$ 且 $G_t = 0$ 或者 $a_{21} \cdot k_2 \cdot a_{12} < a_{11} \cdot a_{22}$ 且 $Y_t = Y_{max} < Y_{low}$
中等收入国家 （$Y_{low} < Y_t < Y_{high}$）	$a_{21} \cdot k_2 \cdot a_{12} \geqslant a_{11} \cdot a_{22}$ 或者 $a_{21} \cdot k_2 \cdot a_{12} < a_{11} \cdot a_{22}$ 且 $Y_t < Y_{max}$	$a_{21} \cdot k_2 \cdot a_{12} < a_{11} \cdot a_{22}$ 且 $Y_{low} < Y_t = Y_{max} < Y_{high}$
高收入国家 （$Y_t > Y_{high}$）	$a_{21} \cdot k_2 \cdot a_{12} \geqslant a_{11} \cdot a_{22}$ 或者 $a_{21} \cdot k_2 \cdot a_{12} < a_{11} \cdot a_{22}$ 且 $Y_t < Y_{max}$	$a_{21} \cdot k_2 \cdot a_{12} < a_{11} \cdot a_{22}$ 且 $Y_t = Y_{max} > Y_{high}$

对一些关键参数的讨论。我们可以发现通过技术创新和进步来驱动经济发展时，有一些关键参数决定了技术创新驱动经济发展的速度和经济发展的水平。

从决定经济收入增长速度和收入水平的角度来看，不依赖于技术创新成果变化的、技术进步决定经济发展的速度 R_1 不仅对收入的增长速度有决定性的影响，而且 R_1 的高低对收入的上限值有决定性的影响，也即 R_1 的高低很大程度度上决定了一个国家的经济是停留在中等收入水平还是高收入水平。显然，R_1 的高低取决于技术创新资源不变时驱动经济发展的效率。

如果技术进步方向在于改进产品的质量和增加产品的种类，这有利于边际收益递减速度 a_{11} 的减少，这是新经济增长理论质量改进模型和产品种类模型的基本结论。如果技术创新成果能够更好地适应于市场经济的需要，则有利于提高技术创新成果的利用效率 a_{12}。

从技术创新成果积累角度来看，加速折旧的系数 a_{22} 往往与人才结构和寿命、科学研究方向和进展速度等因素相关，合理的人才结构，正确的科研方向所积累的技术创新成果其折旧速度相对要低。积累技术创新成果效率 a_{21} 主要取决于人才培养的效率和科学研究的效率，还取决于科学管理体制效率及其管理水平。

四、关于研发投资比例的讨论

根据前面的研究，当技术创新驱动经济发展的效率足够高：$a_{21} \cdot k_2 \cdot a_{12} \geqslant a_{11} \cdot a_{22}$ 时，一国经济可以处于持续发展状态。

如果变量 a_{12}、a_{11}、a_{21}、a_{22} 不随 k_2 的变化而变化，随着研发投资的比重 k_2 提升，有可能导致一国始终满足条件 $a_{21} \cdot k_2 \cdot a_{12} \geqslant a_{11} \cdot a_{22}$，从而使一国的经济增长保持持续。但通过提升研发投资的比重来满足条件 $a_{21} \cdot k_2 \cdot a_{12} \geqslant a_{11} \cdot a_{22}$，是有前提的。首先，研发投资的比重不可能大于 1；其次，一国收入大部分都要用于消费，因此研发投资的比重，受这两个条件的约束。在满足这两个条件的约束情况下，可以尽可能提高研发投资的比重，以满足持续经济发展的条件 $a_{21} \cdot k_2 \cdot a_{12} \geqslant a_{11} \cdot a_{22}$。

但研发投资的比重是否存在最优值是一个比较困难的问题。如果研发效率和驱动经济发展的效率足够高，并且研发投资比重上升不会降低研发效率和驱动效率时，提高研发投资的比重更有利于提升经济发展的速度。但是研发效率和驱动经济发展的效率与研发投资的规模以及占国民总收入的比重有内在的联系，在这种情况下，并非研发投资的比重越高越好。由于我们不能够得出研发投资比重与研发效率、驱动效率之间关系显现数学关系式，我们也很难确定最优的研发投资比重究竟是多少。

五、不同收入水平国家陷于经济发展陷阱的原因与区别

前面我们在抽象意义上来研究决定经济发展以及陷于经济陷阱的条件，在抽象的意义上，不同收入水平的国家所面临的条件都是相同的，即：当技术创新驱动经济发展的效率低下，即 $a_{21} \cdot k_2 \cdot a_{12} < a_{11} a_{22}$ 时，一个国家经济虽存在不断增长的可能，但由于国民总收入存在稳态最大值，将使一个国家经济最终达到最大稳态值而停止经济增长、落入经济发展陷阱。但是不同收入水平的国家实际技术创新状况和条件不同，陷入经济发展陷阱的原因也应该不同。

1. 低收入水平国家陷于经济发展陷阱的原因

低收入国家因为其经济发展水平十分低下，政府和企业投资于人才培养和科学研究的资金规模小和效率低，因此低收入水平的国家很难通过国家自身的努力来增加技术创新的成果。在这种情况下，其经济发展水平的上限值将导致其经济处于停止状态，即在这种情况下必定陷入低收入水平陷阱。

观察一下目前世界上长期处于低收入水平国家的实际经济状况，可以发现这些国家一般不具备持续的技术进步能力，例如储蓄水平较低导致资本积累能

力低下，收入水平较低导致人力资本不能够持续积累即平均受教育水平始终处于低下水平，可以认为缺乏技术创新与进步的积累能力，技术创新资源的匮乏是导致这些国家长期处于低收入水平陷阱之中的根本原因。

2. 高收入水平国家陷于高收入水平陷阱的原因

高收入水平国家的经济发展主要取决于全要素生产率水平的提高，即便不能够满足条件 $a_{21} \cdot k_2 \cdot a_{12} \geqslant a_{11} \cdot a_{22}$，只要其收入水平低于其上限值，其经济仍将保持发展状态。但当其收入水平等于其上限值时，其经济也将陷入停滞状态即落入高收入水平的陷阱。简单地说，高水平国家陷入高收入水平陷阱的原因不是缺乏技术创新的投资能力，而是因为技术创新和驱动经济发展的效率低下所致。这与低收入水平陷阱形成的原因完全不同。

3. 中等收入水平国家陷于经济发展陷阱的原因

能够达到中等收入水平的国家，必定在此之前有一个阶段技术创新成果积累和驱动经济发展效率足够高，使得 $a_{21} \cdot k_2 \cdot a_{12} \geqslant a_{11} \cdot a_{22}$，使之能够进入中等收入水平阶段。但是到了中等收入阶段之后，如果技术创新成果积累和驱动效率不能够满足条件 $a_{21} \cdot k_2 \cdot a_{12} \geqslant a_{11} \cdot a_{22}$，则使得其经济增长存在上限值，如果这一上限值低于高收入水平的下限值，将导致其陷入中等收入陷阱。

由此我们可以发现，中等收入陷阱产生的原因在于中等收入阶段技术创新和促进经济发展的效率将会发生变化，也就是说原来的技术创新和进步方式将随着收入水平的提高而受到抑制，这种抑制技术创新和进步效率的因素应该是导致中等收入陷阱产生的根本原因。

在中等收入阶段抑制技术创新和进步效率的因素可能包括以下几个方面：①劳动力素质水平的提高速度受到抑制，例如大学毛入学率水平不能够达到发达国家大众化、普及化的大学毛入学率水平。②农村剩余劳动力的转移受到抑制。农村剩余劳动力转移所带来的劳动力结构转变可以直接提高劳动生产率，带来相应的技术进步，但是存在农村剩余劳动力不能够完全转移的障碍时，很有可能使得一国经济停留在中等收入阶段。③中等收入阶段可以通过提高资本积累率来提升积累的速度，但是资本积累率的提高是有限的，且资本积累受技术进步程度的约束，没有足够的全要素生产率增长，资本积累将不可持续，由此抑制了发展中国家的经济增长速度。④技术创新方式约束了技术创新和进步的效率，使得发展中国家在技术水平上始终无法跨越中等收入陷阱所需要达到的水平，例如模仿式的技术创新方式本身就约束了所能够达到的技术水平。概括来说，这四个方面的因素都最终导致了技术创新成果的积累效率和驱动经济发展效率下降，使之不能够满足持续发展的条件，可能导致其经济上限值未达到高收入水平的下限值时，就陷入中等收入陷阱。

后面我们将从中等收入国家技术创新与进步效率、技术创新方式、经济结构转变的角度，继续研究产生中等收入陷阱的原因。

第三节 技术创新与进步效率约束下发展中国家的中等收入陷阱

依据发展中国家的经济特征，构建能够反映出其经济增长过程内在逻辑和决定因素的理论模型，有助于发现发展中国家经济增长过程的内在规律，发现可能导致中等收入陷阱的原因，为跨越中等收入陷阱寻求有效对策。

一、资本积累、农村剩余劳动力转移及中等收入陷阱

发展中国家的经济发展主要依赖非农产业的发展，当其逐步靠近发达国家下限经济发展水平时，农业产出和劳动力比重将下降到 10% 以下，甚至 5% 以下。虽然发展中国家的农业产出总量也会增长，但增长速度明显小于非农产业的增长速度，随着农业产出比重的下降，农业产出对总产出增长的影响将减小，直到可以忽视。因此，发展中国家由低收入水平向中、高收入水平发展时，其增长速度主要取决于第二、三产业的增长速度。因此，我们可以直接从决定第二、三产业发展的因素中寻找产生中等收入陷阱的原因。

1. 由资本积累与劳动力转移驱动经济增长的基本特征

实证研究已经表明发展中国家非农产业的发展主要依赖于资本积累和农村剩余劳动力转移的推动。由于资本积累规模取决于既有的经济规模和积累率，并且非农劳动增长深受资本积累速度的影响，在这种情况下，资本和有效劳动力（以下称第二、三产业劳动力及与产业比重一致的第一产业劳动力为有效劳动力）增长与既有经济规模有正相关的关系。

设在第 t 年发展中国家既有的经济规模，即国民总收入为 Y_t，有 $dY_t/dt = r \times Y_t$，其中 r 为资本和有效劳动力的投入增长所带来的经济增长速度。r 的大小主要取决于资本积累速度及其产出弹性、资本积累所带来的有效劳动力增长速度及其产出弹性，其中资本积累速度是关键变量，因为有效劳动力的增长速度与之有密切关系，并且资本的产出弹性和劳动力的产出弹性具有相对稳定性。

如果 r 与 Y_t 的水平无关，则经济增长速度将是一个常数；如果 r 较大，例如明显高于发达国家的正常经济增长速度，随着时间的延续，人均收入水平将逐步达到发达国家收入水平的下限，这时将不存在中等收入陷阱。

一般情况下 r 与 Y_t 的水平大小有关，当 Y_t 处于极低的水平时，积累率水

平极低导致资本的增长速度处于较低水平，这时 r 也处于较低的水平，即可能存在低收入水平陷阱。随着由低收入水平向中等收入水平过渡，积累率水平可以逐步提高，资本积累速度也会逐步提高，因此其经济增长速度可以达到较高水平。

令 $r = f(\mathrm{d}K/\mathrm{d}t/K)$，即经济增长速度主要取决于资本积累速度。其中 $K = Y_t \times \beta$，β 为资本积累率。

由于 $\mathrm{d}K/\mathrm{d}t = \mathrm{d}(Y_t \times \beta)/\mathrm{d}t = \beta \times \mathrm{d}Y_t/\mathrm{d}t + Y_t \times \mathrm{d}\beta/\mathrm{d}t$，当资本积累率提高时，$\mathrm{d}\beta/\mathrm{d}t > 0$，这种情况下，存在一个由最大资本积累速度决定的最大经济增长率 R_{max}。因此，我们可以有这样的判断，处于中等收入阶段的发展中国家，其由资本积累和劳动力转移速度决定的经济增长速度 r 有一个最大值 R_{max}，这一最大值的出现时间应当与资本积累率的提高速度所决定的资本增长率和劳动力转移速度最大值的出现时间一致。

但是，投资的增长速度大大超过消费的增长速度，导致积累率水平达到较高水平之后，供过于求的现象就会产生，这将抑制投资的增长，使得投资增长率将回归至与经济增长率相当的水平。当投资的增长速度等于经济增长率时，这将使得经济增长速度有下行的态势。即当经济增长速度达到最大值 R_{max} 后，其经济增长速度将受到抑制，资本积累和劳动力转移速度决定的经济增长速度逐步下行。当发展中国家农村剩余劳动力全部转移完毕且资本积累停止时，最终将导致 Y_t 有一个最大的极限值 Y_{max}，当 $Y_t = Y_{max}$ 时其经济增长速度为 0。因此，我们可以假定中等收入国家的经济增长过程在超越了最大经济增长速度之后，由资本积累和剩余劳动力转移的经济增长速度可以用下面的微分方程来表示：

$$\mathrm{d}Y_t/\mathrm{d}t = R_{max} \times Y_t \times (1 - Y_t/Y_{max})$$

2. 由资本积累与剩余劳动力转移驱动的技术进步

中等收入发展中国家的资本积累速度一般高于劳动力的自然增长速度，也高于有效劳动力的增长速度，在这种情况下，有效劳动力的人均占有资本数量逐步提高，这表明资本积累将提高有效劳动力的生产率水平。农村剩余劳动力随着资本积累转移到有效劳动力之中，其人均占有资本的数量和劳动生产率水平将逐步提高。因此，资本积累促进农村剩余劳动力转移，有效劳动力不断增长的过程中伴随着劳动生产率的不断提高，这标志着有效劳动力的技术水平在不断地进步。由于这一技术进步的过程主要受制于资本积累速度，资本积累速度又受制于经济发展水平和资本积累率，我们可以设与收入水平 Y_t 相应的技术水平为 A_t，与最大的极限值 Y_{max} 相应的技术水平为 A_{max}，则技术进步的速度有以下微分方程关系：

$$dA_t/dt = S_{max} \times A_t(1 - A_t/A_{max})$$

其中 S_{max} 为与最大经济增长速度 R_{max} 相一致的最大技术进步速度。

显然，当 $A_t = A_{max}$ 时，$dA_t/dt = 0$。即由于资本积累所推动的技术进步存在着技术水平极限值 A_{max}，当资本积累停滞时技术水平已经达到极限值，技术进步的速度将为 0。

3. 由资本与劳动力转移驱动的经济增长产生中等收入陷阱的原因

如果资本积累所推动的经济增长速度和技术进步的速度足够大、可以延续的时间足够长，使得其最大产出水平 Y_{max} 下的人均收入水平能够达到发达国家的下限水平之上，那么就不存在中等收入陷阱。如果发展中国家产生了中等收入陷阱，则可能有以下四个方面的原因：

第一，投资需求和消费的增长速度约束了资本积累速度和农村劳动力转移的速度，进而限制了最大经济增长率 R_{max} 和相应的最大技术进步速度 S_{max}。

在积累率较低的时候，中等收入国家可以通过逐步提高积累率使得资本积累速度大大超过其经济增长速度，导致经济增长速度达到较高水平。但积累率不可能持续提高，这限制了单纯由资本积累速度决定的最大经济增长速度 R_{max} 和相应的最大技术进步速度 S_{max}。当积累率保持不变时，资本积累速度将趋向于等于经济增长速度，这将导致经济增长速度低于最大经济增长速度。

在市场经济条件下，市场如果呈现出因资本积累速度过快导致的资本品供过于求、资本利润率下降的局面，这将限制资本积累速度，并由此形成积累率的上限。

第二，单纯的资本积累和剩余劳动力的转移约束了其技术水平所能够达到的高度。

单纯通过积累的资本其技术水平受制于资本积累时的技术水平，而固定资产平均使用年限在 10 年以上，如果积累的固定资产的技术水平停留在投资时候的技术水平或只因折旧、更替来维持既有的技术水平，并且投资时固定资产的技术水平与发达国家的技术水平有一定程度的差距。在这种情况下，由于单纯的资本积累只能提高新增资本及其有效劳动力的技术水平，当已经积累起来的资本其技术不能够持续提高时，全社会的技术水平就受制于资本积累的程度，全社会技术水平的增长速度受制于资本积累的速度。因此，单纯通过资本积累而形成的固定资产技术水平距发达国家技术水平有相当大的差距。由此可以推断出：中等收入国家单纯的资本积累和剩余劳动力的转移约束了其技术水平所能够达到的高度，其技术水平无法达到发达国家收入水平下限应该达到的技术水平。

第三，资本积累所带来的边际生产率递减的作用，限制了资本和劳动收益的持续增长，使得资本积累推动经济增长的能力下降，并由此导致资本积累的速度下降，资本积累推动农村剩余劳动力转移的速度下降，最终导致在人均收入水平没有达到发达国家的下限水平时，经济增长速度就回落到极低水平，由此形成了中等收入陷阱。

一般情况下，陷入中等收入陷阱的国家，其劳动力的就业水平较低，农村剩余劳动力一般没有全部转移完毕，少数中等收入国家表现为城市失业率处于较高水平，即有效劳动力的就业水平较低。这一事实表明，单纯依据资本积累来推动经济发展和有效劳动力就业水平的提高，无法将所有的农村剩余劳动力全部转移成有效劳动力。

第四，存在着资本积累速度下降，积累率下降导致投资增长速度下降、经济增长速度下降的负反馈的循环机理，使得经济增长速度快速向下，甚至导致经济增长速度崩溃至负值。

通过提高资本积累率来提升资本积累的速度，最终将受限于积累率所能够达到的最高水平，一旦由于市场供过于求，积累率必须回归正常水平时，资本积累速度将逐步反转，即由高于经济增长速度回落至等于甚至低于经济增长速度，这是积累率下降的必然结果。当资本积累速度低于原有经济增长速度时，由资本积累速度所决定的经济增长速度将进一步下降，形成了负反馈的循环，这将导致经济增长速度快速下降。如果没有其他因素来支撑经济增长，经济增长速度有可能下降至负值。例如东南亚经济危机和南美经济危机时，某些国家经济增长速度下降为负值。

在以上四个方面的因素作用下，单纯由资本积累和剩余劳动力转移推动下的经济增长和技术进步，将可能因其极限约束而形成中等收入陷阱，即当由要素推动的经济增长所能够达到的最大值 Y_{max} 与 A_{max} 小于发达国家的高收入水平的下限时，将产生中等收入陷阱。

二、技术创新驱动发展效率约束下的经济增长及其中等收入陷阱

如果经济增长过程不仅仅是有资本积累，而且一部分资本积累用于技术创新，且技术创新可以提高所有生产要素的技术水平时，可以形成这样一种相互促进的作用：技术创新的投资促进了所有生产要素技术水平的提高，技术水平的提高又促进了收入的增长，由此形成了技术创新和经济增长之间相互驱动的正反馈循环。

1. 当技术创新的投资促进技术进步时，决定技术进步速度的因素

设在收入 Y_t 水平下、Δt 时间内技术创新投资促进技术进步的程度为：

$$\Delta A_t / \Delta t = f(A_t, Y_t)$$

一般情况下，通过技术创新投资所促进的技术进步程度与既有的技术水平成正比，有 $f(A_t, Y_t) = A_t \times f(Y_t)$，用一部分国民总收入进行技术创新的投资与既有的国民总收入水平 Y_t、技术创新的投资比例、投资效率应当有正相关的关系，简单地设 $f(Y_t) = b \times Y_t$，b 综合体现了在国民总收入下由技术创新投资比例和投资效率所决定的技术创新效率。因此，有 Δt 时间内的 $\Delta A_t / \Delta t = f(A_t, Y_t) = A_t \times b \times Y_t$。

结合单纯投资带来的经济增长速度取决于 $S_{max} \times A_t \times (1 - A_t/A_{max})$，有：

$$dA_t/dt = S_{max} \times A_t \times (1 - A_t/A_{max} + b \times Y_t/S_{max})$$

2. 当技术创新提高国民总收入水平时，决定国民总收入增长速度的因素

设在技术水平 A_t 下，通过技术创新在 Δt 时间内可以促进国民总收入增长的程度为 $\Delta Y_t / \Delta t = g(A_t, Y_t)$。一般情况下，通过技术创新促进提高国民总收入水平的程度与既有的国民总收入 Y_t 成正比，有 $g(A_t, Y_t) = Y_t \times g(A_t)$，技术创新提高国民总收入的效率 $g(A_t)$ 则取决于技术创新提高国民总收入的收入弹性。设技术创新的收入弹性与既有技术水平成正比，即设 $g(A_t) = a \times A_t$，因此有 Δt 时间内技术创新可以促进国民总收入增长的速度有 $\Delta Y_t / \Delta t = g(A_t, Y_t) = A_t \times a \times Y_t$。结合单纯投资带来的经济增长 $R_{max} \times Y_t \times (1 - Y_t/Y_{max})$，有：

$$dY_t/dt = R_{max} \times Y_t \times (1 - Y_t/Y_{max} + a \times A_t/R_{max})$$

3. 技术创新效率约束下的经济增长及中等收入陷阱

对于微分方程组：

$$\begin{cases} dA_t/dt = S_{max} \times A_t \times (1 - A_t/A_{max} + b \times Y_t/S_{max}) \\ dY_t/dt = R_{max} \times Y_t \times (1 - Y_t/Y_{max} + a \times A_t/R_{max}) \end{cases}$$

可以证明：

①当 $(1/A_{max}) \times (1/Y_{max}) > (b/S_{max}) \times (a/R_{max})$ 时，存在一稳定点 (A_m, Y_m)，$A_m > 0$，$Y_m > 0$，当 $t \to \infty$ 时，所有的解曲线趋向于点 (A_m, Y_m)。

这一状况表示，如果满足条件 $(1/A_{max}) \times (1/Y_{max}) > (b/S_{max}) \times (a/R_{max})$，则发展中国家的经济发展水平 Y_t、技术水平 A_t 将最终停止于 $Y_t = Y_m$、$A_t = A_m$ 水平；如果发展中国家国民总收入水平 Y_m 下人均收入水平低于发达国家的下限水平，则这个国家将陷于中等收入陷阱；如果人均收入水平已高于发达国家的下限水平，虽然这个国家已经跨越了中等收入陷阱，但这个国家仍将陷于停滞发展的状况。

由于 $1/A_{max}$ 是单纯资本积累所带来技术进步的边际递减速度，$1/Y_{max}$ 是单纯资本积累所带来产出增长的边际递减速度，a/R_{max} 是技术创新所带来的经济

增长与 $R_{\max}$（单纯投资所带来的最大经济增长率）的比值，$b/S_{\max}$ 是技术创新研发投资所带来的技术进步与 $S_{\max}$（单纯资本积累所带来的最大技术进步率）的比值，$(1/A_{\max})\times(1/Y_{\max})$ 是单纯投资所带来的边际收益递减速度与边际技术水平递减速度的乘积，$(b/S_{\max})\times(a/R_{\max})$ 则是技术创新所带来的技术进步速度与其所提升经济增长速度的乘积，$(1/A_{\max})\times(1/Y_{\max})>(b/S_{\max})\times(a/R_{\max})$ 则表明技术创新所带来的技术进步速度与其所提升的经济增长速度不足以抵抗单纯资本积累的边际收益递减与边际技术水平递减的综合作用，因此，其经济发展水平和技术水平将停留在点 $(A_m，Y_m)$ 决定的水平。

②当 $(1/A_{\max})\times(1/Y_{\max})\leqslant(b/S_{\max})\times(a/R_{\max})$ 时，则可以恒有：

$$\begin{cases} dA_t/dt = S_{\max}\times A_t\times(1-A_t/A_{\max}+b\times Y_t/S_{\max}) >0 \\ dY_t/dt = R_{\max}\times Y_t\times(1-Y_t/Y_{\max}+a\times A_t/R_{\max}) >0 \end{cases}$$

表示满足这一条件的国家，其经济发展水平和技术水平可以保持持续的增长。这要求技术创新所带来的技术进步速度与其所提升的经济增长速度足以抵抗单纯资本积累的边际收益递减与边际技术水平递减的综合作用。

由以上两种状况的研究结果可知：中等收入水平的发展中国家能否跨越中等收入陷阱，关键取决于技术创新驱动经济发展的效率。如果技术创新的效率和技术创新提升经济增长的速度足够高，则中等收入水平国家可以通过技术创新成为发达国家，从而跨越中等收入陷阱。如果发展中国家不进行研发投资，单纯依靠资本积累来推动农村剩余劳动力的转移和经济增长，则意味着技术创新驱动经济发展的效率为 0，最终必定陷入中等收入陷阱。

第四节 技术创新方式约束下的中等收入陷阱

发展中国家主要依靠资本积累和农村剩余劳动力转移来推动经济发展，这一增长方式下的技术进步主要通过引进和模仿发达国家的先进技术来获得。模仿式的技术进步所能够达到的技术进步效率和经济发展水平将受制于模仿式技术创新方式本身，由此也将决定中等收入水平的发展中国家是否能够跨越中等收入陷阱。考虑到发展中国家技术引进和模仿方式所能够达到的人均收入水平一定是相对于发达国家的收入水平，因此，我们有必要用相对收入水平来表征中等收入陷阱。对最近 20 年发展中国家人均收入水平与发达国家之间的差距进行归纳，我们可以得出这样的判断：以美国的人均国民总收入水平为基准，如果发展中国家的人均国民总收入水平达到美国的 25％，那么这个发展中国家就基本上跨越了中等收入陷阱。

一、技术水平和收入水平之间的相互关系和影响因素

一个国家的人均收入水平与其技术水平一般存在着正相关的关系，技术水平的提高将导致人均收入水平的提高；将收入水平的一部分转化为研发投资，也将导致技术水平的提高。技术水平和收入水平之间的相互促进关系决定了发展中国家人均收入水平和技术水平的提高速度，因而也成为了是否能够跨越或导致陷入中等收入陷阱的主要因素。

1. 导致中等收入国家相对技术水平变化的因素

（1）提高中等收入国家相对技术水平的因素

中等收入国家利用既定收入进行研发投资来推动技术进步，是技术进步的主要途径，设处于中等收入水平的发展中国家在 t 年时的技术水平为 A_{mt}（一般是劳动生产率或全要素生产率），获得的相应人均收入为 Y_{mt}，将其部分转化为促进技术创新的研发投资，由此推动技术创新和进步。

设在技术水平 A_{mt} 时可获得的促进技术创新的研发投资为 $k(Y_{mt}) \Delta t$，即研发投资规模为收入水平 Y_{mt} 及持续的时间 Δt 的函数，如果研发投资相应的可以提高技术水平程度的效率为 r，则当技术创新成功时技术进步程度为 $\Delta A_{mt} = r \times k(Y_{mt}) \Delta t$。

可以简化 $k(Y_{mt})$ 的函数形式，令 $k(A_{mt}) = k \times Y_{mt}$，即研发投资规模是一定比例的人均收入水平所决定。简化后 $\Delta A_{mt} = r \times k \times Y_{mt} \times \Delta t$。

设发达国家的技术水平为 A_{ht}，其带来的人均收入水平为 Y_{ht}，$Y_{ht} = g(A_{ht})$，取 $Y_{ht} = R_h \times A_{ht}$。$R_h$ 表示发达国家技术水平带来的人均收入水平的能力。

有：$\Delta A_{mt} / A_{ht} = r \times k \times Y_{mt} \times \Delta t / A_{ht} = r \times k \times Y_{mt} \times \Delta t / (Y_{ht} / R_h)$
$$= (r \times k \times R_h) \times (Y_{mt} / Y_{ht}) \times \Delta t$$

令 $r_1 = r \times k \times R_h$，这时 r_1 表示在人均收入水平 Y_{mt} 下获得的研发投资能够促进技术进步的相对效率，是研发投资比例和研发效率的综合。

有：$\Delta(A_{mt} / A_{ht}) / \Delta t = r_1 \times Y_{mt} / Y_{ht}$

上式表示，在相对收入水平 Y_{mt} / Y_{ht} 下，经过时间 Δt 所获得的研发投资进行成功的技术创新时，能够提升相对技术水平速度。当 r_1 一定时，相对收入水平 Y_{mt} / Y_{ht} 越高，提升相对技术水平 A_{mt} / A_{ht} 速度越大。显然 $r_1 > 0$，即技术创新只会导致相对技术水平的提高。

（2）导致中等收入国家相对技术水平降低的因素

当 A_{ht} 在 Δt 时间内以 $1 + a_1$ 的倍率（即增长速度为 a_1）增长时，有：

$\Delta(A_{mt}/A_{ht})/\Delta t = A_{mt}/(A_{ht} \times (1+a_1)) - A_{mt}/A_{ht} = A_{mt}/A_{ht} \times (-a_1/(1+a_1))$

令 $a = a_1/(1+a_1)$，有：$\Delta(A_{mt}/A_{ht})/\Delta t = -a \times A_{mt}/A_{ht}$。由此表示相对技术水平 A_{mt}/A_{ht} 因发达国家的技术进步而降低的速度。

2. 导致中等收入国家相对人均收入水平变化的因素

（1）提高中等收入国家相对收入水平的因素

中等收入国家人均收入水平 Y_{mt} 的提高取决于技术水平的提高，设在技术水平 A_{mt} 时 $Y_{mt} = f(A_{mt})$，有 $\Delta Y_{mt}/\Delta t = \Delta f(A_{mt})/\Delta t$。

取 $\Delta f(A_{mt})/\Delta t = k \times A_{mt}$，$k$ 表示技术水平 A_{mt} 下，时间 Δt 内因技术水平 A_{mt} 变化带来的人均收入水平的变化。k 表示技术进步的提升相对人均收入水平的效率。

设发达国家的人均收入水平为 Y_{ht}，$Y_{ht} = R_h \times A_{ht}$，有：

$$\Delta(Y_{mt}/Y_{ht})/\Delta t = (\Delta f(A_{mt})/\Delta t)/Y_{ht} = k \times A_{mt}/(A_{ht} \times R_h)$$
$$= k/R_h \times (A_{mt}/A_{ht})$$

令 $r_2 = k/R_h$，有：$\Delta(Y_{mt}/Y_{ht})/\Delta t = r_2 \times A_{mt}/A_{ht}$，其中 r_2 表示中等收入国家技术进步速度一定时，提升其相对收入水平的能力。

因此，中等收入国家的相对人均收入 Y_{mt}/Y_{ht} 的变化速度 $\Delta(Y_{mt}/Y_{ht})/\Delta t$ 取决于相对技术水平 A_{mt}/A_{ht} 与技术变化提升相对收入水平的能力 r_2 的乘积。A_{mt}/A_{ht} 与 r_2 值的增加可以提升中等收入国家的人均收入相对水平的变化速度。

（2）降低中等收入国家相对收入水平的因素

发达国家的人均收入水平为 Y_{ht}，当在 Δt 时间内 Y_{ht} 以 $1+b_1$ 的倍率（即增长速度为 b_1，且包括叠加汇率升值的影响）时，有：

$\Delta(Y_{mt}/Y_{ht})/\Delta t = Y_{mt}/(Y_{ht} \times (1+b_1)) - Y_{mt}/Y_{ht} = Y_{mt}/Y_{ht} \times (-b_1/(1+b_1))$

令 $b = b_1/(1+b_1)$，有：$\Delta(Y_{mt}/Y_{ht})/\Delta t = -b \times Y_{mt}/Y_{ht}$。由此表示中等收入国家相对收入水平因发达国家的收入增长及汇率升值而降低的速度。

二、自主技术创新效率约束下的中等收入陷阱

如果中等收入国家的技术创新不受发达国家已有的技术水平影响，也不受相对收入差距的影响，则提升中等收入国家的技术水平和收入水平的决定因素，主要取决于自主技术进步的效率和技术进步能够提升人均收入水平的能力。

由前面的研究可知中等收入国家相对技术水平 A_{mt}/A_{ht} 因发达国家技术进

步的而降低的速度可表示为 $\Delta(A_{mt}/A_{ht})/\Delta t=-a\times A_{mt}/A_{ht}$，自身技术进步提升相对技术水平的速度为 $\Delta(A_{mt}/A_{ht})/\Delta t=r_1\times Y_{mt}/Y_{ht}$。

令 $A_{mt}/A_{ht}=A_t$，$Y_{mt}/Y_{ht}=Y_t$，

综合相对技术水平 A_{mt}/A_{ht} 的影响因素，可得：

$$\Delta A_t/\Delta t=-a\times A_t+r_1\times Y_t \tag{1.3}$$

综合前面的研究可知中等收入国家相对收入水平的变化速度可表示为：

$$\Delta Y_t/\Delta t=-b\times Y_t+r_2\times A_t \tag{1.4}$$

当自主技术创新导致相对技术进步和相对收入水平同时提高时，要求：$\Delta A_t/\Delta t\geqslant 0$ 且 $\Delta Y_t/\Delta t\geqslant 0$，有：

$$\begin{cases} -a\times A_t+r_1\times Y_t\geqslant 0 \\ -b\times Y_t+r_2\times A_t\geqslant 0 \end{cases}$$

可得 $Y_t/A_t\geqslant a/r_1$ 且 $Y_t/A_t\leqslant r_2/b$。

由此可知要求：$r_2/b\geqslant a/r_1$，即 $r_1\times r_2\geqslant a\times b$，这是中等收入国家技术创新导致其相对技术进步和相对收入水平同时提高的必要条件。

$r_1\times r_2\geqslant a\times b$ 这一必要条件是否是充分条件？这要求 $r_1\times r_2\geqslant a\times b$ 且 $a/r_1\leqslant Y_t/A_t\leqslant r_2/b$，即中等收入水平国家的人均收入水平与技术水平相当，这时必定能同时使式（1.3）和（1.4）成立。如果不满足 $a/r_1\leqslant Y_t/A_t\leqslant r_2/b$，例如 $Y_t/A_t\geqslant r_2/b$，则有 $-b\times Y_t+r_2\times A_t<0$，即 $\Delta Y/\Delta t<0$，使得 Y_t/A_t 递减，最终使得 Y_t/A_t 回到 $[a/r_1,\ r_2/b]$ 区间。当 $Y_t/A_t\leqslant a/r_1$ 时，其结果有 $\Delta A_t/\Delta t<0$，也会使得 Y_t/A_t 回到 $[a/r_1,\ r_2/b]$ 区间。因此，从长时间来看，$r_1\times r_2\geqslant a\times b$ 条件也是中等收入国家技术创新导致其相对技术进步和相对收入水平提高的充分条件。

如果 $r_1\times r_2\geqslant a\times b$ 条件始终满足，由于 $\Delta A_t/\Delta t>0$、$\Delta Y_t/\Delta t>0$，经过适当的时间累积，必然导致这样的结果：$A_{mt}/A_{ht}>1$，$Y_{mt}/Y_{ht}>1$，也就是说只要中等收入国家技术创新效率、促进收入增长效率两者之乘积 $r_1\times r_2$（可合称为技术创新的效率）始终高于发达国家的技术创新效率 $a\times b$，中等收入国家的人均收入和技术水平不仅能够跨越中等收入陷阱，而且可以超越发达国家。

当然，我们这里是以中等收入国家满足 $r_1\times r_2\geqslant a\times b$ 这一充分必要条件后，其必定能够达到发达国家的水平，没有考虑其间所花费的时间长短。如果中等收入国家技术创新的效率虽然满足这一条件，但如果 $r_1\times r_2-a\times b$ 过于接近，使得中等收入国家追赶发达国家所需要的时间过长，例如当初始人均收入水平和技术水平与发达国家相比相差 10 倍，技术进步的总和效率为 $r_1\times r_2/$

（$a×b$）＝1.02 倍时，测算要达到发达国家 25％水平所需要的时间，由 1.02^X
＝9.25，X＝112.3 年。这种情况也可以称之为落入了中等收入陷阱。但这是
改变中等收入陷阱的定义之后的一种特例。

三、模仿式技术创新效率约束下的中等收入陷阱

当中等收入国家的技术水平远远低于发达国家水平时，即 $A_{mt}/A_{ht}≪1$ 时，
中等收入国家进行自主创新其效率 r_1、r_2 可能赶不上发达国家技术创新的效
率，使得其技术水平差距很难缩小。引进和学习发达国家的既有技术则可以大
大提高技术创新的效率，但单纯的不创立任何新技术的模仿式技术创新有一个
明显的弱点，即无论其模仿的效率和速度有多快，其技术水平和能够达到的人
均收入水平不可能超越被模仿者。并且随着技术水平逐步接近于发达国家，其
模仿式技术创新的效率应当逐步下降，甚至归于零，其收入水平的增长速度也
因此而下降甚至归于零，因此我们可以在式（1.3）与（1.4）中加上控制技术
创新速度和收入增长速度的两个因子（$1-A_t$）和（$1-Y_t$），使得其技术水平
和收入水平不可能超越被模仿者即发达国家水平。由此修正式（1.3）与
（1.4）后可得：

$$\Delta A_t/\Delta t = -a×A_t + r_1×Y_t×(1-A_t) \tag{1.5}$$

$$\Delta Y_t/\Delta t = -b×Y_t + r_2×A_t×(1-Y_t) \tag{1.6}$$

在上述方程式中，参数 r_1、r_2 的含义则由自主技术创新下的效率转变为
模仿式技术创新下的效率。

1. 当中等收入国家的相对技术水平 A 和相对收入水平 Y 因模仿式技术创
新达到最高水平时，必有：

$$\begin{cases} -a×A_t + r_1×Y_t×(1-A_t) = 0 \\ -b×Y_t + r_2×A_t×(1-Y_t) = 0 \end{cases}$$

解之得：

解 1：$A_t=0$，$Y_t=0$。此解无意义，舍去。

解 2：$A_{max}=(r_1×r_2-a×b)/(r_1×r_2+r_2×a)$，

$Y_{max}=(r_1×r_2-a×b)/(r_1×r_2+r_1×b)$。

2. 作相图

设 $\Delta t→0$，$\Delta A_t/\Delta t$ 与 $\Delta Y_t/\Delta t$ 连续可微，有 $\Delta A_t/\Delta t = dA_t/dt$，$\Delta Y_t/\Delta t$
＝dY_t/dt。我们可以依据方程 $dA_t/dt = -a×A_t + r_1×Y_t×(1-A_t)=0$ 和方
程 $dY_t/dt = -b×Y_t + r_2×A_t×(1-Y_t)=0$，作出相图（见图 4）：

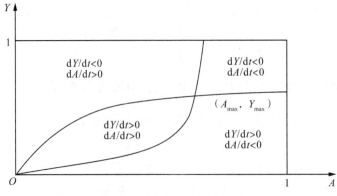

图 4　相对收入水平与技术水平之间关系的相图

从图 4 中可以发现，只要满足条件 $r_1 \times r_2 - a \times b > 0$，当时间足够长时，中等收入国家的技术水平和相对收入水平趋向于等于其极限最大值 A_{max} 与 Y_{max}，并且极限值点具有稳定性。

3. 对极限值大小与技术创新效率之间关系的估算

假定 $r_1/a = k$、$r_2/b = k$，即中等收入国家的技术创新效率和技术创新提高收入水平的效率均为发达国家的 k 倍，由此可得中等收入国家的相对技术水平和相对收入水平的极限值均为：$A_{max} = Y_{max} = (k-1)/k$。

当 $k = 2$ 时，$(k-1)/k = 0.5$。当 $k = 1.5$ 时，$(k-1)/k = 1/3$。

当 $k = 1.333$ 时，$(k-1)/k = 0.25$，即中等收入国家的技术创新的效率和技术创新提高收入水平的效率均为发达国家的 1.333 倍时，中等收入国家的相对收入水平才能够达到发达国家 25% 的水平，否则，模仿式技术创新下中等收入国家将因技术创新效率低下而落入中等收入陷阱之中。

4. 考虑专利期的影响

以上我们对模仿式技术创新跨越中等收入陷阱时所要求的技术创新效率没有考虑到专利期影响。尽管模仿式学习技术可以不受专利期限的影响，但在专利的有效期限内不能够擅自使用其技术。技术发明专利有效期一般是 20 年，以发达国家 20 年内技术水平年均增长 2% 计算，则中等收入国家通过模仿式技术创新所获得的能够有效使用的技术水平最大值只能达到原来最大值的 50% 左右。由此将提升跨越中等收入陷阱时对技术创新效率的要求。由 $(k-1)/k = 0.25/0.5$，得 $k = 2$。考虑 20 年专利期的影响之后，在模仿式技术创新的条件下，中等收入国家只有保证其技术创新的效率和技术创新提高收入水平的效率均达到发达国家的 2 倍以上，才能跨越中等收入陷阱。

四、技术创新效率低下和难以跨越中等收入陷阱的根本原因

1. 发展中国家技术创新与进步的主要决定因素

相对于发展中国家经济增长的速度，其人口增长速度一般要小很多，因此，发展中国家人均收入水平的增长速度主要取决于经济增长速度。实证研究表明，经济增长速度主要取决于资本的增长速度、劳动的增长速度和全要素生产率的增长速度，这三大促进发展中国家经济发展的主要因素也就是发展中国家技术创新与进步的主要因素。

从技术进步的角度来看，农业剩余劳动力的转移可直接提高其劳动生产率，因此农业剩余劳动力转移所带来的经济增长也是技术进步的结果。从中国经济的发展过程来看，农村剩余劳动力的转移可以导致第二、三产业有效劳动力的增长速度在一段时间内达到 3％的水平，成为一个阶段推动国家经济发展的重要因素。

资本积累的作用在于提高劳动生产率，因此资本积累所带来的经济增长也是技术进步提高劳动生产率的结果。经济增长的计量研究只不过将这一部分技术进步所带来的经济增长归因于资本积累的作用。

排除劳动和资本增长所带来的经济增长之后的余值增长率，被归因于全要素生产率增长的结果。这一部分经济增长率不受生产要素资本积累和劳动力转移的影响，而直接来源于技术创新和进步。

从以上促进经济增长的三个方面的因素来看，如果不考虑发展中国家总劳动力的变化，全部经济增长率都是技术进步的结果。

由于发展中国家可以有很高的资本积累率（如 20％以上）和资本积累速度（年增长 10％以上），也可以有由农村剩余劳动力转移所带来的较高的有效劳动力的增长速度（如中国某一时期大于 3％），因此，即便全要素生产率的增长率所带来的经济增长只有较低的水平，发展中国家的经济增长速度也可以达到 6％～10％的水平，这一水平明显高于发达国家的常年经济增长率。如果决定发展中国家经济增长的三大因素是可以长期持续的，经过长期的高速经济增长，发展中国家最终将跨入发达国家的行列，中等收入陷阱现象将不复存在。

2. 发展中国家技术进步的可持续性

令人遗憾的是，单纯由生产要素投入增长推动的高速经济增长在发展中国家是不可能长期持续的。当资本积累率处于较低的水平时，提高资本积累率可以提升资本积累速度，使之达到 10％甚至 20％以上。但当资本积累率已处于较高水平时（如 2014 年中国超过 45％的资本积累率），资本积累率不可能再

上升的时候，资本积累速度将趋向于等于经济增长速度，资本积累对经济增长的促进作用将逐步减弱，使得资本积累所带来的经济增长率下降至较低水平。以经济增长速度为5%、相应的资本积累速度亦为5%、资本产出弹性为0.3计算，资本积累所带来的经济增长率为1.5%。而资本积累率逐步升高的时候，资本积累速度可以高达10%～12%，相应带来的经济增长率为3%～3.6%。这两个结果的差距明显。

发展中国家农业剩余劳动力转移的最大可持续时间，受限于农业剩余劳动力的相对规模。在工业化初期占比为50%的农村剩余劳动力至基本转移完毕之后，农业劳动力的比重将下降至5%，不考虑总劳动力变化，仅以非农业劳动力年均增长3%的速度计算，其剩余劳动力转移的最大可持续时间为21.7年。这一结果表明，如果一个发展中国家农业剩余劳动力能够持续顺利转移出去，只需要20～30年的时间（例如韩国）就能够成为一个工业化的国家，而这是成为发达国家的必要条件。但从众多发展中国家的历史和现状来看，未能跨越中等收入陷阱的中等收入国家其农业劳动力的比重大部分在10%以上，说明在这些国家的长期经济增长过程中，其非农业劳动力的年均增长速度不能够长期达到3%的水平。

更重要的问题在于，即便发展中国家农业劳动力的比重可以下降到5%的水平，其人均收入水平也有可能达不到发达国家的下限水平。在这种情况下，一旦失去有效劳动力的增长作为经济增长的动力，其技术进步速度将低于发达国家的水平，其人均收入水平的增长速度也将低于发达国家的增长速度，此时中等收入国家一定落入中等收入陷阱。其实，大多数落入中等收入陷阱的国家，其有效劳动力的增长速度将因技术水平已经达到中等水平而降低，使得处于中等收入陷阱的国家农业劳动力的比重无法下降到10%以下，并且存在较高的城市失业率。

全要素生产率的增长率才是决定资本积累和有效劳动力的增长是否可以持续的决定性因素。全要素生产率的增长不仅仅提高了要素生产率的平均水平，而且也决定了资本积累、新转移的有效劳动力的边际生产率。如果没有较快的全要素生产率的增长，资本积累将受限于资本的边际生产率递减，农业剩余劳动力的转移也将受限于第二、三产业劳动力的边际生产率递减。对于落入中等收入陷阱的国家，其市场供过于求、投资需求强度不足、劳动力市场供过于求、失业现象严重均是全要素生产率的增长率不够高的结果。

全要素生产率的增长率也决定生产要素的增长进入常态情况下中等收入国家的经济增长率。当中等收入国家农村剩余劳动力全部转移出去或基本停止转移、资本积累率不再上升导致资本增长速度趋向于等于经济增长速度时，全要素生产率的增长所带来的经济增长率将成为中等收入国家经济增长率的主要因素。如果中等收入水平国家全要素生产率的增长率明显低于发达国家的水平，中等收入水平国家的人均收入相对水平将难以上升，必将落入中等收入陷阱。

3. 中等收入国家受技术创新方式约束落入中等收入陷阱的根本原因

单纯由资本增长和劳动增长所带来的高速经济增长是不可持续的，中等收入水平国家的经济增长最终将主要依赖于技术创新和进步推动的全部生产要素生产率的提高。当中等收入水平国家的全要素生产率的增长率受制于模仿式技术创新与进步方式时，其技术创新的效率将受到很大约束，很有可能不能跨越中等收入陷阱。

中等收入国家技术创新的效率 r_1 受到发达国家已经达到的技术水平约束，模仿不可能超越已有的技术水平，当中等收入国家的技术水平与发达国家水平越接近时，中等收入水平国家的技术创新速度效率就会越低。这是模仿式技术创新方式的必然结果。

中等收入国家技术创新推动经济增长的效率 r_2 将受模仿式创新方式的约束，其收入水平越接近发达国家的水平，技术创新推动经济增长的效率 r_2 就越会陷入较低水平。原因是发达国家的技术进步将优先选择技术创新推动经济增长的效率相对高的领域，即需求收入弹性较高的产业领域。已经达到中等收入水平的发展中国家，已经完成了既有高收入弹性产业中的技术进步，并且进入了低收入弹性的状态。在最新的高收入弹性的新技术领域，受模仿式技术创新的约束，中等收入国家又不具备在这一领域进行技术竞争的能力。因此，受模仿式创新方式约束的中等收入国家技术创新推动经济增长的效率 r_2 将回落至较低的水平。

当中等收入国家技术创新的速度效率 r_1、技术创新推动经济增长的效率 r_2 都回到较低水平，不能够满足中等收入国家相对收入水平不断提高的条件 $r_1 \times r_2 \geqslant a \times b$ 时（这是中等收入国家技术创新导致其相对技术进步和相对收入水平同时提高的充分必要条件），中等收入国家技术的相对技术水平和相对收入水平将停止增长，从而陷入中等收入陷阱。

第五节　技术创新约束下发展中国家经济结构的转变

发展中国家的经济发展过程也就是城乡经济结构的转变过程，城乡经济结构的转变表现为农业的产出比重和农业劳动力的比重不断下降，第二、三产业的产出比重、劳动力就业比重不断上升。经济结构转变所达到的水平决定了一个国家的富裕程度，目前，发达国家的农业劳动力和农业产出的比重基本上已下降到 10% 以下，而大多数发展中国家农业产出比重和农业劳动力的比重基本上在 30% 以上。

一、关于经济结构转变的经济理论及其不足

刘易斯的二元经济模型研究了作为发展中国家的农业需要什么样的条件才能够实现城乡经济结构的转变，研究了二元经济结构的转变过程中可能遇到的障碍。刘易斯认为传统农业存在着大量的农村剩余劳动力，工业的发展将能够逐步转移农业剩余劳动力，工业发展的速度主要取决于资本积累的速度。刘易斯也认识到随着剩余劳动力的流出将形成提高劳动力工资水平的拐点以及大量农业劳动力流出后可能产生的粮食短缺点两大障碍，但他并不认为这两大障碍最终会导致发展中国家经济结构转变的停止。

托达罗模型则认为预期收入是农业劳动力向城市转移的动机，由此可以解释城市失业率高时为什么农村劳动力还向城市流动的现象，但托达罗模型没有涉及产出结构的转变。

库兹涅茨和钱纳里的实证研究已经证实了发达国家在其工业化进程中存在着持续的城乡经济结构的转变。二次世界大战以后，从发展中国家城乡经济结构转变的事实来看，除少数国家顺利完成经济结构的转变而成为发达国家外，大部分发展中国家的城乡经济结构转变缓慢，并且转变的路径有曲折现象，甚至有可能某些国家在一段时间内经济结构陷于停止转变的困境。例如中国在 1957 年至 1965 年间农业劳动力的比重由 81.2% 上升至 81.6%，农业劳动力的比重不但没有下降反而有所上升。即使在中国改革开放之后的经济高速发展时期，其城乡经济结构的转变也存在障碍，例如，1987—1990 年农业劳动力的比重由 60.0% 上升至 60.1%，1997—2002 年由 49.9% 升为 50.0%。这两个时期劳动力就业结构的转变基本停止。这些事实告诉我们，发展中国家经济结构的转变决不是简单取决于资本的积累速度，发展中国家经济结构的转变过程应当存在着持续性的障碍，这些障碍不仅仅导致了经济结构的转变缓慢，甚至导致经济结构停止转变。上述事实表明，有必要深入研究经济结构转变的决定因素和其中的逻辑。

通过对一些发展中国家经济发展水平与就业结构变化之间的关系进行归纳性的研究，可以发现这些发展中国家其经济发展水平跨越中等收入陷阱时非农产业劳动力的比重一般都上升到 90% 左右的水平，这表明经济发展与就业结构的变动存在内在联系。

从理论逻辑的角度也可以发现达到发达国家收入水平的下限时，恩格尔系数一般都在 0.3 以下，这表明农业劳动生产率一定要达到相当高的水平，即生

产农业产品的农业劳动力比重要明显小于恩格尔系数。作为城市居民食品的农产品都经过加工和流通环节的升值，并且农产品的价值还需要包含农产品生产过程中所消耗掉的生产资料价值，如果最终消耗的农产品价值是农业增加值的2倍，要使恩格尔系数小于0.3，那么农业劳动力占全部劳动力的比重应该小于10％。这是从理论逻辑的角度来看为什么成为一个发达国家一定要完成农村剩余劳动力的转移、农业劳动力的比重下降到10％以下的原因。

从逻辑上可以猜想发展中国家迟迟不能够完成城乡经济结构转变的原因可能有二：一是在城乡经济结构转变过程中，受经济结构指标本身和导致经济结构转变因素制约，使得经济结构的转变无法持续，例如农业劳动力的转移达到一定程度之后就形成了劳动力转移的障碍，使得农业劳动力的比重无法持续下降。二是经济结构转变的两个方面，即产出结构和劳动力的就业结构，需要同时转变，如果同时转变能够进行，则会产生相互促进的作用；如果不能够同时发生转变，则有可能产生相互制约、相互阻碍的作用，使得经济结构的转变无法持续。

阻碍经济结构转变的这两种可能原因是目前关于发展中国家经济结构转变模型所没有充分考虑到的，因此，本节拟以这两种可能原因来构建经济结构转变的模型。

二、城乡经济结构转变的决定因素及其理论模型

我们可以从转变产出结构和就业结构的因素出发，分别构建出城乡经济结构转变的理论模型。

1. 城乡产出结构转变的决定因素及其理论模型

我们可以用非农产业的产出占国内生产总值的比重来代表产出结构，简称非农产出比重。显然，产出结构转变的一般趋势是非农产出的比重不断提高。

令：Out＝非农产出比重

　　P＝非农产品价格水平/总价格水平

　　A＝非农产业劳动生产率/总劳动生产率

　　L＝非农产业劳动力数量/总劳动力数量

Out 的变化可以区分为两部分：一部分是因价格的变化所导致的产出比重的变化，即 $dOut/dt = dP/dt \times Out$。由于工业化进程中工业劳动生产率的提高速度一般高于农业劳动生产率的提高速度，P 将呈现出下降的趋势，因此有 $dP/dt < 0$，令 $p = |dP/dt|$，就有这一部分的变化为 $dOut/dt = -p \times Out$。

另一部分是农业部门和非农业部门的经济增长速度不同所导致的产出比重

的变化，设 t 时期农业部门的产出为 Y_1，非农业部门的产出为 Y_2，$t+1$ 期农业部门的产出增长速度为 r_1，非农业部门的产出增长速度为 r_2，全部部门的产出增长速度为 r，则有经济增长速度所导致的产出比重的变化为：

$Y_2 \times r_2 / (Y_1 \times r_1 + Y_2 \times r_2) - Y_2 / (Y_1 + Y_2)$

$= Y_2 \times (r_2 - r_1) \times (1 - Y_2 / (Y_1 + Y_2)) / (Y_1 \times r_1 + Y_2 \times r_2)$

$= (r_2 - r_1) \times (1 - Y_2 / (Y_1 + Y_2)) \times Y_2 / [(Y_1 + Y_2) \times r]$

因 $Y_2 / (Y_1 + Y_2) = Out = P \times A \times L$

因此，$Y_2 \times r_2 / (Y_1 \times r_1 + Y_2 \times r_2) - Y_2 / (Y_1 + Y_2)$

$= (r_2 - r_1) \times (1 - Out) \times P \times A \times L / r$

$= P \times A \times (r_2 - r_1) / r \times L \times (1 - Out)$

令 $P \times A \times (r_2 - r_1) / r = a$，$a$ 表示产业增长速度的差异对经济结构变化的影响，这时因产业增长速度不同所导致的产业结构变化为 $a \times L \times (1 - Out)$。

根据上面的研究，我们得到决定产出结构 Out 变化的模型方程：

$$dOut / dt = -p \times Out + a \times L \times (1 - Out)$$

这一方程表明，促使非农产出结构比重上升的主要因素是非农产业相对于全部产业的劳动生产率的提高率，可能导致非农产业产出比重下降的主要因素是因劳动生产率提高速度的不同，农产品价格有更快速度的上涨趋势。

2. 城乡就业结构转变的决定因素及其理论模型

反映城乡就业结构的指标为 L，L＝非农产业劳动力数量/总劳动力数量。

对于发展中国家来说，就业结构的决定因素不仅仅有经济因素，而且还有非经济因素。

从非经济因素来分析，发展中国家农村人口出生率较高会导致农业劳动力的自然增长率超过非农业领域劳动力的自然增长率，这将构成就业结构转变的障碍。此外，还存在已经进入城市非农产业的就业劳动力因竞争能力下降而返回农村并在农业中就业的情况。因此，有 $dL / dt = -r \times L$，其中 r 是因劳动力的自然增长率的不同或返回农业所带来的就业结构的相对变化程度。

从经济因素来分析，促进就业结构转变有两个条件，其一是城乡劳动力收入差距的大小。城市劳动力和农村劳动力之间的收入差距的扩大为农村劳动力向城市转移提供了动力，但这只是农业劳动力转移的必要条件，并不是充分条件。其二是资本积累状况决定了农业劳动力的转移速度和就业结构的转变，本节按照这一条件来建立就业结构的转变模型。

发展中国家资本积累率应当具有这样的特点：随着非农产出比重 Out 的提高，全社会人均收入水平和储蓄能力得到提高，因此，潜在的资本积累率随着非农产出比重 Out 的提高而提高。因此，当全社会的投资愿望保持相对不变时，可以假设全社会资本积累率为 $c \times Out$，其中 c 是投资愿望决定的资本积累系数。全社会的资本积累并非全部用于雇佣由农业转移过来的劳动力，一部分积累只会用于提高已雇佣的非农产业劳动力的人均占有资本的数量，因此，可以合理假设资本积累用于转移农业劳动力的部分为（$1-L$），这时用于转移农业劳动力的实际资本积累率应当为 $c \times Out \times (1-L)$。

设每 1% 的实际用于雇佣转移劳动力的资本积累所能转移的农业劳动力的比例为 b，显然，b 是资本积累转移农业劳动力的效率，则有 L 的上升速度 $dL/dt = b \times c \times Out \times (1-L)$。这一模型表明，农业劳动力向非农产业转移的速度不仅仅取决于资本积累系数 c 与资本积累能够改变就业结构的效率 b，而且应当与劳动力结构 L、产出结构 Out 有密切的关系。

将非经济因素与经济因素所导致的劳动力结构转变的模型合并，我们可以得到决定劳动力结构转变的模型方程：

$$dL/dt = -r \times L + b \times c \times Out \times (1-L)$$

三、城乡经济结构转型的路径及其极限

将产出结构 Out 转变的模型方程与就业结构 L 转变的模型方程联立，可得：

$$dOut/dt = -p \times Out + a \times (1-Out) \times L$$
$$dL/dt = -r \times L + b \times c \times Out \times (1-L)$$

其中，$0 < Out < 1$，$0 < L < 1$；p、a、r、b、c 均大于 0

令 $dOut/dt = 0$，可得：$Out = a \times L / (p + a \times L)$

令 $dL/dt = 0$，可得：$Out = r \times L / (b \times c - b \times c \times L)$

可解得平衡解：

解 1：$L = 0$，$Out = 0$

解 2：$L = (a \times b \times c - r \times p) / (a \times b \times c + a \times r)$

　　　$Out = (a \times b \times c - r \times p) / (a \times b \times c + p \times b \times c)$

显然，要求 $a \times b \times c - r \times p > 0$，$L$、$Out$ 才有大于 0 的解，这要求促使经济结构转变的积极因素 $a \times b \times c$ 大于使经济结构倒退的消极因素 $r \times p$。满足这一条件时，经济结构的转变将存在由解 2 决定的极限值，即：

$$L_{max} = (a \times b \times c - r \times p) / (a \times b \times c + a \times r)$$
$$Out_{max} = (a \times b \times c - r \times p) / (a \times b \times c + p \times b \times c)$$

令 $f(L) = r \times L / (b \times c - b \times c \times L)$

　　　　　$g(L) = a \times L / (p + a \times L)$

由于 $df(0)/dt = r / (b \times c)$

$$\mathrm{d}g(0) / \mathrm{d}t = a/p$$

当 $a \times b \times c - r \times p > 0$ 时，有 $\mathrm{d}g(0) / \mathrm{d}t > \mathrm{d}f(0) / \mathrm{d}t$，因此，当 $0 < L < L_{\max}$ 时 $g(L) > f(L)$，由此我们可以作出 $f(L)$ 与 $g(L)$ 的相图（图5）：

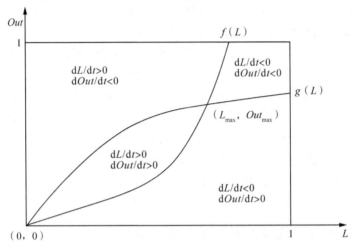

图5　经济结构与就业结构转变相互关系的相图

由图5可知：

（1）在 Out、L 因技术进步和资本积累随着时间的演变过程中，Out 与 L 之间必须保持适当的比例，否则在其演变过程中可能停滞，甚至出现逆转现象，这导致经济结构转变速度降低。

（2）存在着导致经济结构转变因素所决定的极限值（$L_{\max}$，$Out_{\max}$），一旦这一极限值过小，例如 $L_{\max} < 0.7$ 且 $Out_{\max} < 0.7$，则城乡经济结构不仅将停止转变，并且停止在中等收入阶段。

四、讨论

由于极限值为 $L_{\max} = (a \times b \times c - r \times p) / (a \times b \times c + a \times r)$ 与 $Out_{\max} = (a \times b \times c - r \times p) / (a \times b \times c + p \times b \times c)$，我们可以逐一讨论影响极限值的因素所带来的影响。

a 表示产业增长速度的差异对经济结构变化的影响，由于 $\mathrm{d}L_{\max}/\mathrm{d}a > 0$，$\mathrm{d}Out_{\max}/\mathrm{d}a > 0$，$a$ 值的上升可以提高 $L_{\max}$ 和 $Out_{\max}$ 值。a 值大小很大程度上取决于第二、三产业的经济增长速度，第二、三产业的经济增长速度又取决于资本的增长速度和第二、三产业劳动力的增长速度以及全要素生产率的增长率，技术进步将约束资本的增长和第二、三产业劳动力的增长速度，并且直接决定了全要素生产率的增长率，因此我们可以认为 a 值主要取决于技术创新状况。

　　b 是资本积累转移农业劳动力的效率，由于 $dL_{max}/db>0$，$dOut_{max}/db>0$，b 值的上升可以提高 L_{max} 和 Out_{max} 值。当创新进步程度高的时候，不仅仅有利于资本积累速度的提升，而且有利于拓展劳动力的就业空间和劳动力的边际生产率水平，因此，可以提高资本积累转移劳动力的效率。

　　c 是投资愿望决定的资本积累系数，由于 $dL_{max}/dc>0$，$dOut_{max}/dc>0$，c 值的上升可以提高 L_{max} 和 Out_{max} 值。当技术创新和进步程度比较明显时，资本积累率可以提高到更高的水平，因为技术进步可以带来更高的人均收入水平，而消费的增长速度往往滞后于收入的增长速度，由此提高了资本积累率。此外，技术创新和进步可以提高资本的收益率，为投资愿望和积累率的提高提供了条件。

　　r 是因劳动力自然增长率的不同所带来的就业结构相对变化程度，由于 $dL_{max}/dr<0$，$dOut_{max}/dr<0$，r 值的上升将降低 L_{max} 和 Out_{max} 值。r 值本身并不直接取决于技术创新和进步的状态，但是技术创新决定了一个国家的经济发展速度和收入水平的增长速度，这间接决定了农村居民生育的机会成本。实证数据表明农村劳动力收入水平的提高，特别是外出务工，转移到非农产业就业的可能性提高，可以有效降低农村居民的生育率，进而降低农村劳动力的自然增长率，由此可以降低 r 值对产业结构和就业结构带来的负面影响。

　　p 表示相对价格变化对产出比重影响的程度，由于 $dL_{max}/dp<0$，$dOut_{max}/dp<0$，p 值的上升将降低 L_{max} 和 Out_{max} 值。第一产业的技术进步也可以提高其劳动生产率，降低农产品价格上升的程度，从而减弱 p 值上升给产出结构和就业结构带来的负面影响。

　　由于上述五个主要参数都直接或者间接受到技术创新和进步状况的影响，因此，我们可以认为是技术创新和进步的状况决定了一个国家经济结构的变化状态，进而决定了一个国家是否能够跨越中等收入陷阱。

本章结论

　　第一，通过对发展中国家经济状况的归纳，我们可以发现中等收入状况的发展中国家具有两个典型特征：一是发展中国家经济结构表现为没有完成工业化、城镇化的特征，即农业劳动力的比重一般超过了 20%，农业剩余劳动力没有转移完毕；二是中等收入水平国家劳动人群具有大学教育程度的比例明显低于发达国家，即受过大学教育的劳动者比重不会超过 30%，而发达国家这一比重一般都超过了 50%。陷入中等收入陷阱的发展中国家则有三个特征：经济结构无法持续由农业社会向工业社会转变；无法维持长期较高经济增长速度，其原因必定是过去的经济增长方式无法持续；教育水平无法持续提高，研发水平始终处于较低水平。

第二，关于技术创新驱动经济发展效率与国家经济发展状况之间的关系，研究得到以下四点结论：①在技术创新成果不变的情况下，由投资效率推动的经济增长速度对一个国家的内在经济增长率有决定性影响，决定了人均收入的上限，同时决定了一国经济是停留在中低收入还是高收入水平阶段。要提升一个国家的内在经济增长率、跨越中等收入陷阱，必须提高一个国家的储蓄率和投资率，同时优化投资结构，提高投资推动经济增长的效率。②在存在技术创新的情况下，研发投资占国民总收入的比重、研发的效率与研发成果驱动经济发展的效率，共同决定了在技术创新条件下经济增长的可持续性，只有当这三个因素的乘积不小于技术创新成果的折旧率与投资边际效率递减速度的乘积时，经济增长和技术创新才能形成相互促进的正反馈机制，使得经济与技术水平保持持续增长。③当研发投资占国民总收入的比重、技术成果的研发效率与驱动经济发展效率较低时，经济增长不可持续，一国经济存在最大产出水平，这一水平既可能停留在低收入水平，也可能停留在中等收入水平，甚至停留在高收入水平，由此表现为陷入相应的经济增长陷阱。④处于不同经济发展阶段的国家，其经济增长方式应当有所不同。低收入水平国家不可能增加技术创新成果而应当充分发挥既有技术创新成果的作用；中等收入国家不仅要提升技术创新驱动经济发展的效率，且完成农村剩余劳动力的转移，才能跨越中等收入陷阱；高收入水平国家也需要保持较高的技术创新研发效率和驱动效率，才能使经济具有可持续发展的能力。

第三，从技术创新和进步角度对发展中国家陷入中等收入陷阱的原因研究，得到以下三点结论：发展中国家仅仅依靠资本积累和农村剩余劳动力的转移来驱动经济增长是不可持续的，是导致发展中国家陷入中等收入陷阱的原因；研发投资的效率、技术创新和进步驱动经济发展的效率必须足以对抗要素边际生产力递减的作用，经济增长才可以持续；如果研发效率、创新驱动经济增长的效率不足以对抗要素边际生产力递减的作用，经济将陷于停止，中等收入陷阱也将由此产生。

第四，通过研究发展中国家技术创新方式对技术创新效率、经济发展水平的约束，可以得出以下结论：发展中国家相对收入水平和技术水平持续提高的充分必要条件是国家技术创新的效率、促进经济增长的效率两者之乘积高于发达国家；中等收入国家技术创新在模仿方式的约束下，将会产生由技术创新效率决定的最高技术水平和人均收入水平，如果人均收入水平的最大值低于发达国家收入水平的下限，中等收入陷阱就将因模仿式创新方式的约束而产生；从实证的角度来看，中等收入国家在早期高速经济增长时期可以通过提高资本积累率达到的较高资本积累速度和较高的农业剩余劳动力转移速度，但是资本积累速度和农业剩余劳动力的转移速度最终将受制于技术创新导致的全要素生产率的增长率，使得已经达到中等收入水平的发展中国家技术创新效率难以满足持续提高相对收入水平和技术水平所需要达到的充分必要条件，这是中等收入陷阱产生的根本原因。

第五，通过对发展中国家在技术创新约束下的经济结构转变问题研究，得到以下结论：城乡经济结构的转变速度受到非农产业技术进步的速度、人口自然增长率、农产品相对价格的变化、资本积累率、资本积累转移农业劳动力的效率等因素的影响，而且这些因素对经济结构转变的影响程度还受到城乡经济结构自身指标的影响；在城乡经济结构转变过程中就业结构与产出结构的转变需要保持适当比例，否则有碍于经济结构的转变；当决定城乡经济结构转变的因素保持不变时，存在着城乡经济结构转变所能够达到的极限，如果经济结构转变的积极因素过小、阻碍因素过大，则不仅仅会大大降低经济结构转变的速度，还有可能导致城乡经济结构终止转变，且停留在中等收入阶段；决定城乡经济结构转变的根本性因素是一个国家技术创新和进步的状态。

根据本章的研究，我们得出以下概括性的结论：国家的经济发展状况完全取决于技术创新和进步的效率，发展中国家在中等收入阶段可以通过资本积累和农业劳动力的转移来提升技术进步的效率和经济增长速度，但如果技术创新本身的效率较低，例如模仿式技术创新方式约束了技术创新的效率和能够达到的技术水平的高度，资本积累速度和农业劳动力的转移速度将受到遏制，将导致中等收入国家的经济增长速度持续下降甚至停止，中等收入陷阱因此而产生。

第二章　技术创新驱动经济发展的
加速效应与原理研究

本章在综述既有研究的基础上，从理论和实证方面证明技术创新驱动经济发展加速效应的存在，即技术创新和进步不仅仅通过提高生产要素的生产率来提高经济增长的速度，而且将间接提高生产要素数量的增长速度，由此带来了技术创新和进步驱动经济发展的加速效应。然后从产业革命、资本积累的角度，以技术创新驱动经济发展过程中形成的正反馈为前提，得出技术水平与经济水平呈指数化增长背后的加速原理。最后研究技术创新驱动经济发展背后的指数化增长规律背后的决定因素。

第一节　技术创新驱动经济发展问题的研究综述

一、技术创新和进步问题的早期研究

第一次工业革命时期古典经济学家从分工和资本积累角度探讨了技术进步的源泉。斯密认为劳动分工有利于提高劳动生产率，有利于提高劳动的熟练程度，有利于劳动工具的发明创造，进而提高劳动生产率。斯密提出了分工受制于市场范围的斯密定理。众多的古典经济学家都认识到资本积累即机械设备的创造与使用有利于提高劳动生产率，因为资本的基本作用就在于节约劳动，这一观点也被马克思所继承。

早期的经济学家也关注到了技术创新和进步与经济周期之间的关系。工业革命以来的经济长周期深受技术革命的约束和影响，是形成长周期的根本原因。

熊彼特是第一位高度重视技术创新的经济学家，他从五个方面总结了技术创新的来源，他认为技术创新是市场经济的基本功能，认为创新能够给企业带来利润，创造性的毁灭是产业衰亡的重要原因，发现了技术创新与长波经济周期的内在联系，并断言相对垄断的市场结构有利于技术创新。

20世纪50年代，索洛和斯旺建立了新古典主义经济增长模型，研究了资

本积累条件下的经济增长。新古典主义经济增长模型研究的结论之一是当不存在技术进步时，最优资本积累率由存量资本的折旧率、劳动增长率等因素决定，且均衡的经济增长率与资本积累速度相等。之后的研究表明，现实经济增长过程中存在着不能够由资本和劳动增长所解释的余值增长率，这一发现极大推进了后续的新经济增长理论研究。

二、关于技术进步的新经济增长理论

阿罗的干中学模型是技术创新驱动经济发展的早期模型。总结自从阿罗的干中学模型以来的新经济增长理论研究，可以发现既有的研究在以下问题上有所发展：

1. 关于技术创新和进步如何提高要素生产率水平的研究

阿罗的干中学模型假设随着时间的延续，技术水平随之提高，由此带来了技术的进步和劳动生产率的提高，以此来解释要素生产率的增长。产品种类模型、质量改进模型则分别将要素生产率的提高归结为产品种类的增加和产品质量的改进。整体上来说，技术创新和进步对要素生产率的提高体现在以下三个方面：

（1）技术进步提高了生产过程中资本要素的边际生产率或产出弹性。例如，AK 模型将技术进步的结果归结为广义资本 K 的增加。由于技术进步，广义资本 K 的产出弹性始终保持为 1 的水平、边际生产率始终保持为 A 的水平。产品种类模型通过引入产品种类增加的条件，使得资本的产出弹性随着产品种类的增加而增加。质量改进模型通过提高资本的边际收益来对抗资本数量增加所带来的边际生产率递减的作用。

（2）技术进步提高了生产过程中劳动要素的边际生产率或产出弹性。例如将人力资本增加对劳动生产率的提升作用归结为有效劳动力的增加，这实质上提高了劳动的产出弹性和劳动的边际生产率。阿罗的干中学模型亦是设定随着劳动时间的增加、劳动经验的积累，劳动效率随之提高。

（3）技术进步提高了全要素生产率。采用道格拉斯生产函数，可以将技术进步归结为全要素生产率的增长，即认为技术进步可以同时提高资本和劳动的边际生产率。

上述经济增长模型研究技术创新与进步的作用时，其基本逻辑是技术进步提高了要素的边际生产率水平或产出弹性，使得要素增长速度能够保持在较高的水平，进而使经济增长速度达到较高的水平且人均产出水平可以持续提高。当然，技术创新本身一般也来源于研发投入，技术创新效率则取决于研发投资的效率，研发投资是如何影响和决定技术创新的也有相关的研究。

2. 技术创新和进步条件下稳态经济增长问题的研究

技术创新和进步条件下，需要解决稳态时宏观经济增长问题，在引入技术创新与进步之后，AK 模型、全要素生产率增长的道格拉斯生产函数模型、产品种类模型、质量改进模型均能够得到稳态均衡增长条件下人均产出水平可持续增长的结果。

技术创新条件下的稳态经济增长一般存在着均衡不变的最优资本积累率。之所以存在不变的最优资本积累率，原因还在于技术创新的投资最终也存在着边际效率递减的现象，否则不断提高技术创新投资的比例，将导致经济增长速度的不断提高，这是不符合现实的。

3. 关于企业技术创新问题的研究

企业技术创新问题的研究也形成了一些理论模型，例如市场需求拉动模型，考虑科学发展、市场需求和企业技术创新之间相互关系的模型，如链环-回路模型，以及综合考虑企业之间的合作关系、企业技术积累和创新战略、企业所面临的市场环境等方面因素的网络化模型。这些研究的共同课题是研究影响和决定企业技术创新的因素及其相互关系。

通过研究，人们也发现了自第一次工业革命以来的技术创新就表现为群集现象，单一产品技术的创新是无法形成工业革命的，必须有众多的相互关联的技术创新才有可能形成工业革命。因此，人们意识到技术创新之间应该存在着相互联系，即在同一个时期内出现的技术创新具备相同的环境因素，才有可能形成技术创新群。不断发展的技术创新也使人们认识到技术创新存在路径依赖现象，即技术创新的方向依赖于过去技术创新所走过的道路和所积累的技术知识。

一些研究涉及企业技术创新的外部经济效应，例如注意到了技术创新的乘数效应，乘数效应大小取决于技术创新者范围经济和规模经济大小，也取决于经济制度是否给予创新者足够的产权制度保护。

三、关于技术创新驱动经济发展的加速效应研究

从事实的角度来看，人们通过研究已经发现技术创新驱动经济发展的速度具有指数型特征，表现为经济年增长的绝对量是上年经济总量的比值，当这一比值保持不变时，经济年增长的绝对量越来越大，因此，从绝对量来看经济增长有加速增长的特征。人们也发现与经济增长相关的科学技术进步速度也表现出指数增长型的特征，例如，科学技术的文献数量每隔一定年限如 20 年翻一番，因此从绝对量来看，技术创新也表现出加速增长的特征。指数性特征的经济增长速度和技术创新的速度，实际上是绝对量变化的加速度。

早期的发展经济学如刘易斯模型主要研究资本积累和剩余劳动力的转移速

度，决定发展中国家经济发展速度的重要作用。对技术本身发展变化速度的研究自阿罗的干中学模型开始，认为技术变化的速度取决于学习和经验累积的速度。内生经济增长理论中的一些理论模型涉及技术创新和劳动生产率提高的速度。如 AK 模型中的资本积累速度、质量改进模型中的质量改进速度、产品种类模型中产品种类增加的速度，这些技术指标变化的速度对于经济增长的速度有决定性的影响。

四、研究状况的评价

通过对研究状况的归纳，我们可以发现以下不足：

内生经济增长理论将研究的重点放在影响技术创新的因素及其结果上，能够解决的核心问题是持续的经济增长与技术创新之间的关系。由于经济增长和技术进步所呈现出来的指数化特征表明技术创新进步驱动经济发展的速度具有加速的特征，虽然这一特性可以从资本积累速度、质量改进速度、产品种类增加速度、学习与经验积累速度多角度对这一现象进行直接解释，但这些解释没有揭示出创新驱动经济发展、经济发展又驱动技术发展这一经济和技术相互促进，导致经济发展和技术创新呈现出加速现象的内在机理。

总结已有的基于技术创新的经济增长模型之后可以发现，既有的研究没有充分揭示技术创新速度与经济增长速度之间的关系。在已有的模型中，技术创新和进步所带来的经济增长率与其他生产要素的增长速度是没有关系的，这就导致了技术进步率或全要素生产率的增长率对经济增长速度的弹性只能是 1。用道格拉斯生产函数来表示：经济增长速度等于资本增长速度乘以资本的产出弹性，加上劳动的增长速度乘以劳动的产出弹性，再加上全要素生产率的增长率 a。由于 a 与资本和劳动的增长速度、产出弹性之间不存在任何关系，因此，全要素生产率的增长率对经济增长速度的弹性为 1，即当全要素生产率的增长率增加一个百分点时，经济增长速度也增加一个百分点。

当全要素生产率的增长率对经济增长速度的弹性为 1 时，既有的理论没有揭示经济发展过程中存在的一种可能：技术创新不仅仅通过提高已有要素的产出弹性或边际生产率水平，进而直接提高了经济增长率，而且较高的边际生产率也提升了要素数量的增长速度，使得经济增长率达到更高的水平。也就是说，全要素生产率的增长率对经济增长率的实际弹性应该大于 1。这一现象是已有理论所忽视的。

从经济发展的历史事实中我们也可以发现，发展中国家在短时期内可以有比发达国家长期经济增长速度（年均为 2‰～5‰）更高的经济增长速度，可以达到发达国家增长速度的 2～3 倍，有极少数国家其高速经济增长可以持续较长时间并达到发达国家经济发展的水平。但大多数发展中国家长期平均的经济增长速度低于发达国家的平均增长速度，不能成为发达国家。由此我们可以归纳出发展中国家经济增长有以下两个问题：第一，经济增长速度存在可持续性的问题，应该有某种因素在经济增长中起决定性作用，决定了经济增长是否可持续。第二，发展中国家之间的经济增长速度有显著差别，这一事实表明发展中国家推动经济增长的因素之间应该存在高度的相关性，这种相关性才导致发展中国家经济或者能够高速增长、或者处于停滞或低速增长的状态，这才使得发展中国家之间的经济增长速度有着显著的差距。

如果通过理论研究和实证分析，揭示出技术创新不仅直接提升了要素的生产率水平、经济增长速度，而且通过提升要素增长速度，进而进一步提升了经济增长速度，从而导致技术创新速度对最终的经济增长速度在数量上有加速的作用，我们就能够发现发展中国家经济增长的可持续性取决于技术创新的速度，发展中国家陷入中等收入陷阱的原因就在于技术创新的速度太低。

对资本积累问题的研究也不够深刻。虽然人们已经普遍认识到资本积累是促进经济增长和人均收入水平提高的重要途径，但是资本积累与技术创新和进步之间关系的研究并不深刻。资本积累以技术创新和进步为前提，同时资本积累也是新技术推广和应用的重要途径，从这个意义上来说，资本积累是技术创新和进步的一种拓展，通过技术创新和进步以及相应的资本积累，由此产生技术创新和进步是推动经济发展的加速效应，并形成产业革命，这是第一次产业革命至今经济增长的主要特点，我们应该对此做出系统深入的分析。

人们通过对技术创新过程所表现出来的变化规律的研究，已经发现产品创新与过程创新交替演进现象，即技术创新首先表现为产品创新，但新产品出现后，这一产品创新程度和速度随着时间的延续呈现递减的状态，而降低成本的过程，创新程度和速度则随着产品性能的逐步稳定而增强，但无论何种技术创新，其技术创新的速度都会随着技术创新潜力的耗尽而降低，甚至归于零。与技术创新速度变化相伴随的是产业规模随着时间（即技术进步的速度）而变化，新产品创立时产业规模狭小、增长速度缓慢，随着技术创新，产业规模逐步加大、增长速度加快。但随着技术逐渐成熟，技术创新的潜力耗尽、技术创新速度逐步减缓，产业规模也逐步达到其最大规模。这一技术创新速度变化的规律及其所决定的产出规模变化的规律表明：存在着一条反映技术进步共同规律的曲线，这一曲线具有逻辑斯蒂曲线的特征。但是目前的研究尚未揭示出技术创新所导致的技术进步为什么具有逻辑斯蒂曲线的特征。既然技术创新和进步呈现指数化的特征，我们应该对呈现指数化特征的技术进步的制约因素展开研究，找出其决定因素、揭示其内在的机理。

第二节　技术创新驱动经济发展的加速效应

一般认为经济增长速度取决于资本和劳动的增长速度以及技术创新和进步所带来的技术进步率，如果考虑到资本积累速度又取决于经济增长速度本身，我们可以发现提升技术进步的速度不仅直接提升了经济增长速度，而且通过间接提升资本积累速度可进一步提高经济增长速度，由此，形成技术创新驱动经济发展的加速效应。

一、技术创新和资本积累速度共同决定的经济发展及其加速效应

AK 模型将物质资本和人力资本结合成广义的资本，并视为独立于经济增长速度的变量，由此来决定经济增长速度，这是一种单变量经济增长模型的基本逻辑。但是如果考虑到技术进步，并且将技术进步变量独立于资本增长速度，同时考虑到资本增长速度与经济增长速度的关系，我们就会发现技术进步是提升经济增长速度的加速效应。

1. AK 模型下资本积累决定的经济增长速度

经典的 AK 模型做出了如下假设：产出水平 $Y_t = A \times K_t$，其中 A 代表技术水平，K_t 代表包含人力资本的广义资本投入水平，且 $dA/dt = 0$，即技术 A 不随时间的变化而变化。在这一模型中，广义资本投入 K_t 的边际产出和产出弹性均为常数，因此，技术进步的作用抵消了资本边际生产率递减的作用，由此可知这个模型还是存在技术进步的，只不过没有通过 A 值反映出来。

在 $Y_t = A \times K_t$ 两边取对数后对时间求导，有 $\dfrac{dY_t/dt}{Y_t} = \dfrac{dK_t/dt}{K_t}$，即资本积累速度决定着经济增长的速度。AK 模型的实质是将技术进步作用归结为广义资本投入与产出之间存在规模经济不变的关系，导致经济增长完全取决于资本积累速度。

2. 资本产出弹性小于 1 的情况下，技术进步和资本积累共同作用下的经济增长

如果我们将技术进步的作用独立出来，使之直接作用于经济增长，同时假设资本产出弹性小于 1，即资本投入具有边际生产率递减的现象，在这种情况下我们可以设 $Y_t = A_t K_t^{\alpha}$，$0 < \alpha < 1$。

取对数后通过对时间求导，有 $\dfrac{dY_t/dt}{Y_t} = \dfrac{dA_t/dt}{A_t} + \alpha \times \dfrac{dK_t/dt}{K_t}$，这表明经

济增长速度是技术进步率 $\dfrac{dA_t/dt}{A_t}$ 与资本增长率乘以产出弹性之和。

由于资本积累是多年的产出和积累率共同决定的，设 s 为积累率，资本的折旧率为 e、可折旧年限为 n。在长期稳态均衡增长中，经济增长速度 r 和积累率 s、折旧率 e 均保持不变，因此 n 年的资本积累的总额 K_t，有：

$$K_t = sY_t + sY_t \times \frac{1-e}{1+r} + \cdots + sY_t \times \frac{1-(n-1)e}{(1+r)^{n-1}}$$

$$= sY_t\left[1 + \frac{1-e}{1+r} + \cdots + \frac{1-(n-1)e}{(1+r)^{n-1}}\right]$$

由于经济增长速度 r 和积累率 s、折旧率 e 均保持不变，两边取对数求导，有：

$$\frac{dK_t/dt}{K_t} = \frac{dY_t/dt}{Y_t}$$

即在长期稳态均衡增长中，资本增长速度等于经济增长速度。

在长期稳态均衡增长中，有：$\dfrac{dY_t/dt}{Y_t} = \dfrac{dA_t/dt}{A_t} + \alpha \times \dfrac{dK_t/dt}{K_t}$

可得：$\dfrac{dY_t/dt}{Y_t} = \dfrac{1}{1-\alpha} \times \dfrac{dA_t/dt}{A_t}$

由于 $0 < \alpha < 1$，有 $\dfrac{1}{1-\alpha} > 1$

当 $\dfrac{dA_t/dt}{A_t} = 0$ 时，$\dfrac{dY_t/dt}{Y_t} = 0$，即没有技术创新与进步时，长期稳态经济增长速度为零。

当 $\dfrac{dA_t/dt}{A_t} > 0$ 时，经济增长速度是技术进步速度的 $\dfrac{1}{1-\alpha}$ 倍，由此我们可以发现，有技术进步的条件下长期稳态经济增长，主要取决于技术创新与进步的速度，并且技术进步的速度决定经济增长速度时有加速的效应，加速效应的大小主要取决于资本产出弹性的大小，资本的产出弹性 α 越接近于 1，加速的倍数 $\dfrac{1}{1-\alpha}$ 越大。

二、发展中国家有农村剩余劳动力转移时的加速效应

发展中国家随着工业化过程大量农村剩余劳动力将转移到城市，使得第二、三产业的有效劳动力持续增长，有效劳动力增长速度大大超过人口的自然增长率，有效劳动力的增长成为发展中国家经济发展的重要动力来源之一。因

此，研究发展中国家的经济增长时，我们需要采用有效劳动力（包含第二、三产业的劳动力，第一产业中与产出比重一致的劳动力）的增长作为决定经济增长的重要因素，并综合考虑资本积累与技术进步的作用，以及这三个主要因素之间的相互关系。

我们采用道格拉斯生产函数：$Y_t = A_t K_t^\alpha L_t^\beta$，其中由 A_t 体现的技术水平是有效劳动力和资本的全要素生产率，$\dfrac{\mathrm{d}A_t/\mathrm{d}t}{A_t}$ 为技术进步率或技术进步速度；K_t、L_t 分别代表 t 时期资本和有效劳动力的投入；α 和 β 分别是资本和有效劳动力的产出弹性，一般有 $\alpha + \beta = 1$。

对道格拉斯生产函数取对数后对时间求导，则有：

$$\frac{\mathrm{d}Y_t/\mathrm{d}t}{Y_t} = \frac{\mathrm{d}A_t/\mathrm{d}t}{A_t} + \alpha \frac{\mathrm{d}K_t/\mathrm{d}t}{K_t} + \beta \frac{\mathrm{d}L_t/\mathrm{d}t}{L_t} \tag{2.1}$$

1. 当有效劳动力的增长速度与资本积累速度不存在相互关系时

根据前面的研究，在长期稳态均衡增长中，资本的增长速度与产出的增长速度是相同的，即有：

$$\frac{\mathrm{d}K_t/\mathrm{d}t}{K_t} = \frac{\mathrm{d}Y_t/\mathrm{d}t}{Y_t}$$

将其代入公式（2.1）可得：

$$\frac{\mathrm{d}Y_t/\mathrm{d}t}{Y_t} = \frac{1}{1-\alpha} \times \left(\frac{\mathrm{d}A_t/\mathrm{d}t}{A_t} + \beta \frac{\mathrm{d}L_t/\mathrm{d}t}{L_t} \right)$$

由这一结果可知，技术进步的速度 $\dfrac{\mathrm{d}A_t/\mathrm{d}t}{A_t}$ 和有效劳动力增长推动的经济增长速度 $\beta \dfrac{\mathrm{d}L_t/\mathrm{d}t}{L_t}$ 共同决定了最终的经济增长速度，而且都具有加速效应，其加速的倍数为 $\dfrac{1}{1-\alpha}$ 倍。在这种情况下，有效劳动力的增长具有与技术进步相似的加速效应。

如果 $\dfrac{\mathrm{d}A_t/\mathrm{d}t}{A_t} = 0$ 且 $\alpha + \beta = 1$，则有 $\dfrac{\mathrm{d}Y_t/\mathrm{d}t}{Y_t} = \dfrac{\mathrm{d}K_t/\mathrm{d}t}{K_t} = \dfrac{\mathrm{d}L_t/\mathrm{d}t}{L_t}$，也就是说，即便不存在技术进步，单纯依靠有效劳动力的增长和资本积累也可以获得经济增长，这要求资本和劳动的投入具有规模经济不变的特征，即 $\alpha + \beta = 1$，这在发展中国家经济发展的初期可能满足这一条件。值得注意的是，有效劳动力的增长速度等于资本积累的速度、也等于产出增长的速度时，既有的有效劳动力的劳动生产率并没有增加，在这种情况下，有效劳动力人均收入水平很难增长，这种状况将难以持续。经济发展的事实表明，随着经济发展水平的提高，发展中国家农村剩余劳动力转移导致的有效劳动力的增长，其增长速度明显低于资本积累速度和经济增长速度，这表明即便早期存在规模经济不变的特征，发展中国家的经济增长过程中资本增长必须超过有效劳动力的增长速度，使得资本劳动比不断上升，才能够导致经济可持续增长。

如果 $\dfrac{\mathrm{d}A_t/\mathrm{d}t}{A_t}=0$ 且 $\alpha+\beta<1$，则有 $\dfrac{\mathrm{d}Y_t/\mathrm{d}t}{Y_t}=\dfrac{\beta}{1-\alpha}\times\dfrac{\mathrm{d}L_t/\mathrm{d}t}{L_t}$。因为 $\alpha+\beta<1$，有 $\dfrac{\beta}{1-\alpha}<1$，因此有：$\dfrac{\mathrm{d}Y_t/\mathrm{d}t}{Y_t}<\dfrac{\mathrm{d}L_t/\mathrm{d}t}{L_t}$。

在这种情况下，有效劳动力增长将导致有效劳动力的平均劳动生产率下降，其平均收入水平下降。从微观机制和条件的角度来讲，这种状况是不可持续的。

根据以上讨论，只有在 $\dfrac{\mathrm{d}A_t/\mathrm{d}t}{A_t}>0$ 的情况下，由技术进步和有效劳动力增长的推动经济增长，才有可能具有可持续性。即便如此，也需要满足有效劳动力的劳动生产率提高的微观条件。考虑到这一条件，即 $\dfrac{\mathrm{d}Y_t/\mathrm{d}t}{Y_t}>\dfrac{\mathrm{d}L_t/\mathrm{d}t}{L_t}$，即：

$$\frac{1}{1-\alpha}\times\left(\frac{\mathrm{d}A_t/\mathrm{d}t}{A_t}+\beta\frac{\mathrm{d}L_t/\mathrm{d}t}{L_t}\right)>\frac{\mathrm{d}L_t/\mathrm{d}t}{L_t}$$

整理得：$\dfrac{\mathrm{d}A_t/\mathrm{d}t}{A_t}>\dfrac{\mathrm{d}L_t/\mathrm{d}t}{L_t}\times(1-\alpha-\beta)$

显然，当 $\alpha+\beta=1$ 时，要求 $\dfrac{\mathrm{d}A_t/\mathrm{d}t}{A_t}>0$

当 $\alpha+\beta<1$ 时，要求 $\dfrac{\mathrm{d}A_t/\mathrm{d}t}{A_t}>\dfrac{\mathrm{d}L_t/\mathrm{d}t}{L_t}\times(1-\alpha-\beta)$

由于 $1-\alpha-\beta$ 接近于 0，这个条件是比较容易满足的。因此，对于发展中国家而言，只要存在可持续的技术进步，就可以导致可持续的经济增长和农村剩余劳动力的转移。

2. 当有效劳动力的增长速度依赖于并小于资本积累速度时

由于有效劳动力的增长必须以人均产出水平的提高为前提，即有效劳动力的增长速度应当小于产出的增长速度，而均衡稳态的经济增长中产出的增长速度等于资本积累速度，因此，有效劳动力的增长速度小于资本积累速度。

在发展中国家的实际经济增长过程存在这样的关系：有效劳动力增长依赖于资本的增长，即农村剩余劳动力转移速度受制于资本积累的速度，因为第

二、三产业的有效劳动力和资本之间具有互补和相互依存的特性。根据这一情况，可以假设 $\dfrac{\mathrm{d}L_t/\mathrm{d}t}{L_t}=u\dfrac{\mathrm{d}K_t/\mathrm{d}t}{K_t}$ ，一般有：$0<u<1$，即有效劳动力的增长速度与资本积累的速度存在线性比例关系，资本积累的速度大于有效劳动力的增长速度。在长期稳态平衡的条件下有效劳动力增长速度小于资本积累速度和产出增长速度，才能够导致有效劳动力的平均劳动生产率提高，这是长期增长需要满足的微观条件。

依据前面假设的道格拉斯生产函数，有：

$$\frac{\mathrm{d}Y_t/\mathrm{d}t}{Y_t}=\frac{\mathrm{d}A_t/\mathrm{d}t}{A_t}+\alpha\,\frac{\mathrm{d}K_t/\mathrm{d}t}{K_t}+\beta\,\frac{\mathrm{d}L_t/\mathrm{d}t}{L_t}$$

联立长期稳态均衡增长的条件：$\dfrac{\mathrm{d}K_t/\mathrm{d}t}{K_t}=\dfrac{\mathrm{d}Y_t/\mathrm{d}t}{Y_t}$

得：

$$\frac{\mathrm{d}Y_t/\mathrm{d}t}{Y_t}=\frac{1}{1-\alpha-\beta u}\times\frac{\mathrm{d}A_t/\mathrm{d}t}{A_t} \tag{2.2}$$

由式（2.2）可知，当有效劳动力增长受制于资本积累速度时，长期稳态均衡增长时，经济增长速度完全取决于技术创新与进步的速度，并且具有加速效应，其加速的倍数为 $\dfrac{1}{1-\alpha-\beta u}$ 倍。

技术进步的速度对经济增长的加速作用其内在的机理：技术进步不仅直接提高了生产要素的边际生产力，进而提高了经济增长速度，还提高了资本积累速度和有效劳动力增长的速度，导致经济增长速度进一步提高。其加速效应具体体现是技术进步的速度每提高一个百分点，将导致经济增长的速度提高 $\dfrac{1}{1-\alpha-\beta u}$ 个百分点。例如，当资本的产出弹性为 0.3，有效劳动力的产出弹性为 0.7，有效劳动力的增长速度是资本积累速度的 0.5 倍时，技术进步的驱动经济发展的加速倍数为 $\dfrac{1}{1-\alpha-\beta u}=2.86$ 倍。

显然，$\dfrac{1}{1-\alpha-\beta u}>\dfrac{1}{1-\alpha}$。这表明，当发展中国家通过技术进步推动资本积累并带动有效劳动力增长，技术进步驱动经济发展的加速倍数大于基本不存在剩余劳动力转移发达国家的加速倍数，由此可以解释发展中国家经济发展速度相对于发达国家存在巨大差异的原因。

三、加速效应的检验和中等收入陷阱形成的根本原因

1. 对技术创新驱动经济发展加速效应的检验

我们可以利用既有的历史实证数据，来检验技术创新驱动经济发展的加速效应现象是否存在。以下数据源于乔根森所著《生产率（第二卷）：经济增长的国际比较》中的发达国家 1947—1973 年长期经济增长的数据（见表 4）。

表 4　1947—1973 年发达国家长期经济增长的数据

国别	英国	美国	意大利	加拿大	联邦德国	荷兰	法国	韩国	日本
经济增长速度 Y_i	0.038	0.043	0.048	0.051	0.050 4	0.056	0.059	0.097	0.109
资本增长速度 K_i	0.046	0.040	0.054	0.049	0.070	0.066	0.063	0.066	0.115
技术进步率 A_i	0.021	0.013	0.031	0.018	0.030	0.026	0.030	0.041	0.045

采用计量方法对经济增长速度与资本增长速度之间的关系进行计量分析发现，两者之间存在线性关系：$Y_i = 0.93K_i + 0.002\ 78$，整体 F 检验 P 值：0.005＜1％，模型有效。这一回归结果表明，长期的经济增长速度和资本增长速度之间存在线性比例关系。尽管实证结果的系数只有 0.93，距离理论结果 1 有 7％左右的差距，Wald 检验 P 值为 78％，但基本证实了：稳态的长期经济增长过程中经济增长速度趋向于等于资本增长速度。

采用计量方法对经济增长速度与技术进步率之间的关系进行回归分析发现，两者之间存在线性关系：$Y_i = 2.07A_i + 0.002\ 94$，这一回归方程的整体 F 检验 P 值：0.002 1＜1％，模型有效。这一回归结果表明，长期经济增长与技术进步率之间存在线性比例关系，并且比例系数为 2.07 倍，显著大于 1 倍的线性比例关系（Wald 检验 P 值为 5％）。这表明在长期经济增长过程中，技术进步率有推动经济增长的加速效应，技术进步率每提高一个百分点，经济增长率将提高二个百分点，其倍数系数取决于加速倍数。

其实上面两个计量模型的常数项基本上都等于 0，这表明，技术进步速度与经济增长速度、经济增长速度与资本积累速度之间的关系不仅仅是线性比例的关系，而且近似于正比例关系，这一结果不仅证明了我们前面关于长期稳态经济增长中，经济增长率与资本积累速度相等的理论推断，而且证实了技术进

步速度与经济增长速度之间存在着加速效应。

2. 发展中国家陷入中等收入陷阱的根本原因

在技术创新驱动经济发展加速效应的作用下，为什么众多发展中国家难以跨越中等收入阶段？从理论逻辑来看，其根本原因就在于技术创新和进步所带来的全要素生产率的增长率较低。即便发展中国家可能有更高的创新驱动经济发展的加速倍数，但是过低的技术进步率最终还是将导致其长期的平均增长速度过低，使其迟迟不能够跨越中等收入阶段。

从实证研究来看，乔根森实证研究的数据已经揭示了日本和韩国的经济增长主要依赖于资本投入、有效劳动力增长和技术进步。日本在1947—1973年年均经济增长速度达到10.9％，其中资本投入的增长速度达到11.5％，有效劳动力的增长速度达到2.7％，反映技术进步速度的全要素生产率的增长率达到4.5％。同一时期韩国的年均经济增长速度达到9.7％，资本投入的增长速度达到6.6％，有效劳动力的增长速度达到5.0％，全要素生产率的增长率达到4.1％。从这些数据我们验证了这样的判断：较高的全要素生产率的增长率是获得高速经济增长并跨越中等收入阶段、迈入发达国家行列的基本条件。

反之，二战之后众多获得独立地位的发展中国家曾试图通过外部的资本援助和自身资本积累率的提高来提高资本积累速度，进而推动经济增长，这在其初期具有一定的效果。但是长期来看，缺乏自主技术创新和进步的能力最终将导致其经济增长的不可持续，较低的技术进步速度终将导致其经济增长速度在很低的水平上徘徊，使其即便经历了长时间的经济增长，也无法成为一个发达国家。例如有研究揭示出1940—1990年之间阿根廷和巴西的全要素生产率的年增长率分别为0.005 4和0.011 4，明显低于日本和韩国在高速经济增长过程中全要素生产率的增长率，这也就是为什么直到1990年，阿根廷和巴西这两个自然资源丰富的国家还未成为发达国家的原因。

第三节　论技术创新的加速现象与工业革命产生的原因

一个国家一年的国民总收入反映了这个国家创造财富的速度，而经济增长率则是这个国家创造财富速度的加速度，即经济增长率越高则这个国家创造财富的速度增加越快。前面我们已经提出技术创新驱动经济发展过程中，通过提升资本积累的速度来进一步提高经济增长速度，将产生技术创新的加速效应。但是我们也应该注意到技术创新本身也改变着技术创新的条件，即技术创新和进步的速度越快，促进技术创新和进步的研发投资增长速度也越快，由此导致技术进步速度达到一个更高的水平，使得一个国家创造财富的速度呈现出加速增长的状态。我们应该对这一技术创新加速财富增长的现象做出进一步的研究。

法国学者芒图在总结第一次产业革命的一般特征时就指出，从技术的观点看，产业革命就在于发明和使用能够加速生产和经常增加产量的方法。这一总结包括两个方面的意思：第一，技术创新导致生产力水平加速提升，表明技术创新驱动经济发展时有加速趋势；第二，技术创新和进步是可持续的。第一次产业革命所具有的特征延续到了以后的产业革命，据此，我们可以对产业革命中技术创新驱动经济发展的加速现象进行归纳，探讨其内在机理，解释工业革命产生的原因。

一、技术创新加速现象中内在机理、决定因素

我们对技术创新驱动经济发展过程中的技术函数做出以下基本假设：设反映 t 时期技术水平状况的参数为 A_t，A_t 既可以是产品的性能或性价比，也可以是反映某一产品投入产出关系的劳动生产率、资本利润率或全要素生产率。由于我们在抽象层次上研究技术创新问题，对于 A_t 的经济内涵我们可以不给予严格的定义。

1. 技术创新形成正反馈的内在机理和决定因素

加速的技术创新应当是在既有技术水平下，通过充分利用自身技术水平所能够获得的资源来提升技术创新与进步的速度，即在技术水平 A_t 下，技术拥有者的企业应当利用在此技术水平下获得的相应利润或收益，将其部分或全部转化为促进技术创新的研发投资，由此推动技术创新。

设在技术水平 A_t 时可获得的促进技术创新的研发投资为 $k(Y_t)$ Δt，即研发投资规模为收入水平 Y_t 及持续的时间 Δt 的函数。如果研发投资提高技术水平程度的效率为 r_1，则当技术创新成功时技术进步的程度为 $\Delta A_t = r_1 \times k(Y_t)$ Δt。

可以简化 $k(Y_t)$ 的函数形式，令 $k(Y_t) = k \times Y_t$，即研发投资规模是一定比例的收入水平所决定。简化后 $\Delta A_t = r_1 \times k \times Y_t \times \Delta t$。

设在技术水平 A_t 时 $Y_t = f(A_t)$

有：$\Delta Y_t / \Delta t = \Delta f(A_t) / \Delta A_t \times (\Delta A_t / \Delta t)$

取 $\Delta f(A_t) / \Delta A_t = r_2$，$r_2$ 表示技术水平 A_t 下，因技术水平 A_t 变化带来的收入水平的变化。r_2 表示技术进步提升收入水平的效率，即技术创新驱动经济发展的效率。

有：$\Delta Y_t / \Delta t = \Delta f(A_t) / \Delta A_t \times (\Delta A_t / \Delta t) = r_2 \times r_1 \times k \times Y_t$

由此可得

$$(\Delta Y_t / Y_t) / \Delta t = r_1 \times k \times r_2 \tag{2.3}$$

上式表明，技术创新驱动经济发展的速度取决于研发投资占收入水平的比重 k、技术创新驱动经济发展的效率 r_2、研发投资提高技术水平程度的效率 r_1。

当 $\Delta Y_t / \Delta A_t = r_2$ 时，可设：$Y_t = r_2 \times A_t$

由 $\Delta A_t = r_1 \times k \times Y_t \times \Delta t$，有：

$$(\Delta A_t / A_t) / \Delta t = r_1 \times k \times r_2 \qquad (2.4)$$

这表示，当技术水平与收入水平成正比时，技术创新和进步的速度，也取决于 k、r_1、r_2 等数值的大小。

2. 技术创新驱动经济发展导致收入水平和技术水平加速提高的基本原理

当技术创新驱动经济发展的速度取决于三大因素：研发投资占收入水平的比重 k、技术创新驱动经济发展的效率 r_2、研发投资提高技术水平程度的效率为 r_1 时，令 $r = r_1 \times k \times r_2$。

由式（2.4）可得 $(\Delta A_t / A_t) / \Delta t = r$

如果 ΔAt 随时间连续可微，且 $dr/dt = 0$，即 r 是不随时间变化的常数，则有：

$$dA_t / dt = r \times A_t$$
$$d(\ln A_t) / dt = r$$
$$(\ln A_t) = rt + c \quad (c \text{ 为常数})$$
$$A_t = c \times e^{rt}$$

这表示技术创新驱动经济发展过程中的技术水平将随着时间延续呈现指数规律的变化。相应地，经济发展的速度也将随着时间的延续呈现出指数规律的增长。由此我们可以发现，如果创新驱动经济发展过程中存在一个正反馈的系数 r，这一正反馈的机理将导致经济发展水平和技术水平呈现加速上升的趋势，这揭示了技术创新驱动经济发展时存在的加速原理。

依据 r 的大小，通过选择适当的时间跨度 Δt，可得 $\Delta A_t / A_t = 2$。当 $\Delta t = 1.5$ 年时，如有 $\Delta A_t / A_t = 2$，这时 $r = 2/1.5$，这与反映微电子领域大规模集中电路的技术进步速度的摩尔定律的数学表达式相同，即微电子线路的性能大约每一年半就提高一倍。由此可以断定，摩尔定律所反映的正是大规模集成电路领域的技术进步的加速现象。

但是，如果当 $\Delta A_t / A_t = 2$ 时，要求 Δt 很大，例如 $\Delta t = 1\,000$ 年，这表明 $r \rightarrow 0$，即技术进步的速度基本上趋于停止。如果当 $\Delta A_t / A_t = 2$ 时，$\Delta t = 100$ 年，则 $r = 0.02$，这也是比较缓慢的技术创新和进步。

产业革命以来，科技文献所表现出来的技术进步的速度大约为 20 年翻一番。当技术水平和经济发展水平成正比时，经济增长速度也将导致经济总量大约为 20 年翻一番，这时经济总量的年均增长率大约为 3.5%。这一增长速度与工业革命以来发达国家长期经济增长的平均速度大致相当。这一事实表明，通过技术创新来驱动经济发展具有可持续的加速作用。

二、三类基本的技术创新加速现象的数学表达式

技术创新驱动经济发展过程中的加速现象并不局限于通过直接的正反馈来实现加速，还存在因技术创新的溢出效应产生的加速现象和因技术创新相互溢出产生的加速现象，由此构成了技术创新加速现象的三个基本形式。我们可以用适当的数学方法将其表达出来。以下以技术水平作为研究对象，如果以收入水平作为研究对象，其表达的基本形式是类同的。

1. 技术水平与其收入水平之间形成直接正反馈的加速

式（2.3）：$(\Delta Y_t/Y_t)/\Delta t = r_1 \times k \times r_2$ 和式（2.4）：$(\Delta A_t/A_t)/\Delta t = r_1 \times k \times r_2$ 已经表示出当技术进步促进收入水平提高的同时，利用所获得的收入来进行技术进步的投资，进一步提高技术水平时，可以形成收入水平和技术水平的呈现指数型增长的加速过程，这一过程实际上是利用技术水平和收入水平之间的正反馈机理而形成的加速过程。这一类型的加速过程是技术创新驱动经济发展中最基本的加速类型。

设某一技术的技术水平函数有 $a_t = f(Y_t, t)$，Y_t 是 a_t 产生的结果（利润或收入），有：

$$da_t/dt = df/dt + df/dY_t \times dY_t/dt$$

其中 df/dt 表示因其他因素的作用如技术的外溢或经验的积累导致的技术进步。

令 $r = (df/dY_t \times dY_t/dt)/(df/dt)$

有 $da_t/dt = (1+r) df/dt$

表明 a_t 的技术创新将因其结果 Y_t 的增加使得 a_t 的技术进步速度产生一个加速效应，使得 a_t 的技术进步的速度增加 r 倍。

2. 技术外溢导致的技术创新的加速

技术外溢现象早已被人们所观察到，某一种技术的技术进步并不一定依赖于自身的技术进步，即某一技术可以利用相关的技术进步来推动自身的技术进步。对于这一普遍存在的技术外溢导致的技术创新加速现象，我们可以用以下数学表达式进行表达。

设产生技术外溢的技术为 a_1（a_1 既表示技术种类，也表示技术水平的高低），对于 a_1 由什么因素决定我们这里不予考虑，但可以假设 $da_1/dt > 0$，即 a_1 存在技术进步，其技术进步的速度为 da_1/dt。

设另一技术为 a_2，有 $a_2 = f_2(a_1, t)$。此式表明，a_2 不仅与决定其技术水平的自身因素外（式 f_2 未直接表示出自身因素而是用 t 来表示），而且与技术 a_1 正相关，即 $\mathrm{d}f_2/\mathrm{d}a_1 > 0$。$\mathrm{d}f_2/\mathrm{d}a_1$ 表示技术外溢带来的能够促进相关技术的技术进步效应大小，简称技术外溢效应大小。

显然有 $\mathrm{d}a_2/\mathrm{d}t = \mathrm{d}f_2/\mathrm{d}t + \mathrm{d}f_2/\mathrm{d}a_1 \times \mathrm{d}a_1/\mathrm{d}t$

令 $r_2 = (\mathrm{d}f_2/\mathrm{d}a_1 \times \mathrm{d}a_1/\mathrm{d}t)/(\mathrm{d}f_2/\mathrm{d}t)$

r_2 可定义为技术 a_1 的技术进步所带来的对 a_2 的技术进步的加速倍数，加速倍数的大小与技术 a_1 的技术进步速度 $\mathrm{d}a_1/\mathrm{d}t$ 成正比，与技术外溢效应 $\mathrm{d}f_2/\mathrm{d}a_1$ 成正比，与技术 a_2 本身因素所导致的技术进步速度 $\mathrm{d}f_2/\mathrm{d}t$ 成反比。

有 $\mathrm{d}a_2/\mathrm{d}t = (1 + r_2)\,\mathrm{d}f_2/\mathrm{d}t$

此式表明当技术 a_1 对技术 a_2 产生溢出效应时，a_1 的技术创新将对 a_2 的技术进步的速度产生一个加速效应，使得 a_2 的技术进步的速度增加 r_2 倍。

3. 技术互补，即技术创新的相互溢出导致的间接相关而形成正反馈的加速效应

如果技术创新的溢出效应是相互的，则将形成技术互补型的加速。假设技术 a_2 亦对技术 a_1 有以下关系：

$$a_1 = f_1(a_2, t)$$
$$\mathrm{d}a_1/\mathrm{d}t = \mathrm{d}f_1/\mathrm{d}t + \mathrm{d}f_1/\mathrm{d}a_2 \times \mathrm{d}a_2/\mathrm{d}t$$

令 $r_1 = (\mathrm{d}f_1/\mathrm{d}a_2 \times \mathrm{d}a_2/\mathrm{d}t)/(\mathrm{d}f_1/\mathrm{d}t)$

有 $\mathrm{d}a_1/\mathrm{d}t = (1 + r_1)\,\mathrm{d}f_1/\mathrm{d}t$

r_1 决定了技术互补时，a_2 技术创新对 a_1 影响所产生的技术创新的加速倍数。

由于技术互补导致的技术创新的加速是两种技术相互影响的结果，这种通过技术外溢产生的间接相关将形成正反馈的自我加速。

设 $a_1 = f_1(a_2, t)$，$a_2 = f_2(a_1, t)$

有：$a_1 = f_1(a_2, t) = f_1(f_2(a_1, t), t)$

$$\mathrm{d}a_1/\mathrm{d}t = \mathrm{d}f_1/\mathrm{d}t + \mathrm{d}f_1/\mathrm{d}a_2 \times \mathrm{d}a_2/\mathrm{d}t$$
$$= \mathrm{d}f_1/\mathrm{d}t + \mathrm{d}f_1/\mathrm{d}a_2 \times (\mathrm{d}f_2/\mathrm{d}t + \mathrm{d}f_2/\mathrm{d}a_1 \times \mathrm{d}a_1/\mathrm{d}t)$$

令 $\mathrm{d}f_2/\mathrm{d}t = 0$，即不考虑技术 a_2 自身技术创新所带来的影响。

有 $\mathrm{d}a_1/\mathrm{d}t = \mathrm{d}f_1/\mathrm{d}t + \mathrm{d}f_1/\mathrm{d}a_2 \times (\mathrm{d}f_2/\mathrm{d}a_1 \times \mathrm{d}a_1/\mathrm{d}t)$

令 $r_1 = \mathrm{d}f_1/\mathrm{d}t + \mathrm{d}f_1/\mathrm{d}a_2 \times (\mathrm{d}f_2/\mathrm{d}a_1 \times \mathrm{d}a_1/\mathrm{d}t)/(\mathrm{d}f_1/\mathrm{d}t)$

有 $\mathrm{d}a_1/\mathrm{d}t = (1 + r_1)\,\mathrm{d}f_1/\mathrm{d}t$

其实，技术外溢产生的间接相关而形成正反馈而产生的加速，是因技术互补和技术外溢产生的间接相关而形成正反馈的加速，也是溢出效应的一种拓展。

4. 技术创新的自加速和溢出加速将导致技术创新的速度叠加

如果 a 产品的技术自加速的速度为 $(\Delta A_t / A_t)/\Delta t = R_a$

如果 b 产品的技术自加速的速度为 $(\Delta A_t / A_t)/\Delta t = R_b$

如果 a 产品的技术创新对 b 产品技术创新速度有溢出加速，其倍数为 r_2

如果 b 产品的技术创新对 a 产品技术创新速度有溢出加速，其倍数为 r_1

则考虑溢出效应之后 a 产品的技术创新速度为 $R_a \times (1+r_1)$，考虑溢出效应之后 b 产品的技术创新速度为 $R_b \times (1+r_2)$。

考虑技术外溢产生的间接相关而形成正反馈而产生的加速后，溢出加速的倍数将是相互溢出加速倍数的乘积，即为 $(1+r_1) \times (1+r_2)$。因此，在相互溢出的情况下，既考虑是自加速也考虑溢出加速情况下，a 产品的技术创新速度为 $R_a \times (1+r_1) \times (1+r_2)$，相应的 b 产品的技术创新速度为 $R_b \times (1+r_1) \times (1+r_2)$。如果经济水平与技术水平保持相同的增长速度，在溢出效应的作用下，经济增长速度也将表现出呈指数化的加速增长趋势。

在技术创新驱动经济发展的过程中，技术创新具有溢出效应，这是技术方面的溢出效应。技术创新驱动经济发展过程中，技术创新的成果也可以通过价格机制，使相关的企业和消费者获得经济方面的溢出效应，即提高相关企业的利润水平或者是消费者的福利水平，这是经济方面的溢出效应。总之，技术创新的溢出效应既可以从经济方面提高技术创新驱动经济发展的效率，也可以从技术方面提高技术创新本身的效率，即研发投资提高技术水平的效率。

三、产业革命以来技术创新加速现象的基本事实

我们可以从技术的资本化、社会分工市场规模的扩大、专业化创新企业的产生等角度来解释产业革命以来技术创新驱动经济发展中常见的加速现象。

1. 将先进技术固化在资本品中，通过技术创新的溢出效应提高技术创新驱动经济发展的速度，同时也提高自身技术创新的速度

技术创新驱动经济发展的加速现象，首先表现为作为生产工具或资本品的技术创新对经济发展的驱动。技术的外溢必须以其他生产者使用技术创新者的技术为前提，这就会形成技术的转移。技术可以通过人与人之间的传播来转移，也可以通过技术的文本载体来转移。但对于专业化程度较高、技术比较复杂的技术转移来说，这两种转移方式的转移成本很高，即需要花费相当高的学习成本。如果将技术固化在物质资本上，形成可直接交易的技术商品，则转移本身的成本较低，使用该技术者只需要花费使用技术设备的学习成本。这一只为使用而花费的学习成本将大大低于技术本身转移的学习成本。因此，第一次

工业革命的技术外溢表现为技术的资本化，即通过技术创新者制造出资本商品，供技术使用者使用，导致技术得到推广，技术外溢而产生的加速原理因技术的资本化而起作用。

将技术发明创造与技术的使用相分离，使技术固化到资本的这种方式，极大地拓展了创新技术的使用范围和规模，创新技术的使用者只需要通过使用作为技术载体的资本，就可以通过溢出效应来提高自身的效率，从而提高技术创新驱动经济发展的效率。

例如，早期工业革命中纺织机械的技术创新，大幅度提高了纺织业的生产效率。通过将创新的技术固化到作为资本的纺织机械之中，使得使用这项技术的生产者只需要学习使用作为生产工具的资本，而无需学习制造生产工具的技术，就可以获得新技术带来的利益。

创新技术的使用规模的扩大也提高了技术发明者的收益，从而为技术创新者不断改进技术奠定了基础，形成了技术创新者通过技术创新获得收益，进而利用其收益又加速其技术创新的自加速过程。这极大地提高了技术创新的速度。工业革命时期的纺织机器发明创造和改进，是以蒸汽机为代表的动力机器的发明创造和改进，是将技术进行资本化，并且利用技术获得高额收益，进而不断改进技术，提高技术进步速度的典型案例，由此形成了人类历史上第一次产业革命。

2. 专业化社会分工的发展提高了技术创新本身的效率，也有利于通过溢出效应形成溢出加速现象

技术资本化本身也标志着社会分工的进一步发展，即资本品作为生产工具的中间产品与最终消费品形成了社会化的分工，使得资本品的生产成为更加专业化的工作，这可以提升技术进步的速度。例如蒸汽机的发明和改进。瓦特等通过改进蒸汽机使之商业化，获得了巨额的经济收入，制造蒸汽机的技术因经验积累提升了技术创新的效率。由此导致蒸汽机的技术创新和进步从经济投入和经验积累两方面形成了正反馈，促进了蒸汽机的完善，加速了这一动力机械的技术创新速度。

技术的资本化和专业化、社会化分工的发展还可以通过相互溢出效应形成相互促进、提高技术创新速度的加速现象。例如计算机硬件和软件在发展中相互促进现象。通过发明制造大规模集成电路，计算机的硬件能力得到了极大的、持续的提高，形成了硬件技术提高规律的摩尔定律：每一年半计算机的运算速度提高一倍、成本降低为原来的一半。在计算机硬件技术不断发展的过程中，依赖于硬件技术发展的软件技术也得到了同步的发展：计算机软件的功能随着硬件技术的发展而发展。

这种相互促进的技术创新其内在机理有两个方面：

第一个方面是技术方面的机理。生产过程所使用的技术是相互依赖、相互促进的，计算机硬件技术的发展过程中需要使用相关的软件技术，例如需要使用精密加工的数控机床，这其中就包含软件。计算机软件技术的发展过程中需要使用相关的硬件技术，因为计算机软件需要利用计算机硬件能力才能够更高效开发出来。这种技术上的相互依赖和溢出在技术创新的过程中将产生相互促进的作用，这种现象就是技术创新加速原理的体现。

第二个方面是经济方面的机理。投资与消费过程具有相互依赖、相互促进关系。计算机硬件和软件是互补品，一种产品技术水平的提高会增加对另外一种产品技术水平的需求，包括产品品质和支付意愿。这种因技术创新、技术进步导致需求（品质和体现支付意愿的价格）的增加可以提高产品技术创新的经济回报，从而使得一种产品的技术进步可以获得更多的创新投入，这是导致技术创新速度加速的经济原因。

3. 技术创新集群的形成是加速原理的结果

工业革命产生的技术创新往往表现为技术创新的集群现象，即技术创新不是单一产品的技术创新，而是多产品且技术上具有相互补充、相互促进的众多技术创新的集合。

第一次产业革命的技术创新以纺织机械的制造、铁的冶炼、煤的开采使用、蒸汽动力机械的发明使用为代表。其中铁是制造纺织机械、动力机械的原材料，动力机械又是驱动纺织机械的主要动力。这些技术之间具有相互促进的作用，从而导致其技术创新的速度因溢出效应而得到加速，这是加速原理的早期表现。

在现代工业技术革命中，微电子技术及其相关技术的发展表现出典型的集群现象。大规模集成电路技术的发展不仅促进了相关软件技术的发展，而且推进了信息技术的发展，互联网技术、无线通信技术是其中的典型代表。微电子技术及其在各方面应用技术的发展表现出强烈的集群现象。

4. 经济中的长波周期与技术创新的加速原理有密切关系

经济学家早已经发现经济发展过程存在着50年左右的长波周期现象。对长波周期形成的原因已经有比较共同的认识，一般认为一个长波的形成是一些突破性技术的创新和产生、大规模使用的结果。在技术创新上升期，经济增长速度表现出加速增长的态势，而在经济长波的衰退期，经济增长速度有递减的态势。

要解释经济长波中的经济加速与减速现象，可以从技术创新的加速原理角度来进行解释。简单地说，经济加速增长时期技术创新的加速倍数较高，这与溢出效应较高、技术发展的空间较高有密切的关系。经济减速时期则技术创新的加速倍数较低，这与溢出效应较低、技术发展的空间较小有密切的关系。

第四节　论可持续技术创新的决定因素

第一次工业革命以来的世界经济状况发展已经表明，技术创新不仅能够导致经济的持续发展，而且技术创新也表现出可持续的特点。在可持续的技术创新过程中，技术创新者通过技术创新可以形成足够的盈利能力，并利用其收入和利润的再投资不断进行技术研发和创新，这是导致技术创新可持续的经济条件。可持续的技术创新速度不仅因研发投资的规模和效率变化而变化，而且也因技术创新的潜力及其风险的变化而发生变化。考虑到技术发展状况水平、盈利能力、技术创新的潜力以及由此带来的技术创新的风险等因素对技术创新速度的影响，我们可以发现可持续的技术创新所需要满足的技术和经济条件，发现可持续技术创新的决定因素。

一、可持续的技术进步函数

设反映 t 时期技术水平状况的参数为 A_t，A_t 既可以是产品的性能或性价比，也可以是反映某一产品投入产出关系的劳动生产率、资本利润率或全要素生产率。由于我们在抽象层次上研究可持续的技术创新问题，对于 A_t 的经济内涵我们可以忽视。

可持续的技术创新应当是在既有技术水平下，通过充分利用自身技术水平所能够获得的资源来推动技术的进步，即在技术水平 A_t 下，技术拥有者的企业或社会应当利用在此技术水平下获得相应的利润或收入，将其部分或全部转化为促进技术创新的研发投资，由此推动技术创新。如果不是通过利用既有的技术水平所能够获得的资源，而是利用其他方式偶尔获得的资源来促进技术进步，则可能不具有可持续性。

设技术拥有者在技术水平 A_t 时可获得的促进技术创新的研发投资为 $k(A_t)\ \Delta t$，即研发投资规模为技术水平 A_t 及持续的时间 Δt 的函数。如果研发投资提高技术水平程度的效率为 r，则当技术创新成功时技术进步的程度为 $\Delta A_t = r \times k(A_t)\ \Delta t$。

可以简化 $k(A_t)$ 的函数形式，简化后 $\Delta A_t = r \times A_t \times \Delta t$，这时 r 表示技术 A_t 下的研发投资促进技术进步的效率，是研发投资规模和研发效率的综合。上式表示，在技术水平 A_t 下、经过时间 Δt 所获得的研发投资进行成功的技术创新时能够将技术水平 A_t 提升至 $(r+1) \times A_t$。显然 $r>0$，即技术创新只会导致技术水平的提高。

技术创新存在着失败风险，设技术创新成功的概率为 e，$e=f(A_t，A_{max})$，即 e 应当是目前的技术水平 A_t 与最高技术水平 A_{max} 的函数。为了简化，令 $e=1-A_t/A_{max}$。这一简化的概率函数有线性特征，即技术创新的成功概率与目前的技术水平下技术可提升的空间（$A_{max}-A_t$）成正比。

只有成功的技术创新才会导致技术水平的提高，因此迭加了技术创新风险的技术进步函数为：

$$\Delta A_t=r\times A_t\times\Delta t\times e=r\times A_t\times\Delta t\times(1-A_t/A_{max})$$

二、可持续的技术创新函数的求解

对于迭加了技术创新风险的技术进步函数 $\Delta A_t=r\times A_t\times\Delta t\times e=r\times A_t\times\Delta t\times(1-A_t/A_{max})$，我们可以有以下假定：

设 $t=0$ 时，$A_t=A_0$，一般有 $A_0\geqslant 0$。并设参数 r、A_{max} 为不随时间 t 和技术水平 A_t 变化的常数。

当 A_t 可取 $[A_0，A_{max}]$ 区间的实数时，如果 $\Delta t\to 0$，有：

$$dA_t/dt=r\times A_t\times(1-A_t/A_{max})$$

对此微分方程有以下解：

如果 $A_0=0$，则 $A_t=0$

当 $A_0>0$ 时，$A_t=A_0\times A_{max}/[A_0+(A_{max}-A_0)\times e^{-rt}]$，这是一种标准的逻辑斯蒂增长曲线。

对于上式有：当 $t=0$ 时，$A_t=A_0$

当 $t\to+\infty$ 时，$A_t=A_{max}$

并且当 $A_t=A_{max}/2$ 时，dA_t/dt 达到最大值。此时 $t=(1/r)\times\ln[(A_{max}-A_0)/A_0]$，即此点为技术进步曲线 $A_t=A_0\times A_{max}/[A_0+(A_{max}-A_0)\times e^{-rt}]$ 的唯一拐点。在此点，技术进步的速度达到最大。

三、影响可持续技术创新速度的主要因素与有效对策

可持续的技术创新依靠技术本身所带来的收益进行研发投资，使得技术不断进步，在这一技术创新和进步过程中，决定技术在时间 t 所能够达到的高度 A_t，即决定技术创新速度的主要因素有三个：初始的技术水平 A_0、研发投资促进技术创新和进步的效率 r 和最大技术水平 A_{max}。依据技术创新推进技术进步的逻辑斯蒂增长公式，对于影响可持续技术创新的三个主要因素可以做如下判断：

（1）初始技术水平对于技术创新的速度有重要影响。

如果初始技术水平为 0，则技术创新不可能依靠自身的能力发展起来。如果初始技术水平过低，则技术拥有者可能没有赢利能力从而没有研发投资能力，也就不可能依靠自身的能力来促进技术创新。

初始技术水平 A_0 的高低对于通过技术创新达到充分高的技术水平（如 50% 的 $A_{\max}$）所需要的时间（这时技术创新的速度最快）有重要影响。如果 A_0 接近于 0，即使技术拥有者拥有研发投资的能力，但其初期技术进步的速度将过于缓慢。如果 A_0 能达到了适当水平，则可以大大提高技术创新的速度并迅速达到可持续技术创新速度的最大值。

由于初始技术水平 A_0 对于可持续技术创新的能力和技术创新的速度有重要影响，因此有必要通过引入外部资源的投资来提高技术创新者的初始技术水平。从技术创新的历史来看，有三种提高初始技术水平的方式。

①公共投资方式。如果市场不能够提供有效原始投资规模或者其研发效率达不到足够高的水平，政府进行技术创新的直接投资或研发资助十分必要，即通过公共投资来提高某一领域的科学技术水平，使技术创新者的初始技术水平不依赖于自身技术资源的约束。甚至必要时政府可以利用财政能力直接进行研发的组织工作。

②企业投资方式。企业利用原有产品的技术与资本投资能力，从事新产品技术的开发，是企业内部提高新产品初始技术水平的一种投资方式。这是新技术创新的一种常态方式。

③风险投资方式。通过创业投资来募集风险投资资金，使技术创新者摆脱自身技术水平对研发投资能力的约束。这是提高初始技术水平的最新颖的方式。这一方式曾经极大地促进了 20 世纪 80 年代以来美国高科技公司和高技术企业的发展。目前这一提高初始技术水平的投资方式也正在发展之中。

（2）技术进步的加速倍数 r 对技术进步过程中的加速度有决定性影响，而加速倍数又取决于与技术水平相关的研发投资规模和研发效率。

技术研发者研发投资规模首先取决于既有技术水平获取收益的能力。首先，对技术创新给予专利保护使技术拥有者拥有适当的垄断地位可以提高技术创新者的盈利能力。其次，为了刺激研发投资，实施税收减免以及对固定资产投资实行加速折旧的政策，有利于降低研发投资的风险、提高研发投资的收益率、增强技术创新者的投资意愿。

如果技术创新者自身盈利能力不足、研发投资资金不足，对某些技术创新进行国家资助和投资补贴也是提高技术创新者研发能力的有效措施。

研发效率的提高对于提高研发投资的收益率、降低研发成本有至关重要的作用。研发效率取决于研发过程知识的有效积累和运用，采用科学的研究方法积累起可重复使用的、能有效传播的科学技术知识对于提高技术创新的研发效率有决定性的作用。这能够解释第一次工业革命为什么产生于以牛顿力学为代表的自然科学得到普及的时代，即以技术创新为核心的第一次工业革命发生于现代自然科学产生之后，科学研究方法逐步得到普遍运用的时代。第一次工业革命之后的工业革命更是科学技术的发展和应用的结果。当然，有效的管理也可以大大提高研发效率，这一属于管理学的内容本节不做进一步探讨。

（3）技术能够达到的最高水平 A_{max} 不仅决定了技术可以达到的高度，而且对技术创新和进步可以持续的时间、技术进步成功的概率、收益率有决定性的影响。

本节中用技术创新的空间 A_{max} 来决定技术创新成功的概率，只是理论研究的一种简化。当然，技术创新能够达到的最高水平越高，技术创新成功的概率也越高。不仅如此，最高技术水平 A_{max} 还决定了技术创新的速度和技术创新可持续的时间，一项具有高度发展潜力的技术，不仅可以使技术创新的速度达到高水平，而且可以持续相当长的时间。微电子技术领域中反映计算机处理速度的摩尔定律就是技术创新潜力很高、技术创新持续时间很长、符合微电子技术发展事实的一个客观规律。

依靠科学研究来找寻技术创新的发展方向，判断一项技术是否有足够的技术进步空间，例如光纤通信技术的发展就是先有理论上的研究，然后进行技术创新的结果。

技术创新的经济目的在于满足消费者不断发展的消费意愿，通过研究消费者支付意愿及其发展有助于正确选择改进产品性能或降低产品成本的技术创新方向，对市场需求规模发展的判断也有助于选择技术创新的方向。苹果智能手机的发明创造、福特制大规模汽车生产技术的发明创造，都曾极大地推进了这些产品的技术进步。这些技术创新是满足消费者支付意愿的需求及其规模发展的结果。不过，现有的消费经济学和需求理论对需求如何影响，甚至决定技术创新的发展方向、发展潜力的研究尚不充分。

本章结论

（1）对技术创新驱动经济发展的加速效应的研究，我们可以得到这样的结论：

第一，技术创新和进步的速度具有提升经济发展速度的作用，即技术创新和进步不仅直接提高了经济增长的速度，而且通过提升要素的增长速度进一步提高了经济增长的速度，由此表现出加速效应。其加速的倍数取决于资本和劳动的产出弹性以及有效劳动力的增长对资本积累速度的依赖程度。

第二，在农村剩余劳动力转移导致有效劳动力的增长条件下，发展中国家技术创新驱动经济发展的加速倍数明显高于发达国家，使得发展中国家的经济增长速度对技术进步速度更加敏感，这是发展中国家在适当的技术进步条件下能够实现高速经济增长或者在技术进步率过低的条件下经济增长速度很低的原因。

第三，已经达到中等收入水平的发展中国家，如果可持续的技术创新速度较低，将导致其长期经济增长速度处于较低水平，进而导致人均国民总收入迟迟不能够达到发达国家的下限水平。因此，我们可以判断出技术创新与进步的速度较低是产生中等收入陷阱的根本原因。

（2）通过对产业革命背后技术创新驱动经济发展加速作用的研究，我们可以得到以下结论：

第一，产业革命是技术创新驱动经济发展加速作用的结果，是利用技术创新驱动经济发展、利用经济发展的来驱动技术创新进而形成正反馈的结果。

第二，资本积累不仅仅有利于促进技术创新，而且也导致了新技术的普遍使用，进而通过提高劳动生产率提升了经济发展的速度。

第三，技术创新和进步所产生的溢出效应、集群现象均是技术创新驱动经济发展加速作用背后的现象，均有利于提升技术创新和进步的速度。

（3）通过研究影响可持续的技术创新及其速度的主要因素，我们可以得到以下结论：

第一，可持续技术进步速度取决于三大因素：初始技术水平 A_0、由研发投资规模和研发效率决定的技术创新乘数 r 以及可以达到的最高技术水平 A_{max}。

第二，为了使得技术创新者具有可持续的技术创新能力，提高技术创新的速度和技术创新所能够达到的水平，可以采取一系列政策措施来加速技术创新。提高初始技术水平 A_0 的措施，有通过教育和训练提高研发者科学技术水平，对技术创新者初始研究给予财政资助。为了提高技术创新的乘数，有必要实施专利保护形成技术创新者的垄断地位，以提高技术创新者的盈利能力和研发投资规模，税收减免或加速折旧也是提高研发投资规模的有效措施。对科学原理和对消费者偏好的研究则有助于发现具有更大潜力的技术创新空间。

第三章 技术创新驱动经济发展的动力机制研究

技术创新驱动经济发展的动力主要取决于三个方面的因素：资本积累、技术创新的研发投资、人力资本的投资，鉴于承担技术创新动力的主体主要是企业和政府，我们对动力机制的研究可以从企业和政府的角度展开。本章首先概述市场经济条件下经济发展动力的研究状况；然后研究影响企业技术创新动力的因素，从产品创新角度研究市场需求、研发效率等因素决定研发投资规模的机理；最后研究政府技术创新动力中常见的问题，包括技术创新状况的评价、技术创新下政府的作用、技术创新政策的有效性以及国家技术创新体系问题等。

第一节 有利于产生技术创新的市场经济体制

人类社会发展到现在，大致产生了自然经济体制，工业革命之后逐步完善的市场经济体制，社会主义革命导致的计划经济体制。现实中的经济体制实际上是一个混合物，既可能有自然经济的部分，也可以有市场经济的部分。在不完全的计划经济体制中也可以有自然经济部分和市场经济的部分。每一个经济体制无非是从三个路径的角度来推进财富的增长：资源的有效配置、资本的积累、技术的创新与进步，因此，我们可以从这三个方面来评价每一种体制的效率，特别是认识到为什么市场经济体制更有利于技术创新和进步。

一、三大经济体制与技术创新之间的关系

1. 自给自足的自然经济体制

在中国经过自然演进发展出来了家庭农业经济，在欧洲产生了庄园经济。自然经济体制的特征是虽有内部的自给自足劳动分工，也产生了生产分配与消费问题，但基本上不存在基于社会分工市场经济的交换问题，或者社会分工下的交换所占的比例很低。

如果技术水平保持不变，在自然经济体制下所有的资源也可能达到最有效

的利用，即达到了帕累托状态，这是经过长期自然选择必然达到的结果，因此从资源有效配置的角度来讲是有效率的。但是由于技术水平低、劳动生产率水平比较低，消费之后所剩无几，因此很难进行资本的积累。自然经济下技术也会随着熟能生巧或者偶然的创新而逐步提高劳动生产率，例如中国农业的精耕细作使土地产出率达到极致，欧洲也发展出采用更有效畜力的规模化农业。生产率的提高也许会形成积累能力，但是受制于技术本身的约束，积累的方向往往是消费品，甚至是奢侈品，并不是提高劳动生产率的生产工具，因此，自然经济社会的财富增长速度缓慢，人均产出水平无法达到富裕水平。自然经济条件下，不存在专业化的创新，因此，难以形成导致劳动生产率持续提高的技术进步。

2. **工业革命之后的市场经济体制**

工业革命之前还是存在一定范围市场交换的经济，例如重商主义时代海外贸易的发展，但不构成社会经济的主体。第一次工业革命过程中产生的技术创新，使自然经济体制发生了显著变革，表现在以下几个方面：第一，产生了普遍的社会化分工，即生产的目的是为了交换，而不是为了自我消费。第二，产生雇佣关系，资本雇佣劳动的企业开始成为生产主体。第三，通过资本积累，极大提高了生产规模和技术进步速度。

我们可以发现工业革命之后的市场经济体制具有很高的效率，表现在：第一，通过市场进行资源配置不仅仅提高了社会化的劳动分工程度，而且提高了全社会的资源配置效率，这超越了自然经济的配置效率。第二，通过市场来消化生产能力，摆脱了自给自足对消费需求的约束，并且资本积累以及相应的技术进步，为生产规模的扩大提供了条件，作为企业的生产者其产出规模和效率都得到极大的提高，因此市场经济下的企业规模远远超过自给自足的自然经济体。第三，因劳动生产率的提高使得资本积累能力得以提高，个人和企业有能力对技术创新进行投资，科学的发展也极大地提高了技术创新的效率。正是这个几个方面的优势，使得市场经济成为现代发达国家经济体制的基础。

3. **社会主义国家实行的计划经济体制**

社会主义国家的计划经济体制通过集中计划来组织资源配置，这是计划经济体制最显著的特点。当技术是既定的、信息是充分的、不会产生信息不对称下的激励问题时，从理论上来说，计划经济体制是有效的。

有效计划决策的前提是信息充分，但是计划经济体制下的生产单位为了有效完成计划往往隐瞒自己的生产能力，使得计划缺乏效率。计划经济体制下缺乏通过自由交换、市场竞争形成的价格信息，也使得资源配置缺乏正确信息导致配置效率下降。

计划经济体制也会产生激励问题：单个生产单位和劳动者为了自身的利益不会导致产出的最大化，例如农业集体劳动时出工不出力。计划经济体制下产生的激励偏差使得计划经济体制效率大大下降。

计划经济体制通过行政命令方式可以形成较高的资本积累率，但是预算约束导致投资效率不高。正确投资才能有效提高劳动生产率，由于计划经济体制下缺乏自由交换的价格信息，因此，投资方向的选择也存在困难，往往导致投资效率的下降，限制了其经济增长的效率。

计划经济体制下也可以形成技术进步的动力，高资本积累率下也可以有规模较大的创新投资。但是因为缺乏市场交易的价格信息，选择技术创新的方向很有可能存在偏差，这使得技术创新投资效率下降。此外，技术创新依赖于科技人员的工作热忱，从激励角度来讲，市场经济体制提供了更广泛、更普遍的激励：因为可以带来更高的劳动收入和资本收入。计划经济体制的基本激励目标在于完成计划任务，虽然通过奖励政策，也可以激励科技人员的创新热情，但一般限于列入国家计划的创新行为，或者对国家认可的创新行为有效而并不是普遍有效。因此，由于信息和激励问题，计划经济体制下技术创新的速度和规模并不能达到最优状态。

4. 三大经济体制与国家创新体系

虽然资本积累是提高劳动生产率的重要途径，但是资本积累受制于资本边际生产率的递减，因此，最根本的推动劳动生产率不断增长的因素是技术创新。

通过对自然经济、计划经济和市场经济的分析与归纳，我们可以发现，能否形成有效率的促进技术创新的国家创新体系是经济体制能否成功的根本原因。

自然经济体制下根本就不存在国家创新体系，偶然的技术创新只是来源于偶尔的发现，技术创新的速度和效率根本不能够与现代市场经济体制相提并论，这是现代市场经济逐步替代传统自然经济的重要原因。

计划经济体制下的技术进步很大程度上并不是来源于创新。苏联相当多的民用技术进步来源于已经实现工业化的资本主义国家的技术转移，军事上的技术进步因为需求明确，不过多考虑成本，反而取得了比较多的技术创新。

工业革命以来，西方资本主义国家逐步形成了现代市场经济，不断的技术创新以及相应的资本积累使得主流资本主义国家经济水平远远超过了发达国家的下限水平，应该肯定工业革命以来西方资本主义市场经济的发展是比较成功的，成功的理由就在于它形成了国家技术创新体系。技术创新和进步的国家创新体系包括以下几个方面：第一，通过专利权的实施，保护技术创新者在一段时间的垄断收益，激励了技术创新的投入。第二，创新了专门从事技术创新的组织，从早期独立的技术创新的个人、个人领导的实验室，到具有创新能力的企业，技术创新的专业化程度和创新的效率得到了显著提高。第三，形成了有利于技术创新的资本市场。基于技术创新而形成的风险投资市场，极大地扩大了技术创新投资的规模、提高了投资的效率。资本市场的完善不仅为技术创新提供了更多的资金来源，而且能够迅速扩大技术创新者的生产能力，提升了技术普及的速度。第四，在国家资助下，现代科学研究水平的发展提高了技术创新的效率。传统的技术创新更多依赖于技术人员的经验积累和试验；现代技术创新更多建立在科学原理基础上，这大大提高了技术创新的效率。第五，形成了培养技术创新人才的教育体系。建立在普及性的业务教育、大学教育基础上的高水平的研究生教育，是技术创新的人才基础。

二、有利于产生技术创新动力的市场经济体制

工业革命之后逐步形成和完善的市场经济体制所具有的一些特征，有利于技术创新动力的形成。

1. 规模化、专业化的社会分工：为技术创新创造了市场条件

从工业革命发展过来的市场经济国家的事实来看，市场经济的一个典型特征就是逐步形成了社会化的、规模化的、专业化的分工。以第一次工业革命发明的机器纺织机械为例，生产纺织机械和生产最终纺织品之间企业进行了一次社会分工，这是作为中间产品的资本品与最终产品的分工，这一分工使得社会分工专业化程度的扩大，这既是技术进步的结果，也为下一步的技术进步奠定了基础。专业化的分工有利于进一步的技术创新，规模化的分工可以降低技术创新的平均成本，社会分工的扩大为专业化、规模化分工奠定了社会基础，因此，我们可以说这是市场经济体制的一个典型特征。

反观传统农耕文明下的自然经济，尽管在庄园内部和家庭内部也存在劳动分工，但是分工的范围十分狭小，基本不存在资本品和中间产品的分工。规模化不够导致技术创新的平均成本过高，专业化程度不够导致技术创新效率低下。不存在社会意义上的分工也导致不同效率的生产者之间不存在竞争关系，这使得技术创新的动力小。因此，传统的自然经济下技术进步的速度十分缓慢。

已经实现了工业革命的现代社会，发达的市场经济国家在传统经济领域，如农业领域已经普遍实现了机械化生产，其生产效率如实物的劳动生产率大大超过一般的发展中国家，一般的发展中国家特别是低收入水平国家在农业领域大都还停留在传统的生产方式上，其技术水平还是传统的技术水平。发达国家

的先进生产技术不能够迅速转移到发展中国家，并为发展中国家所采用，这一现象表明，传统自然经济下采用先进农业技术是存在阻力的，以提高劳动生产率为基本目标的新生产技术，在农业劳动力过剩的情况下是很难被采纳的，如果农业剩余劳动力的边际生产力为零、机会成本为零，需要花费成本的机械化技术是难以替代这些剩余劳动力的。由此可见，传统自然经济的生产方式本身对先进技术的使用可能形成障碍，更难以创造发明先进的生产技术。

2. 雇用关系相对自由的企业制度有利于揭示劳动力的机会成本，有利于技术创新资源的有效组合

西方早期资本主义的发展产生了具有真正雇用关系的企业制度，取代了传统的家庭手工业。雇用关系的产生形成了劳动力市场，使得劳动力的成本通过市场价格即工资水平表现出来。在竞争条件下的劳动力市场，劳动力的工资水平不仅仅是劳动生产率水平的一种体现，而且表明了劳动力的机会成本，这显然有利于劳动力资源的有效配置。

当企业逐步成为一个技术创新主体的时候，能够自由地去雇用有利于企业技术创新的人才，形成一个有效率的、有利于技术创新的企业组织，这是市场经济体制具有技术创新动力的基础。

在很多情况下企业之所以必须成为一个技术创新的组织，与竞争条件下企业追逐利润有密不可分的关系。在充分竞争的条件下，企业的经济利润只能够来源于技术创新和进步。因此，企业的技术创新能力成为企业持续成长和发展的必要条件。

3. 自由交换的价格机制是技术水平的评价机制，有利于促进技术创新和进步

市场竞争条件下自由交换而形成的价格充分反映了一定技术水平下的生产成本，这不仅仅会导致技术水平不同的生产者收入水平和盈利能力产生差异，而且可为技术进步提供准确的评价和指引着技术进步的方向。

从发达国家和发展中国家之间产品价格水平差距可以发现，发展中国家的很多基础产品比如粮食，其相对价格即相对其收入水平的价格比发达国家要高得多，即消耗同样数量的粮食其消费支出占其收入的比重比发达国家要高得多，这导致发展中国家的恩格尔系数大大超过发达国家水平。恩格尔系数过高既是贫困的标志，同时也反映出粮食的生产效率存在巨大差距。

自由竞争下的市场价格揭示出不同国家或者不同时代技术水平不相同时的商品相对价格，体现了技术水平的差距及其变化，这表明市场经济机制下的相对价格实际上是对技术水平的客观评价。如果我们能够充分认识到相对价格水平在发达国家和发展中国家所存在的显著差距，就可以发现发展中国家技术创新和进步的潜力之所在，可以为发展中国家的技术进步指明方向。

4. 较充分的市场竞争形成了技术创新的压力

与自然经济体制和计划经济体制不一样，市场经济体制下的企业存在较大的外部竞争压力。在充分竞争的条件下，市场经济下的企业通过技术创新和进步是产生经济利润的充分必要条件。

如果不存在技术创新和进步，所有的企业都具有相同的生产效率，那么企业生产要素所获得的收益都等同于社会机会成本，企业资本只会获得社会平均水平的利息，而不会获得超过机会成本的经济利润，因此，通过技术创新和进步获得更高的生产效率是产生经济利润的必要条件。如果企业的技术创新和进步的效率比较高，企业生产要素效率可以提高到这样的程度：生产要素的收益不仅仅超过社会平均水平的机会成本，而且在弥补了技术创新成本之后还有剩余，由此将给资本带来超额收益即经济利润，因此高效率的技术创新和进步是获得经济利润的充分条件。

优胜劣汰的市场竞争也使企业形成了技术进步的压力，因为技术创新和进步将导致技术先进的企业生产效率更高、要素收入水平更高，技术先进的企业可以不断扩展市场份额，而技术落后的企业将逐步被市场所淘汰。因此，技术创新和进步成为企业之间你死我活的竞争，这种竞争压力是企业技术创新的动力，是市场经济体制之所以能够促进技术创新和进步的一个很重要的原因。

5. 比较强势的政府为技术创新提供足够的公共资源以及促进经济发展的公共产品

早期的技术创新主要依赖于经验积累，技术创新和改进的方法主要依赖于基于经验积累的反复研究。时至今日，建立在科学研究基础上的技术创新和进步已经成为现代经济发展的主要推动力，技术创新的方法也源于科学研究方法的发展，即科学的逻辑方法和实验方法。

由于技术发展和进步越来越依赖于科学技术的发展，能够培养出高水平专业技术人员的国家才具有技术创新和进步的能力。对比发达国家和发展中国家之间的差距，我们可以发现经济差距的背后是巨大的人才差距。发达国家建立起了很好的公共教育体系，可以持续地培养出高水平的技术人才。发展中国家的公共教育体系往往比较落后，甚至国民的基础义务教育都不能够达到应有的水平。由此可见，能够提供足够技术创新公共资源的国家，才能够成为一个依靠技术创新和进步达到先进生产力水平的发达国家。由此我们也可以认识到，为什么这么多发展中国家，虽然其经济体制也是市场经济体制，但是却难以成为发达国家的根本原因。

在现代技术创新投资规模庞大、风险很高的情况下，国家对技术创新的行为进行财政资助，已经成为国家技术创新体系的重要组成部分。由此可见，国家对技术创新不仅仅要提供足够的公共资源进行支持，甚至要直接干预技术创新过程。

经济发展也需要充分供给的公共产品，例如道路、通信设施、电力设施等，这些公共产品是经济发展的必备条件，也是市场经济下企业效率达到高水平的必备条件。从技术创新角度来看，这些公共产品不仅可以降低生产的成本，而且可以降低技术创新的成本。

6. 相对完善的法律体系为市场经济的运行提供良好的秩序

技术创新形成的知识产权具有典型的准公共产品的特征，如果没有良好的知识产权的法律保护，技术创新者的经济权利不能够得到维护，技术创新行为就难以发生，至少会降低技术创新的规模。

西方市场经济发展过程中，专利法成为了促进技术创新的必要法律基础，在这个法律基础上，追逐经济目的的技术创新行为才会有利可图、才会成为社会追逐的目标。传统的自然经济没有知识产权、专利技术的概念，使得绝大部分人不会出于个人经济目的、花费较大的成本去追逐技术创新，因此，传统经济中技术创新行为很少发生。

现在市场经济体制之所以能够促进技术创新和进步，并不限于以上六个方面。例如，技术进步依赖于大规模资本投入，现在市场经济的资本市场已经发展出基于技术创新和进步的风险投资市场，这一能够大力推进技术创新和进步的风险投资市场的发展不过是近几十年的事情。这说明，市场经济体制也在不断适应于技术创新和进步的过程中得到了新的发展，市场经济体制本身也具有不断创新和进步的能力。

第二节　企业技术创新的动力、障碍和成功的决定因素

企业是以获取利润为目标、具有独立决策能力的经济组织，如果企业的技术创新能力和效率足够高，就能够获得因技术创新和进步所带来的经济利润，追逐技术创新条件下的利润是企业技术创新的动力源泉。如果技术创新的企业不能够获得因技术创新所带来的利润，将失去技术创新的能力和动力。企业的技术创新效率越高、技术创新的潜在市场需求规模越大，企业技术创新的预期利润越大，企业技术创新的研发投资规模即企业技术创新的动力就越大。

企业技术创新过程中也会遇到一些障碍，也需要满足一些条件，达到足够高的技术创新效率才能够克服这些障碍，也才能够形成有效的企业技术创新。

一、影响企业通过技术创新获取经济利润的主要因素

企业的最终目标在于获得经济利润，所谓经济利润是指扣除了要素的机会成本之后的剩余。企业获得经济利润的方式众多，但是在充分竞争条件下有效率的技术创新和进步将成为获得经济利润的必要条件。当企业追逐的目标是经济利润时，预期利润的大小、利润率的高低成为决定企业技术创新动力的重要因素。

1. 企业利润的决定因素和产生经济利润的条件

企业的利润函数一般可以表示为：$\pi = P \times Q - K \times r - L \times w$，其中 P 为产品的市场价格，Q 为生产过程投入的资本 K、劳动 L 所生产的产品数量，r 为资本的机会成本即市场利息率水平，w 为劳动的工资水平。由此可见，企业的经济利润主要取决于以下几个因素：产品的价格水平 P、产出规模 Q、资本的成本 r 和资本的投入数量 K、劳动的成本 w 和劳动投入的数量 L，其中产出规模 Q 与资本数量 K、劳动数量 L 存在着由技术水平决定的投入产出关系，即生产函数。

企业生产过程中由技术水平决定的平均成本 $c = (K \times r + L \times w)/Q$、平均成本与价格水平之间的关系决定了企业是否能够获得经济利润。如果产品的市场价格 P 大于产品的平均生产成本 c，则企业可以获得经济利润，否则企业的经济利润为零甚至亏损。

那么什么条件下企业可以获得经济利润？在既定的技术水平保持不变情况下，企业能否获得经济利润？经典经济学认为，在技术水平保持不变的完全竞争条件下，厂商之间技术水平是相同的、要素收入水平是相同的，因此资本只能够获得社会平均利润，而资本市场利息率恰好反映资本的机会成本，因此在完全竞争的条件下，企业产品的生产成本将等于市场价格，从而导致资本不可能产生经济利润。也就是说在技术水平保持不变的完全竞争条件下，企业不存在经济利润。

既然完全竞争不可能产生经济利润，那么可能产生经济利润的只能是垄断或者不完全竞争。垄断可以区分为市场垄断和技术垄断。如果一个市场只有一个企业或者少数几个企业来生产某种产品，企业或企业之间可以通过控制所生产商品的数量间接影响价格，或者直接控制价格，使市场价格达到平均成本之上。在这种情况下，垄断市场格局下的厂商可以获得经济利润。

技术垄断则不一定依赖于市场垄断条件，如果个别企业其生产技术水平较高，在产品价格水平相同的情况下，其生产成本低于其他厂商的平均生产成本，技术垄断的企业也可以凭借技术优势所带来的成本优势获得经济利润。或

者技术先进企业在同样生产成本下可以生产出产品质量更高的产品，使得其价格水平高于社会平均生产成本，这一垄断先进生产技术的企业，也可以获得经济利润。

通常情况下，拥有技术垄断优势的企业也可以凭借自己的成本竞争能力，最终打败竞争对手形成垄断的市场格局。这种通过技术垄断优势形成的垄断市场，不同于通过行政干预或者法律准入约束所形成的垄断市场。技术垄断所形成的垄断竞争市场，不能够排斥其他的企业通过技术创新和进步来进入这个市场竞争。因此，技术垄断所形成的市场垄断只是暂时的，将因技术创新和进步的状况而改变。

经过以上讨论，我们可以得出这样的判断：在市场垄断条件下，如果企业的平均生产成本小于市场垄断价格，企业可以获得经济利润；在竞争条件下，技术先进的企业可以凭借自己的成本优势或者产品质量导致的价格优势，即凭借先进技术上的垄断来获得经济利润。

2. 技术创新与进步条件下经济利润的决定因素

技术保持不变的静态条件下，我们要求垄断或不完全竞争的市场格局或者存在技术垄断才会导致经济利润的产生。在存在技术创新和进步的动态条件下，经济利润的产生并不一定依赖于不完全竞争或者技术垄断。

技术进步是指生产过程的投入产出关系发生变化，技术进步表现为投入规模不变时其产出数量规模增大，或虽然产出数量保持不变但是产品的质量水平得到提高。如果某个厂商有技术创新和进步，只要其技术进步的速度高于全社会劳动生产率提高的速度或快于包含技术创新成本的完全成本提高的速度，则同样可以获得经济利润。对此我们可以通过以下数学方法加以论证：

设一厂商的利润函数为 $\pi = P \times Q - K \times r - L \times w$，在完全竞争条件下，$\pi = 0$。

如果有技术创新与进步，则生产函数随着时间发生变化，即有 $d(PQ)/dt > 0$。

当 $d(PQ)/dt > d(K \times r)/dt + d(L \times w)/dt$ 时，则有 $d\pi/dt > 0$，进而使得 $\pi > 0$。

由此可得出一般结论：当技术进步所带来的收入增长速度超过因技术进步带来的成本增长速度时，一定可以使技术进步的厂商获得经济利润。

这一产生经济利润的条件并不依赖于是否存在垄断，但是技术创新和进步可能导致技术先进的企业产生技术垄断，甚至进一步产生市场垄断。在这种情况下，企业的经济利润水平将进一步提高。

3. 技术创新对经济利润变化的影响

我们可以将技术创新条件下的企业利润函数写成如下形式：

$$\pi = (P-c) \times Q - Crd$$

其中 c 是由其技术水平决定的平均生产成本，Crd 是企业技术创新投入的研发成本。这个企业利润函数是综合考虑了企业平均生产成本和企业研发成本之后的经济利润函数。

在技术创新时，企业经济利润的变化可以通过研发投入成本求导的方式发现技术创新对经济利润大小的影响：

$$d\pi/dCrd = d((P-c) \times Q)/dCrd - 1$$
$$= Q \times d(P-c)/dCrd + (P-c) \times dQ/dCrd - 1$$

由此可见，技术创新所带来的经济利润变化与技术创新所带来的单位产品的利润变化以及技术创新对市场销售规模变化有正相关的关系。

$d(P-c)/dCrd$ 是技术创新所带来的单位产品利润水平的变化，这一指标体现的是企业技术创新的效率。

$dQ/dCrd$ 是技术创新所带来的市场销售规模的变化，这一指标体现的是创新对销售规模的影响。而在技术创新条件下市场销售规模的变化主要取决于技术创新所带来的产品质量的改进或者生产成本降低的情况下产品销售价格的降低。在技术创新条件下，市场销售规模的变化不仅取决于企业技术创新的效率，而且取决于市场对产品质量变化、销售价格变化的敏感程度，即取决于需求弹性。

如果一种技术创新和进步不仅能够提高单位产品的利润水平，而且能够扩大市场销售的规模，那么这种技术创新更能够有效地提高企业的经济利润水平。

二、企业技术创新过程的阈值障碍与风险障碍

企业在技术创新过程中最为明显的两大障碍是阈值障碍与风险障碍，这是企业技术创新过程中需要依靠动力机制加以克服的障碍。

1. 企业技术创新过程中阈值障碍

所谓阈值是指发生变化的最小值。企业的技术进步过程并不是连续变化的过程，即技术水平并不是随着研发投入规模的增长而连续增长的。首先，企业技术创新的研发投入需要达到一定规模才能够启动；其次，虽然技术创新提升技术水平的程度与研发投资规模是正相关的，但它们之间的关系并不是连续变化的过程，即有效率的研发投资可能会导致技术水平的快速增长，而无效的投资并不会导致技术水平提高；最后，一次成功的研发投资，一般会导致技术水

平达到一个新的高度，其变化是不连续的，即技术进步本身是跳跃式的。我们可以看到一个简单的事实就是，因技术创新成功，新的技术所形成的产品型号本身标志着产品性能的不连续变化。当技术创新投入产出过程是不连续变化的时候，我们会发现其在技术创新过程中存在技术创新的阈值障碍，即存在导致成功的技术创新和进步的所需要满足的最小值条件。

经济活动中的研发投资主要达到两个目的：降低生产成本或者提高产品质量。降低生产成本的投资可以使企业获得成本优势进而提高企业产品的盈利能力，我们可以以单位产品盈利能力的提高量 Δp 来反映企业单位产品盈利能力的提高。研发投资所带来的产品质量的提高也可以以单位产品盈利能力的提高量 Δp 来反映。

如果一企业有一次性研发投入 Crd，则单位商品盈利能力的提高量 Δp 是 Crd 的函数：$\Delta p = f(Crd)$。以下称 Δp 为技术进步的单位产品收益，$f(Crd)$ 为技术进步函数。

显然，技术进步函数具有以下特性：当 $Crd = 0$ 时，$\Delta p = 0$；且 $f' > 0$ 即是 RD 的单调递增函数。

一个生产者研发投资所带来的总收益取决于技术进步之后销售量与单位收益的乘积，而技术进步之后销售量又取决于技术进步之前的销售量 Q 和因技术的变化所带来的销售变化量 ΔQ，因此，总收益应该为 $\Delta p \times Q + \Delta p \times \Delta Q$，研发投资形成的技术进步所带来的经济利润有：

$$\Pi = \Delta p \times Q + \Delta p \times \Delta Q - Crd$$
$$= \Delta p \times (Q + \Delta Q) - Crd$$

令 $\Delta p / Crd$ 为研发效率，研发效率即为技术创新带来的单位产品收益与总研发成本之比。

显然，研发效率的阈值是技术进步所带来的纯收益为 0 时的研发效率。令 $\Pi = 0$，有 $\Delta p / Crd = 1/(Q + \Delta Q)$，这是研发效率的阈值。

显然，当 $(Q + \Delta Q)$ 足够大时，即便研发效率很低，也存在某一销售量 $(Q + \Delta Q)$ 使得 $\Delta p / Crd > 1/(Q + \Delta Q)$，即只要市场规模足够大，在理论上企业技术创新都可以克服研发效率的阈值障碍。

但是，如果 $(Q + \Delta Q)$ 不是足够大，则 $\Delta p = f(RD)$ 可能无法满足 $\Delta p / Crd = 1/(Q + \Delta Q)$ 条件，即任一规模的研发投入均无法达到研发效率的阈值，在这种情况下技术进步的研发无法产生。因此，存在一个导致技术进步产生的最小销售规模，这是需求规模阈值。

依据 $\Delta p = f(Crd)$ 和 $\Delta p / Crd = 1/(Q + \Delta Q)$ 条件，我们可以确定使得研发效率达到阈值的研发投资规模 Crd 的最小值，即需求规模既定且大于需求规模阈值情况下，存在一个研发投资规模 Crd 的阈值。只有当研发投资规模不小于这一阈值时，其研发效率才能够不少于研发效率的阈值。

根据以上研究，我们可以得出这样的结论：

第一，企业的技术进步存在由其需求规模所决定的研发效率的阈值，研发效率阈值与需求规模成反比。

第二，研发效率既定的情况下，存在一个需求规模阈值。需求规模阈值是导致研发效率能够达到研发效率的阈值所需要的最小需求规模。

第三，当研发效率既定、需求规模不小于阈值的情况下，存在一个研发投入规模的阈值，这一阈值是使研发效率等于研发效率阈值所需求的最小研发投入规模。

由此可见，企业进行充分的技术创新来获得经济利润时，必须克服研发效率的阈值障碍、与研发效率相关的市场需求规模阈值障碍和研发投资规模阈值障碍。

2. 技术创新风险障碍的两个方面

以获得经济利润为目的的技术创新有技术风险和经济风险两个方面的障碍。

第一，技术创新过程本身存在的技术风险障碍，即技术创新并不一定能够达到预期的技术目的，表明技术创新本身存在不确定性的风险障碍。技术创新的风险障碍既可能发生在创立新产品的产品创新过程中，也可能发生在改进已有产品质量的生产技术、改进生产工艺流程、降低生产过程物耗成本的过程创新中。

技术创新的技术风险障碍大小首先取决于技术创新所要达到的目标高低和采用技术手段的水平高低。一般来说，创新程度较高时其达到目的的风险障碍比较大。具有较高程度风险的技术创新涉及基础研究与基础技术性的发明与创新、基于新原理新技术所导致的重大产品创新、具有开创性新的生产工艺的创新。具有中等程度风险的技术创新有：使用既有技术的产品创新、对现有生产工艺进行重大改进、基于已有产品开创新的产品。风险程度相对较小的技术创新有：仿制已有的产品、对已有产品和工艺进行改进、初次采用已有成熟的生产工艺等。其次，技术风险的大小也取决于技术目标的高低与技术创新者既有的技术条件（即与技术目标相关的科学知识水平、生产工艺水平）的比较。如果技术创新的技术目标比较低而技术创新者相关的科学知识水平和生产工艺水平又比较高，则技术风险比较小。反之，如果技术目标大大超过了技术创新者既有的科学知识水平和生产工艺水平，技术风险则比较大。

第二，技术创新存在经济上能否成功的风险障碍。当技术创新本身能够达到预期的技术目的时，也还需要对技术创新做出经济上的检验，只有当达到预定技术目的技术创新能够实现其经济目的：获得利润或者能够增进社会财富或福利时，技术创新才能是成功的。由此可见技术创新行为存在经济上能否成功的风险障碍。

从经济角度来看，生产者的技术水平决定了生产过程所投入的生产要素数量与产出的产品数量、质量之间的关系，技术创新在经济上是否成功关键取决于由技术创新后投入产出背后是否能够获得利润或者消费者剩余，即经济上成功所必备的条件是产出数量与质量决定的收益应该大于技术水平决定的成本。由此来看，技术创新的经济风险既有生产要素价格风险及其生产成本风险，也有价格水平和市场需求规模所决定的收益风险。值得注意的是，技术创新产品能够达到赢利状态过程要求技术创新者有足够的财力来支撑，说明技术创新者还面临着投资规模的风险。因此，技术创新的经济风险应当包括成本风险、收益风险、管理与营销风险、投资规模风险等诸多方面。

三、作为技术创新主体的企业组织和企业技术创新成功的条件

第一次工业革命导致现代意义上企业的产生，即企业作为生产者其目标是追求利润最大化，这不同于工业革命之前的生产单位——家庭手工业，家庭手工业目标是追求收入的最大化。它们之间的区别在于经济利润是排出了所有生产要素的机会成本之后的剩余，特别是劳动的机会成本之后的剩余，因此，在竞争条件下，能够获得经济利润的企业一定是技术水平较高、更具有竞争力的企业。不能够支付要素的机会成本并获得经济利润的企业或生产者，将在竞争的过程中被淘汰。因此可以说，企业是一个有高效率的、能够产生经济利润的生产性的组织。

具有高效率能够产生经济利润的企业一定是一个技术比较先进的企业，那么企业的技术取决于什么因素？来源于何方？早期的企业在创立之初就是因为某些劳动者拥有自己创立的某项技术，或者资本拥有者通过购买他人的先进技术来创立企业，直到现在某些企业的产生也走这样的路径。但技术本身是怎么产生的？早期的新技术可能来源于一些个体发明者或者发明者的合作，他们创新技术之后，或者将新的技术作为产品进行出售或者自己创立企业，独立发明人或合作机构是早期新技术的主要来源。随着工业革命的深入发展，技术的复杂程度越来越高，发明新技术的成本越来越高，作为个人的独立发明者越来越少。

20 世纪以来，新兴技术主要产生于具有创新能力的企业或者是国家资助的专业研究机构。国家资助的大学不仅从事科学研究，也从事基础技术的研

究。某些基础技术可以转变为应用技术，这成为了企业新技术创新的一个重要来源。一般国家资助的技术研究转变为商业应用时会组成新的企业或者转让给其他企业，并且进一步的研究一般都在企业中进行。因此我们可以认为，企业不仅是一个有效率的生产性组织，而且应该是一个可以进行持续技术创新的组织。

企业必须成为一个具有持续技术创新的组织，其中一个很重要的原因在于市场竞争导致的淘汰机制。如果某一个企业曾经拥有某项新的技术能够组织起有效率的生产并获得利润，但是如果这个企业的技术不能够进步，其他企业会通过技术的改进使这个企业失去竞争力，因此，从长期动态的角度来看，有效率的生产性企业，一定是能够通过技术创新和进步不断提高技术水平的企业。

那么，作为技术创新组织的企业，怎样才能够具有技术创新的能力和动力？通过对发达国家企业制度和技术创新进步的状况的归纳，我们可以发现有利于技术创新的企业，应该尽可能满足以下条件：

1. 自由企业制度有利于使企业形成进行技术创新的资源条件

市场经济体制是以自由企业制度为基础的。所谓自由企业制度是指在不违反法律的情况下，企业能够自由地集聚生产要素和配置资源、选择企业的专业化方向即生产什么、独立对技术创新或技术进步做决策。为了技术创新和进步，企业必须拥有进行技术创新研发的资源条件，包括资金、技术、人才、市场信息等方面的条件。每一个具体的企业，对其所生产产品的市场信息和技术信息有更充分的了解，因此，需要赋予企业在技术创新方面独立自主的决策权。

从发达国家工业革命以来的技术创新过程来看，拥有创新能力的自主企业已经成为经济发展过程中技术创新的主力军，这一事实表明自由企业制度更有利于企业的技术创新。

不同国别的企业制度也存在差异，特别是用工制度的差异，这也会对技术创新和进步产生影响。

美国企业制度是典型的自由雇用制度，在法律约束下，企业可以相对自由地雇用或者解雇员工。但是日本企业制度已经形成了习惯法：即终身雇用制和年功序列制，这使得企业不能够或者很难解雇已有的老员工。

在自由雇用制度下，企业技术创新和进步根本不受制于是否裁员的限制，技术进步的方向选择也不完全受制于员工的人力资本状况。因此，美国经济在技术创新方面呈现出更多的新产品创新，因为创立新企业、老企业创立新产品都需要具有更大的自由度。

由于受终身雇用制度的影响，日本企业的新产品创新相对较少，更多地表现为提高劳动生产率和产品质量的过程创新。虽然日本企业在战后的经济发展过程中曾经在一些新的产品领域取得竞争优势，但 20 世纪 80 年代以来，日本经济在新技术革命的浪潮中、新技术产品的竞争过程中处于相对弱势地位，应该与日本企业的雇用制度有密切的关系。

2. 形成有利于提升技术创新效率的组织架构、激励机制，克服技术创新的效率阈值障碍

企业技术创新过程不同于生产过程，一般的生产过程是可重复、可以进行有效监督的，但技术创新的研发过程是不可重复的，也很难进行直接的定量监督。如何提高技术创新过程研发效率，使企业能够克服研发的效率障碍，是每一个有创新能力的企业需要解决的问题。

一些成功企业通过对技术创新过程进行有效管理，形成了一些有效的方式或者手段。例如实行事业部制以加强技术创新项目人员的责任心，对成功的技术创新进行奖励，包括奖金或股权激励等。

由于技术创新过程的管理往往与技术创新本身所具有的特点以及技术本身的特点存在密切的关系，成功的企业家和技术创新的组织管理者会形成自己的管理风格或方式，并不一定有一个统一的模式或标准。但是，成功的技术创新企业一定能够通过有效的管理，提升技术创新的效率并克服技术创新的效率阈值障碍。

3. 形成有利于克服企业技术创新风险的资本结构，能够充分利用社会资源获得足够的技术创新资本

企业技术创新需要大规模的资本投入，一些具有持续创新能力的企业其技术创新的研发投入规模可以达到销售收入的 5% 以上，对于已经通过技术创新取得成功的优秀企业来说，持续的技术创新投资规模可以通过既有的盈利能力来保证。

需要解决大规模技术创新投资来源的新创企业可能面临比较大的障碍。一些新创企业可能因某项技术开发而产生，除需要对有风险的、不确定的技术创新领域进行大量研发投入之外，还需要形成规模化的生产性资本投入，怎样解决新创企业的研发投资和生产性投资资金的来源？这是有效市场体制需要解决的问题。从发达国家的实践来看，社会融资体系可以有效解决研发投资和生产性规模投资的资金来源问题。例如风投机制可以为技术创新企业提供研发投资、通过证券市场公开募集资金可以解决生产性投资资金问题。

4. 形成专业化分工最大限度提高技术创新的经济效率，克服技术创新的规模阈值障碍，并充分利用规模化的市场需求来扩大技术创新获取利润的能力

具有自主独立决策能力的企业，首先需要对专业化生产的分工做出决策。

企业因其资源条件不同，特别是技术条件不同，只会选择一种或者少数几种产品进行研发和生产，企业的这种自组织行为会形成社会化分工程度很高的、有利于企业自主创新的市场经济格局。这一社会分工的市场格局不仅仅使得企业自身技术创新能力和效率能够尽可能达到最大化，即集中研究尽可能少的技术可以使其研发投资的能力得到更有效的利用，而且使得市场的需求规模达到最大化。这可以降低技术创新的效率阈值和研发投资的规模阈值，可以使得既有的技术创新和进步所能够生产出来的新产品因市场规模达到最大化而达到盈利能力的最大化。

在经济上长期能够取得成功的企业一般都具有持续创新能力，有较高技术创新效率。由于产品特性不同、产品的技术特性不同、生产的组织方式不同，不同的技术创新企业可以形成自己的管理方式，并不一定有一个统一的管理模式，因此，可以认为上述条件只是技术创新成功的企业需要满足的一些基本的条件。一些著名技术创新成功的企业，可能会形成自己独有的企业文化和风格。

四、影响技术创新效率的因素与企业技术创新方向的选择

通过对企业利润函数的分析，我们可以得到，技术创新条件下企业利润的变化取决于下面的方程：

$$d\pi/d\,Crd = d\,((P-c) \times Q)\,/dCrd - 1$$
$$= Q \times d\,(P-c)\,/dCrd + (P-c) \times d\,Q/dCrd - 1$$

在技术创新条件下，技术创新的研发首先改变的是技术水平，然后通过技术水平的改变去改变产品的价格、生产成本和市场需求的数量，因此，企业的利润函数在技术进步的条件下可以表示为：

$$d\pi/d\,Crd = d\,((P-c) \times Q)\,/dA \times dA/dCrd - 1$$

其中 A 表示技术水平，$dA/dCrd$ 为研发投入所带来的技术进步程度，这一指标体现的是研发效率。

由此可见，技术创新所带来的经济利润规模变化取决于以下因素：$d(P-c)/dA$、dQ/dA、$dA/dCrd$。第一个指标是技术创新和进步所带来的单位产品利润，第二个指标是技术创新所带来的市场销售规模变化，第三个指标表示技术创新和进步的研发效率。而企业经济利润的绝对规模大小就取决于技术进步之后的 $(P-c) \times Q$ 所能够达到的规模。

为了提高技术创新效率以获得更多的经济利润，我们可以依据技术进步条件下的利润函数、技术创新和进步决定利润变化的因素来讨论技术创新和进步的方向：

1. 在研发效率、市场需求规模、产品的平均价格既定的情况下，dP/dA 越大，技术创新和进步所带来的利润增长速度越大

技术创新和进步决定的产品性能和质量等物理指标，决定了消费者的需求强度，决定了消费者的支付意愿和市场价格；如果技术进步能够更有效地提高消费者的支付意愿和市场价格，技术创新和进步获得的利润就越大，技术创新和进步的整体经济效率就越高。

技术产品满足消费者需要的程度取决于产品本身的性能和质量，不同种类的产品因其性能质量能够满足消费者的需求强度有很大的差别，其价格水平也有很大的差别。例如一些需求刚性的产品，消费者具有很高的支付意愿，可以形成相对较高的价格水平；某些产品具有炫耀品的特征，消费者也会因此具有很高的支付意愿。可以简单归纳认为：技术创新所决定的产品性能和质量决定了消费者的需求强度，进而对商品的价格水平有极大的影响。

性能和质量越高的产品，消费者的支付意愿越高，但性能与质量水平的提高与消费者支付意愿的变化并不是简单的正比例关系。当消费者对产品的性能和质量比较敏感的时候，产品的性能和质量水平提高一点点，消费者就可能愿意支付更高的价格。但消费者对产品的质量和性能不敏感的时候，消费者愿意支付更高价格的意愿较弱。使用经济学术语描述这种现象就是存在产品性能和质量的价格弹性，当产品性能和质量的价格弹性较高的时候，技术创新和进步所带来的产品性能和质量的一点点改进，就会赢得消费者支付更高的价格水平；反之，如果市场消费者对产品和质量性能的改进所愿意支付的价格弹性较小时，产品性能和质量的改进所能够提高产品的价格幅度相对较小。因此，通过技术创新和进步来改进产品的性能和质量时，特别是创新产品的时候，对消费者的支付意愿和偏好进行充分的研究，选择更符合消费者需要的技术进步方向，能够提高技术创新获得经济利润的能力和效率。

2. 技术创新和进步所导致的产品单位生产成本变化对单位产品利润有决定性的影响

技术创新和进步在改变产品的性能和质量的同时，也在改变产品的单位生产成本，要通过技术创新和进步提高单位产品的利润水平，必须在提高产品性能质量和价格水平的同时，做到产品的单位生产成本相对下降，即 $d(P-c)/dA$ 应该大于 0。也就是说单位产品生产成本的增长速度必须小于价格水平提高的速度，或者产品价格水平下降时单位产品成本下降速度要快于价格水平的下降速度。

如果不考虑价格水平的变化，即技术创新和进步单纯改变的是产品成本而不是产品的性能和质量，在这种条件下，如果技术进步能够导致单位产品的平

均成本 c 的更快下降，那么技术进步所推动的利润增长速度就越快。因此，通过技术进步降低成本潜力大的产品，技术进步获得利润的能力就会越高、技术进步的效率就会越高。从降低成本的角度来看，技术进步的方向应该选择能够更有效地降低成本的方向。

3. 通过技术创新形成产品的差异性和垄断性，以获取更高的市场价格和利润水平

技术创新和进步导致的单位产品利润水平 $P-c$ 及其变化 $d(P-c)/dA$ 不仅取决于消费者支付意愿所决定的价格、技术水平所决定的生产成本 c，而且还与市场竞争状况有直接的关系。因为在技术水平不存在差异、不存在进入障碍时，即在充分竞争的条件下、供求均衡的时候，市场价格是趋向于等于生产成本的。如果因为技术创新和进步形成产品差异导致的价格差异，以及技术水平不同导致的成本差异，则使得技术先进的企业能获得经济利润。

在技术创新所形成的产品差异化竞争条件下，产品差异化程度越高，技术垄断的程度越高，所形成的垄断利润水平就越高。因此，技术进步和创新的方向应该以提升产品的差异化程度、提高技术垄断的程度为目标，这应该成为企业技术创新和进步的方向。

4. 技术创新和进步所形成的市场需求规模及其变化对企业的利润规模及其变化有决定性的影响

创新和进步不仅改变了价格水平和生产成本，也改变着市场的需求量。无论是新的产品创新还是对旧的产品进行性能和质量的改进，或者是单纯的生产工艺的改进以降低生产成本，都会因为技术进步改变市场的需求数量，进而影响着技术创新的盈利能力和规模。

新的产品创新标志着新产品市场的建立，只要新的产品能够达到足够市场规模并且产品市场价格高于其平均成本，新的产品创新就可以在经济上取得成功。产品创新所建立的产品市场越大，技术创新成功的概率就越高，技术创新获得盈利的规模和能力就越大。因此，产品创新方向应该尽可能选择市场需求规模大的产品进行创新。

如果技术创新和进步是对老产品质量和性能的改进，这种改进也会因消费者的偏好不同，改变的销售规模有所不同。很显然，如果市场对产品质量和性能的改进比较敏感，同样幅度的产品质量和性能改进，可以导致市场需求规模大幅度地上升，则改进型技术创新在经济上取得成功的概率要高得多。因此改进型的技术创新的选择应该选择对产品质量和性能有比较敏感的产品作为改进型技术创新的方向选择。

单纯的生产工艺创新和改进可以通过降低产品的生产成本，进而通过市场价格的降低来赢得更大市场规模，以求得更大利润。很显然，产品的市场需求价格弹性越大，在技术创新效率既定的情况下，降低成本的工艺创新比较容易取得经济上的成功。因此，工艺创新或者过程创新应该以市场需求价格弹性较大的产品作为技术创新方向。

5. 技术创新的效率对企业通过技术进步获得利润能力有决定性的作用

如果新产品或者产品改进型技术创新的效率较高，同样的研发投入规模可以导致产品的质量和性能得到较大幅度的提高，而产品的价格水平取决于产品的质量和性能，因此，在消费者的对产品性能和质量的需求状况既定的情况下，创新效率较高时技术创新提高单位产品利润的水平也较高。由此，可以判断出技术创新提高产品性能和质量的效率决定了企业技术创新和进步获得利润的能力。

通过技术创新和进步来改进工艺降低成本时，研发投资的效率也有决定性的作用。这时候研发投资相当于一个固定成本，通过这一个固定成本的投入来降低生产过程中的生产成本，当研发投资的固定成本既定时，降低成本的技术创新能否获得盈利完全取决于降低生产成本的程度与市场需求规模的大小。只有当研发效率达到足够高的程度时，降低成本的技术创新才可能取得成功。当然，市场需求规模的扩大可以降低对降低成本的技术创新效率的要求。

从历史经验和影响决策的基础性条件来看，正确地选择技术进步的方向、提高技术创新效率的因素应该包括以下几个方面：

（1）科学研究及其应用的水平。现代制造技术的发展基本上建立在科学研究的基础上，自然科学提供了关于物与物之间关系的基本原理，技术只不过是基于科学基本原理的应用以达到人类目的的手段。技术本身必须遵从科学原理，技术的科学基础可以发现技术的自然极限、指导技术改进的努力方向等。技术背后的科学原理及其科学的研究方法可以大大地提高技术创新的效率。例如，作为动力装置的内燃机其内在的热力学原理约束了内燃机的最高效率，使人们认识到内燃机改进的极限以及改进的途径。

（2）充分有效地利用既有的技术经验积累，以提高技术创新的效率。相当多的技术进步源于技术积累和不断改进，技术本身存在某些需要言传身授的技术奥秘，并不能够上升到科学理论的程度，甚至不能够用文字完整地把它描述出来。因此，在继承既有的技术后进行创新，有利于提高技术创新的效率。例如相当多的企业会建立起尽可能详细的技术档案，强调老技术人员对新技术人员的言传身教，这些传统本身反映了相当多的技术进步源于技术经验的积累。

（3）既然技术进步的效率特别是经济效率取决于对市场的判断，那么能够对市场进行有效的研究、进行精确的预判，是决定技术创新成功的非常重要的因素。这依赖于对市场需求状况的深入研究。

传统的经济学对消费市场的分析侧重于既有的老产品，考虑的主要是价格和数量之间的关系。技术创新不仅改变了市场价格和生产成本，更重要的是改变了产品的质量和性能，甚至创新一种全新的产品。能够准确地判断产品质量和性能的改变对市场价格和市场需求量的影响，是改进型技术创新进步需要做的工作。挖掘出潜在的市场、设计出全新的产品，这种产品创新能否成功完全依赖于对潜在市场的判断能力。

当年苹果电脑创造发明，引领了一种新产品时代——微型电脑的产生和发展，极大地改变了此后人类的技术和经济状况。苹果智能手机的出现虽然只是一种升级换代的产品，但也极大地扩大了市场的需求规模、促进了技术进步和经济发展。在这些新产品的技术进步和发展过程中，企业家的才能特别是对新技术如何应用到新的产品中及其对市场需求判断起到了关键作用。

（4）提高技术创新效率关键在于对技术创新的有效管理。

成功的技术创新是众多因素共同作用的结果，从产品的设计、工艺的确定、生产的组织、原材料的采购、产品的宣传和市场营销等，每一个环节都具有效率才能够保证技术创新达到既定目的。即便是狭义的技术改进和创新，也依赖于有效的组织和管理，因为技术创新过程是众多至少多个研发人员共同创造的结果，新技术的有效运用依赖于生产过程的有效管理。将众多的因素和人员有效地组织起来，达成技术创新的目标，这一过程是一个需要较高管理水平的过程。纵观这么多有效创新的企业，它们成功进行技术创新的背后都有一个有效管理的团队和核心领导人。

五、形成有利于提升企业技术创新动力的社会环境和条件

企业的技术创新往往表现为地域化的特征，即一些国家或地区的企业表现出有更高的技术创新动力、效率和经济方面的成就，这表明成功的企业技术创新依赖于社会环境条件。通过对具有较强技术创新能力的国家和地区进行归纳总结，我们可以发现，提升企业的技术创新能力和动力的社会环境和条件至少包括以下几个方面：

（1）有较高素质的人力资源及较高的科学技术研究水平。技术创新是通过人对技术的研究才能够获得的，拥有较高素质的人力资源以及较高的科学研究水平，是技术创新成功的基础。

技术创新成功企业较多的聚集区，例如美国的硅谷，主要依托了美国著名大学，一些著名大学不仅为技术创新培养的人才，而且有技术创新成果的学者可以直接将其转化为应用成果。

　　一个地区技术创新能力的高低并不完全依赖于本地区是否具有著名的大学或研究机构，如果能够吸引其他地方的、有技术创新能力的人才来本地创业，也可以提高本地区的技术创新能力，例如中国的深圳。不论技术创新的人才是否来源于本地的大学，技术创新本身依赖于具有技术创新能力的、具有较高的科学研究水平的人才，这是确定无疑的。因此，对企业来说，创新人才的可获得性以及研发能力的高低，是企业技术创新成功的基础。

　　（2）形成有效保护知识产权的市场竞争环境。技术创新所形成的知识产权具有准公共产品的属性，如果知识产权不能够得到有效的保护，将极大地抑制技术创新的投资。给予新创造的技术以专利权形成适度的垄断有益于提升技术创新企业的收益率，是鼓励创新的必要举措，这依赖于强有力的政府和法治环境，以及形成有利于技术创新的市场竞争环境。

　　（3）在技术创新方面有所作为的政府可以提升技术创新的动力。无论是技术创新资源的形成，还是技术创新本身的科技投入，都有赖于强有力的政府借助于财政手段来激励技术创新。技术创新的产权保护体系和市场竞争环境也有赖于强有力的政府来提供这些公共服务。因此，在技术创新方面需要有一个强有力的政府。为此政府应当承担多方面的责任，例如承担提高全社会教育水平的责任，为科学研究提供充分的经费，建立起有效的市场法律环境体系，等等。这是一个国家所必备的国家技术创新体系的重要组成部分。

第三节　研发效率与风险约束下企业产品创新的最优决策

　　企业产品创新是企业创造新产品、开辟新市场或改进产品性能，进一步满足市场需求的创新行为。产品创新是企业技术创新的重要组成部分，也是企业获得利润的重要手段。我们可以利用经济学方法构建企业技术创新理论模型，对企业产品创新过程所具有的特点和内在机理进行研究，分析企业技术创新获取经济利润的决定性因素，发现这些因素之间的内在联系，提出企业产品技术创新决策的准则。

一、研究状况和企业产品创新决策的特点

　　以资源有效配置为核心问题的厂商理论对企业在既定技术水平下资源的有效配置行为：生产什么、生产多少、如何生产的问题进行了系统研究，发现了实现利润最大化所需要满足的资源配置条件。以交易费用学说为基础的企业理论对企业为什么产生、企业组织的特征、企业的规模及其边界问题进行了系统的研究，解释了企业作为一个经济组织所具有的特征和存在的缘由。以上这两

个方面的研究没有涉及企业产品创新问题。

1. 研究状况

Ben-Zion 和 Fixler（1981）研究产品创新与市场结构的关系发现：企业是否进行产品创新需要考虑产品的市场需求、创新成本以及其他企业的创新行为这三个方面的因素。他们把创新产品与原产品的关系区分为替代性的和互补性的，同时把创新者分为产业内企业和产业外企业，进而认为两种类型的创新者都更倾向于互补品的创新。

Damanpour（1991）认为产品创新会受到个人、组织和环境等不同因素的影响，其中环境因素是最重要的创新决定因素，环境因素主要包括企业层面和市场竞争两方面。Balachandra 和 Friar（1997）则将影响企业产品创新的诸多因素归纳为市场、技术、环境和组织四大类。

张昕和王学军（2008）认为技术创新产品的市场相对容量、创新成本、企业的规模以及拥有的创新资源和创新能力都会影响到企业技术创新决策。他们发现，企业采用技术创新的收益期望与技术创新产品的市场容量期望成正相关关系，即创新产品市场容量越大，企业进行创新的倾向越强。

Hausman 等（1984）对企业 R&D 投入与技术进步绩效进行实证研究，结果发现 R&D 投入与技术创新绩效存在很强的相关性。Stokey（1995）更进一步发现 R&D 投入与技术创新存在正相关关系。Crepon 等（1998）研究法国制造企业 R&D 投入对技术创新和生产率增长的影响，结果表明 R&D 投入与作为创新产出指标的专利数具有正相关关系。张世贤（2005）认为技术创新投入存在阈值效应，只有当企业 R&D 投入达到一定强度，企业达到一定的规模，才能使得 R&D 成果实现预期的市场化和产业化。

Barker 和 Mueller（2002）从企业管理层角度研究企业技术创新问题，研究发现在其他投入要素固定情况下，CEO 越年轻、持股越多且拥有营销或研发工作经历，公司会越倾向投入更多的 R&D 资源进行技术创新。Wiseman 和 Gomez-Mejia（1998）基于前景理论发现，管理层对公司业绩的预测与技术创新的倾向呈负相关关系。Sitkin 等（1995）在前景理论的基础上结合代理理论，提出了管理层风险行为的决策模型，从风险偏好的角度研究了管理层对 R&D 的投资决策差异。

还有学者从市场竞争角度研究企业的产品创新问题。如 Chen 和 Schwartz（2010）研究认为垄断厂商从产品创新中获得的收益要大于竞争性厂商生产原先产品的收益。他们运用 Hotelling 模型，基于产品创新的收益，发现垄断结构下产品创新投资激励比竞争结构下要更大。严海宁和朱劲松（2008）实证研究结果表明垄断最不利于企业的产品创新，适度的市场竞争才能有效促进企业产品创新。

2. 研究状况总结和产品创新决策的特点

上述涉及企业产品创新问题的研究可将影响产品创新因素区分为内在因素和外在因素两部分，内在因素主要包括企业 R&D 投入、企业的规模以及企业拥有的技术创新能力等，市场结构、竞争程度和市场的不确定性则构成了外在因素。上述关于这些影响因素的研究有的是描述性研究，有的建立了基本的逻辑关系，有的做了适当的实证研究。这些理论虽从某一方面如 R&D 投入、企业管理层、市场竞争程度分析了企业产品创新与这些因素的联系，但对于创新产品的市场不确定性和风险、技术创新的研发效率等内在因素之间的联系缺乏具有概括性的理论研究，即缺乏一个能比较全面反映企业产品创新特点和内在决定因素的经济逻辑。这一理论逻辑应该充分体现出企业产品创新的两个显著特点，一是产品创新的市场需求具有不确定性的风险，二是技术创新的投入存在规模阈值和效率阈值。我们在以下的研究中将会综合考虑研发投入规模、市场不确定性风险、研发效率等因素，期望能够建立起具有内在联系的、普适性和概括性的企业产品创新的理论逻辑。

二、企业产品创新的两种类型与市场风险评估

产品创新可区别为新产品创新和产品改进型创新两种类型，可以发现影响两种类型的产品创新中的经济因素基本一致，但风险程度有明显差别。

1. 影响企业产品创新的经济因素及其相互关系

无论是新产品创新，还是产品改进型创新，企业进行产品创新一般会预设一个目标市场，我们可以用目标市场的产品价格 P、单位制造成本 c、预计最大销售规模 Q 和风险程度 e 来描述目标市场。企业的产品创新就是通过控制研发投资规模 Crd 来影响 P、c、Q 的大小，进而获得利润。我们很容易得到产品创新时决定企业利润的表达式，即利润 $\pi=(P-c)\times Q-Crd$，这是不考虑市场风险的企业产品创新利润表达式。

单位制造成本 c 与产品创新的市场价格定位 P 有密切的关系。企业新产品的研发过程中一般以产品的质量和品质为直接研发目标，虽然新产品的质量和品质与新产品的单位制造成本 c 有内在联系，但新产品的单位制造成本与研发投资多少不存在单调的关系，理由在于产品创新的重点在于产品的质量和品质创新，完全不同于降低生产成本的工艺创新。因此，我们可以假定目标市场商品的单位制造成本 c 与新产品研发投资规模 Crd 没有直接关系。

无论是改进产品的质量还是创立新的产品，产品的市场价格 P 和市场销售规模 Q 不仅取决于研发的产品的质量和品质，还取决于市场同类产品的价

格水平和市场竞争状况，因此 P 和 Q 不是能由 Crd 单独决定的因素。此外，P 与 Q 之间也存在密切的关系，当新产品的性能和品质既定时，Q 与 P 之间有负相关的关系。为了简化产品创新的理论模型，并且由于产品创新时企业对新产品的市场价格确定有比较大的自由度，我们可以假定企业进行产品创新时其市场价格可事先预定，即假定新产品的市场价格 P 与新产品的研发投资规模 Crd 之间没有直接的关系。

基于以上分析，我们可以认为企业产品创新的决策过程就是在确定了产品价格 P 和单位制造成本 c 后，在改进产品质量和性能的基础上通过控制研发投资规模来尽可能增加预期最大销售规模 Q，进而实现企业产品创新利润的最大化。

2. 企业新产品创新的市场风险评估

企业新产品创新的市场风险比较大，新产品的实际销售规模既有可能达到最大预期销售规模 Q，也有可能为零，即新产品在既定的市场定位下可能根本没有市场销售。因此，新产品的实际销售规模应当在不超过最大预期销售规模的前提下呈现某一概率分布，以此可以表示新产品创新所面临的市场风险。

假定企业新产品创新的实际销售规模的概率分布函数为 $Q(r)$，为了简化，假设 $Q(r)$ 在区间 $[0，Q]$ 呈均匀分布，即 $Q(r) = 1/Q$（$0 \leqslant r \leqslant Q$）。

考虑到实际销售规模小于最大预期销售规模可能带来的风险，企业新产品创新的利润函数 $\pi(q)$ 可以表示如下：

$$\pi(q) = (P-c)\int_0^Q r \times Q(r)\mathrm{d}r - Crd$$
$$= (P-c) \times Q/2 - Crd$$

令 $e = 1/2$，

$$\pi(q) = (P-c) \times Q \times (1-e) - Crd$$
$$= (P-c) \times Q - Crd - (P-c) \times Q \times e$$

上式中 $(P-c) \times Q - Crd$ 表示实际销售规模等于最大预期销售规模时企业所获得的利润，$(P-c) \times Q \times e$ 表示实际销售规模小于最大预期销售规模时给企业带来的风险损失。当概率分布函数 $Q(r)$ 在区间 $[0，Q]$ 呈均匀分布时，$e = 1/2$。

3. 企业产品改进型创新的市场风险评估

企业对已有产品进行技术改进以提高产品的性能和品质，其市场风险应当比新产品创新的市场风险小，原因在于老产品已经具有一定的市场销售规模。成功的产品改进型创新可以重新确定产品的市场价格 P 和单位制造成本 c，且改进后的产品其市场预期销售规模一般不低于原有的市场销售规模。

设产品改进型创新后企业产品的最大预期销售规模为 Q，改进之前的市场销售规模为 Q_1，并且 $Q > Q_1$。产品改进型创新的市场实际销售规模应当位于 Q_1 与 Q 之间。

假定企业产品改进型创新的实际销售规模的概率分布函数为 $Q(r)$，为了简化，假设 $Q(r)$ 在区间 $[Q_1，Q]$ 呈均匀分布，即 $Q(r) = 1/(Q-Q_1)$ $(Q_1 \leqslant r \leqslant Q)$。

企业产品改进型创新的利润函数 $\pi(q)$ 可以表示如下：

$$\begin{aligned}
\pi(q) &= (P-c)\int_{Q_1}^{Q} r \times Q(r)\mathrm{d}r - Crd \\
&= (P-c) \times (Q+Q_1)/2 - Crd \\
&= (P-c) \times Q \times (1-e) - Crd \\
&= (P-c) \times Q - Crd - (P-c) \times Q \times e
\end{aligned}$$

这时，$e = (1-Q_1/Q)/2$，

上式中 $(P-c) \times Q - Crd$ 表示实际销售规模等于预期最大销售规模 Q 时企业所获得的利润，$(P-c) \times Q \times e$ 表示实际销售规模小于预期最大销售规模时给企业带来的风险损失。当概率分布函数 $Q(r)$ 在区间 $[Q_1，Q]$ 呈均匀分布时，$e = (1-Q_1/Q)/2$。

由于 $Q > Q_1$ 且 $Q_1 > 0$，$e = (1-Q_1/Q)/2 < 1/2$。由此可知，当企业产品改进型创新的最大预期销售规模 Q 与企业新产品创新的最大预期销售规模 Q 相等时，产品改进型创新的市场风险和风险损失比新产品创新的市场风险和风险损失小。

三、企业新产品创新最优研发投资规模的决定

根据前面的分析，我们可以认为企业新产品开发的决策目标，是通过控制研发投入规模，来决定新产品的预期最大销售规模和预期收益，并实现利润的最大化。由此我们可依据研发投资规模 Crd 与预期最大销售规模 Q 之间的关系，来决定企业的最优研发投资规模。

当企业的研发效率和预期市场价格既定时，企业研发投资规模 Crd 与预期最大销售规模 Q 应当存在正相关的关系。为了体现新产品研发投资存在规模阈值和效率阈值的特点，我们可以假定 Crd 与 Q 之间存在这样的函数关系：

当 $Crd < C_0$ 时，$Q = 0$，记为 $Q(Crd < C_0) = 0$。这一假设的实质是企业新产品创新的研发投资规模必须达到一定的规模阈值（最小值），新产品的研发才能成功，即才产生市场需求。这一阈值 C_0 体现了技术研发不成功时的阈值风险。

而当 $Crd \geq C_0$ 时，$dQ/dCrd > 0$，即研发投资达到一定规模之后技术研发成功，研发投资规模越大预期最大销售规模也越大。

为了进一步确定 Crd 与 Q 之间关系，我们可以认为当 $C_0 < Crd < C_1$ 时，Crd 与 Q 之间有线性关系，即 $dQ/dCrd = \alpha$，而当 $Crd > C_1$ 时，$dQ/dCrd < \alpha$。

这时有 $Q = \alpha \times (Crd - C_0)$，其中 $C_0 < Crd < C_1$。

由于任何产品的最大销售规模均存在上限值，企业新产品研发投资规模越大，预期最大销售规模则越有可能接近上限值，但超过 C_1 的研发投资所能够增加的销售规模应该是递减的，只有当研发投资规模无限大的时候，预期最大销售规模才有可能达到上限值。设新产品的销售规模的上限值为 Q_{max}，可以假设当研发投资 $Crd > C_1$ 时，其预期最大销售规模 Q 与 Crd 之间满足上述关系的函数可以选择如下形式：

$$Q = [Q_{max} \times (Crd + A)] / [Crd + B]，其中 B > A$$

设当 $Crd = C_1$ 时，$Q = Q_1$，可以利用在点 (Q_1, C_1) 时的函数和导数的连续性求解 A、B，从而可以得到 $Crd > C_1$ 时 Q 与 Crd 的函数的具体形式如下：

$$Q = [Q_{max} \times (Crd - C_1) + Q_1 (Q_{max} - Q_1)/\alpha] / [Crd - C_1 + (Q_{max} - Q_1)/\alpha]$$

我们可以用图 6 来表示研发投资规模 Crd 与预期最大销售规模 Q 之间的关系：

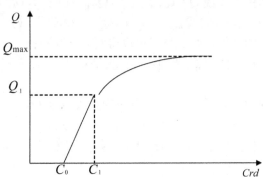

图6　研发投资规模与销售规模之间的关系图

在市场不确定条件下，实际销售规模的概率分布函数为 $Q(r)$，假设 $Q(r)$ 在区间 $(0, Q)$ 呈均匀分布时，企业新产品创新的预期利润：

$$\pi = (P - c) \times Q \times (1 - e) - Crd$$

由利润最大化条件 $d\pi/dCrd = 0$ 可得：

$$dQ/d\,Crd = 1/[(P-c)(1-e)]$$

要满足这一条件必需有 $\alpha > 1/[(P-c)(1-e)]$，且当 $Q=Q_1$ 时 $\pi > 0$。这时要求 $(P-c) \times Q_1 \times (1-e) - Crd > 0$，即 $(P-c) \times Q_1 \times (1-e) - C_0 - Q_1/\alpha > 0$。

为了简化和计算的方便，我们记 $\gamma = (P-c) \times (1-e)$，其经济含义是，每增加一个最大预期销售规模给企业带来的收益，即研发投资的边际收益。

上式可写成 $\gamma \times Q_1 - C_0 - Q_1/\alpha > 0$，即 $\gamma > 1/\alpha + C_0/Q_1$。

若要保证上式成立，这要求边际收益 γ 足够大且研发效率 α 足够高，即研发的边际成本 $(1/\alpha)$ 足够低，使得研发的边际成本 $(1/\alpha)$ 与分摊的研发固定成本 (C_0/Q_1) 之和小于研发投资的边际收益 γ。这是新产品研发所需要的最低效率条件。

当研发效率达到最低效率条件时，企业的研发投资规模 Crd 显然大于 C_1。企业利润表达式：$\pi_{max} = \gamma \times Q - Crd$。

因此，研发投资的最优规模显然应该满足下面条件：

$$d(\pi_{max})/dCrd = 0 \quad 即 \quad \gamma dQ/dCrd - 1 = 0$$

当 $Q = [Q_{max} \times (Crd - C_1) + Q_1(Q_{max} - Q_1)/\alpha]/[Crd - C_1 + (Q_{max} - Q_1)/\alpha]$ 时，我们可以得到企业研发投资最优规模 Crd，即：

$$Crd = C_1 + (Q_{max} - Q_1) \times [(\gamma \times \alpha)^{1/2} - 1]/\alpha$$

根据最优研发投资规模 Crd，我们可以推导出最优最大预期销售规模和最大预期利润：

最优最大预期销售规模 $Q = Q_{max} - [(Q_{max} - Q_1) \times (\alpha\gamma)^{-1/2}]$

最大预期利润 $\pi_{max} = \gamma \times Q_{max} - C_1 - (Q_{max} - Q_1)[2(\gamma/\alpha)^{1/2} - 1/\alpha]$

依据以上推导的结果，我们显然可以得到以下判断：

①企业研发投资的阈值 C_0 越小，企业的最优研发投入规模也越小，最大预期利润将越大。

②研发投资的边际收益 γ 越大，企业的最大预期利润越大；决定 γ 大小的主要因素是 $P-c$（这是新产品的增加值）和市场风险 e 的大小。

③市场销售规模上限值 Q_{max} 与最优研发投资规模 Crd、最大预期利润 π_{max} 存在正相关的关系。

④企业研发效率的拐点所决定的销售量 Q_1 越大，企业的最优研发投入规模 Crd 将越小，最大预期利润 π_{max} 越大。

⑤企业研发效率 α 值越大，企业最大预期利润 π_{max} 越大。

四、企业产品改进型创新的最优研发投资规模的决定

企业产品改进型创新时研发投资规模 Crd 与最大预期销售规模 Q 之间的

关系，应当与企业新产品创新时有所区别，如果企业产品改进型创新的程度不够显著，则企业产品改进型创新可能不存在技术创新的阈值障碍，即这种情况下 C_0 可以为零；但企业产品改进型创新的程度显著时，也会存在技术创新的阈值障碍，即 $C_0 > 0$。由于产品改进型创新建立在已有产品技术的基础上，可以认为产品改进型创新的阈值障碍比新商品创新的阈值障碍小很多，因此，我们将这一障碍忽略不计。

为了简化企业产品改进型创新的研发投资规模 Crd 与最大预期销售规模 Q 之间的关系，我们假定：

$$Q = Q_1 + [(Q_{max} - Q_1) \times Crd] / [Crd + (Q_{max} - Q_1) / \alpha]$$

上式具有以下特征：

当 $Crd = 0$ 时，$Q = Q_1$，即此时最大预期销售规模为原产品市场销售规模。

当 $Crd = 0$ 时，$dQ/dCrd = \alpha$，此时表示研发效率的 $dQ/dCrd$ 值达到最大。

当 $Crd > 0$ 时，$d^2Q/d(Crd)^2 < 0$，表示研发效率的 $dQ/dCrd$ 值递减。

当 $Crd \to +\infty$，$Q = Q_{max}$，即 Q_{max} 为市场销售规模的上限值。

当企业产品改进型创新的市场销售规模的概率密度在 $[Q_1, Q]$ 之间呈均匀分布时，企业产品改进创新的预期利润为：

$$\pi = (P - c) \times (Q + Q_1) / 2 - Crd$$
$$= (P - c) \times Q \times (1 - e) - Crd$$

这里表示市场风险的 $e = (1 - Q_1/Q) / 2$

令 $d\pi/dCrd \geq 0$，有 $dQ/dCrd \geq 1 / [(P - c)(1 - e)]$

而当 $Crd = 0$ 时，$dQ/dCrd = \alpha$ 最大，显然要求 $\alpha \geq 1 / [(P - c)(1 - e)]$

令 $\gamma = (P - c)(1 - e)$，这表示每增加一单位最大预期销售所获得的收益，即研发投资的边际收益。有 $\gamma \geq 1/\alpha$，$1/\alpha$ 表示每增加一单位最大预期销售所需要投入的研发成本。$\gamma \geq 1/\alpha$ 是企业产品改进型创新需要达到的研发效率。

企业预期利润最大时 $d\pi/dCrd = 0$。

由 $\pi = (P - c) \times Q \times (1 - e) - Crd = \gamma \times Q - Crd$

及 $Q = Q_1 + [(Q_{max} - Q_1) \times Crd] / [Crd + (Q_{max} - Q_1) / \alpha]$

我们可以得到：

最优研发投资规模 $Crd = (Q_{max} - Q_1) \times [(\gamma \times \alpha)^{1/2} - 1] / \alpha$

最大预期销售规模 $Q = Q_{max} - [(Q_{max} - Q_1) \times (\alpha\gamma)^{-1/2}]$

最大预期利润 $\pi_{max} = \gamma \times Q_{max} - (Q_{max} - Q_1) [2(\gamma/\alpha)^{1/2} - 1/\alpha]$

由于上述结果在形式上与企业新产品创新时的结果没有多大区别，故各个参数与变量之间的数学关系无须重复。

但需要指出的是：在其他条件相同时，由于企业产品改进型创新的市场风险 e 较小，使得产品改进型创新的研发投资边际收益 γ 较大，此时不仅产品改进型创新所需的最低效率条件比较容易达到，而且其所能达到的市场销售规模和利润规模也较大。

第四节　技术创新状况的评价与决策目标选择

对技术创新状况给予准确评价有助于选择技术创新目标、评估技术创新状况的得失，这不仅是企业技术创新面临的问题，也是确立国家技术创新战略的基础。本节拟从技术创新的潜力状况、技术创新的动态水平状况、技术创新的资源配置状况三方面研究技术创新状况的评价和决策目标的选择问题。

一、问题的提出和研究状况

1. 问题的提出

从资源有效配置角度来研究市场经济状况的理论已经十分成熟。一般均衡理论认为在完全竞争条件下可以达到资源的最优配置，并且达到帕累托最优标准。在企业存在有限规模经济前提下，则存在一个最优企业数量，在这一最优数量下企业之间的有效竞争，可以使得企业的生产成本达到最低水平，并且市场价格等于生产成本，在这种情况下市场资源配置状况达到最优。这些资源有效配置理论已经假定在资源配置过程中技术保持不变，因此，我们可以将这些理论视为既定技术条件下资源有效配置理论。

技术创新的结果将导致技术的进步，这一问题显然不同于技术不变条件下的资源配置问题。市场经济通过竞争促进技术创新过程中，需要知道技术创新的基本状况，因此，我们需要对技术创新这一动态现象给予适当的评价，以确定技术创新的动态水平状况。技术创新需要投资以及适当的竞争条件，因此我们也需要对技术创新条件下的资源配置状况给予适当的评价，弄清楚什么样的资源配置条件有利于技术创新。技术创新与现有的技术水平状况和未来的技术发展的潜力存在密切关系，对现有的技术水平和未来的技术发展潜力做出准确的评价，是确立技术创新目标的前提。因此，我们有必要从上述三个方面展开研究。

2. 对技术创新资源配置状况的认识

技术创新过程中企业利润率水平、竞争者数量、技术创新投入强度均反映了技术创新过程中资源配置状况。

早年熊彼特猜想，考虑到创新能力和预期收益的差距，垄断的市场结构和垄断企业将更有利于企业技术进步。与之相反，阿罗则论证了垄断会降低创新企业的预期收入，认为完全竞争有利于企业技术创新。从此之后，技术创新与市场结构之间的关系就成为了技术创新经济学中一个问题。从熊彼特和阿罗对这个问题的研究中可以发现，他们均以创新企业利润能够达到最大化作为市场竞争达到有效状况的标准，创新企业的利润率指标是评价市场技术创新状况的指标。

Kamien and Schwartz（1976）在企业之间的创新竞争模型中，Reinganum（1979）引入竞争激烈程度成为内生变量的博弈论模型中，Dasgupta 和 Stiglitz（1980）在考虑技术特征、需求条件、专用化程度等基本因素的寡头垄断模型中，Spence（1984）在引入创新外溢因素后的模型中，这些模型均以创新强度，即技术创新投资比重的高低，作为评价技术创新的市场竞争状况的标准，即创新强度高的市场结构是有效市场结构。

Greenstein 和 Ramey（1998）、Chen and Schwartz（2010）研究产品创新时，Goettler 和 Gordon（2012）考虑产品的可替代性、进入成本、技术外溢等因素研究市场结构与长期创新强度时，亦以技术创新强度作为有效市场结构的评价指标。

众多的关于熊彼特猜想即市场结构与技术创新之间的关系的实证研究，亦采用技术指标或者创新强度指标来表示技术创新的市场状况。

3. 对技术创新动态的认识

对技术创新动态的评价一般有技术指标和经济指标两类。

技术创新状态的技术指标有技术创新的产出指标，例如新产品、新工艺的数量以及专利数量，但新产品、新工艺的评判缺乏严格的标准，不能准确地反映出技术创新的动态状况。每年专利数特别是国外专利数能够比较准确地反映每年技术创新的结果，但也不够全面，因为有一些技术创新和进步并不表现为专利成果。

反映技术创新动态的经济指标既可以是宏观指标，也可以是微观指标。由于技术创新将导致技术进步，技术进步的程度是反映技术创新结果的适当的度量标准，因此，宏观经济学中反映技术进步的指标，如余值增长率是反映全社会技术创新程度的适当指标。

从微观角度来看，技术创新的最终结果将导致产品性价比的不断提高，因此，能够反映某一产品技术创新状况的动态指标是其性价比不断提高的程度。微观经济学和产业经济学中对技术创新和进步的结果在市场中的动态表现一般用需求曲线和供给曲线的位移来表示，并用均衡点的变化来表示技术进步条件下价格的变化。但是这种价格变化没有表示出技术创新与时间之间的关系，即没有表示出技术创新速度。

反映微电子产品的摩尔定律揭示了过去40余年来微电子产品技术创新的动态规律，但是这种主要基于自然科学原理的一般规律并不具有普适性。用什么样指标能够比较客观地反映出技术创新的动态水平状况，还需要做深入的研究。

4. 对技术创新潜力状况的认识

人们认识到人均收入水平这一反映宏观经济状况的指标，从总体上反映了一个国家的技术水平。发展中国家的人均收入水平大大低于发达国家水平，说明发展中国家有巨大的技术创新潜力。然而人均收入只能够从整体上反映出技术水平的高低和技术潜力的大小，不能够作为评价某一个市场或某一产品的技术创新潜力的指标。

实物劳动生产率反映了生产某一种产品的技术水平高低，应当可以作为某一产品技术创新潜力的评价指标，但其局限性也是明显的，因为最终产品的生产一般都依赖于中间产品的投入，除非将中间产品的投入也转变为劳动投入，劳动生产率才能够精确地反映出某一产品技术水平的高低和技术潜力的大小。

借助于自然科学和技术方面的知识，也许我们可以知道某一项技术未来的发展前景，例如摩尔定律的前景，进而揭示技术创新的潜力，但其局限性是显然的，并不是所有的技术都可以这样加以预测，更重要的在于经济上的技术创新和进步体现在经济指标上而不是技术指标上，反映技术水平的经济指标并不是技术指标的直接反映。怎样找到一个适当的经济指标来评价技术创新的市场潜力状况，还需要做深入的研究。

二、评价技术创新状况的利润指标与投入强度指标的局限

在研究市场结构与技术创新之间的关系的时候，人们往往采用企业利润最大化指标和企业技术创新投入强度指标，作为评价市场中技术创新状况的指标，我们需要进一步认识这两个指标的局限性。

1. 利润最大化评价标准的局限

尽可能提高技术创新企业的利润率，使其利润达到最大化，可以最有效地刺激企业技术创新的投资动力，然而，技术创新企业的利润最大化这一只考虑创新企业利益的指标，意味着消费者并不能够充分分享企业技术创新给消费者带来的福利。

例如，熊彼特认为垄断的市场结构有利于激励企业创新，这也意味着技术

创新的收益主要甚至全部归垄断企业所享有。阿罗之所以认为竞争的市场结构有利于激励企业的创新，也是认为拥有创新技术的企业可以利用竞争的市场结构来获得比垄断的市场结构更多的收益。显然，熊彼特和阿罗只注意到了如何提高创新企业的利润激励水平问题，没有考虑创新企业独享技术创新成果时可能给社会带来的损失，即可能降低全社会的福利水平。

为了激励企业的技术创新，的确需要给创新企业以足够的利润刺激，但并不能将创新所带来的全部收益都归结为企业的利润。也就是说，并不需要使创新企业的利润达到最大化才能够刺激企业的创新投资。这也是技术创新所形成的专利期限一定是有限期限的原因。

相反，如果通过适当的竞争，能够将技术创新所带来的一部分收益转化为消费者的福利，例如过程创新的结果能够使消费者购买到价格更低的商品，获得更多消费者剩余，或者产品创新的结果能够使消费者购买到性价比更高的商品。在消费者福利得到增进的同时，如果创新企业也能够获得足够高的利润，在这种情况下社会福利水平显然比创新企业利润最大化时的社会福利水平高。因此，以创新性企业的利润最大化作为评价技术创新市场状况的标准是不适当的。

2. 投入强度指标的局限

如果企业技术创新的研发效率是既定的，企业技术创新的投资强度（投资占销售收入的比重）越大，企业技术进步也就越大，从这一点来判断，市场中技术创新强度较大时，市场的技术进步程度也应该较大。

问题在于只考虑投资强度，而不考虑技术创新的产出回报，有可能导致这样一种局面：企业技术创新所获得的收益不能够足以补偿企业技术创新的投入，从而导致企业技术创新不能持续，并最终导致企业技术创新能力的下降甚至丧失。基于这种可能，我们不能够简单断定，企业技术创新投资强度越高，就越能促进企业和社会的技术进步。

当然，如果企业技术创新的投资回报能够得到满足，企业技术创新的投资强度越大则市场技术进步的状况越好。因此，在投资回报能够得到满足的情况下，企业的投资强度越大则越有利于促进技术进步，只有在这种情况下，技术创新投资强度是反映技术进步状况的适当指标。

三、评价技术创新资源配置状况的指标

企业利润率水平、价格水平、技术创新投入强度是反映技术创新过程中资源配置状况重要指标，也是技术创新市场状况某一方面的评价指标。

（1）当企业通过技术创新来获得利润时，企业利润率水平高低是企业技术

创新程度的度量指标。

企业通过创新投资来降低企业的生产成本或者提高企业产品的质量，进而获得超过创新投资成本的净利润。净利润水平越高，企业创新投资的效率就越高，因此企业技术创新所带来的利润率高低是企业技术创新程度的度量指标。

企业技术进步投资与收益之间的关系不仅取决于企业技术创新的效率，而且与市场需求规模、市场竞争状况密切相关。技术创新投资有规模经济递增的特点，市场需求规模越大，技术创新投资收益率越高。但市场中企业之间竞争程度越大，单一企业的需求规模将随之缩小，并且市场价格水平随着企业之间竞争程度的增加而降低。因此，市场竞争将使企业技术创新的利润率水平与投资规模保持在有限的水平。

在企业技术创新效率和市场竞争状况既定的条件下，企业技术创新投资应当存在最优规模。从技术创新投资的最优配置条件来进行分析，企业通过技术创新来使利润最大化时，其创新投资的最优投资规模标准是企业技术创新的边际投资成本等于边际收益。

（2）从社会福利的角度来看，企业之间技术创新的竞争所形成的市场价格越接近社会福利最优时的市场价格，则技术创新的社会福利水平越高。技术创新竞争形成的社会福利水平最优市场价格应当是能够充分补偿技术创新的社会成本且对技术创新企业有足够利润回报的最低市场价格。

第一，技术创新企业能够有充分的回报，这不仅足以补偿技术创新成功企业的创新投资，而且能够补偿市场中技术创新失败企业的创新投资。

充分的回报意味着技术创新的投资在一定期限内能够收回投资和获得适当的回报，而且考虑到技术创新投资的风险，投资回报还应该能够补偿技术创新失败时可能带来的损失。

设技术创新可以获得回报的年限为 n 年，技术创新投资如同其他的投资一样应该获得的最低年利率为 r，技术创新成功的概率为 a。考虑到技术投资在投资回报年限终止时，技术投资没有最终可以折现的资产，在这种情况下，技术创新投资必须达到的最低年收益率 R 要满足：

$$1 = a \times n \times (R - r)$$

解之有：$R = r + 1/(a \times n)$。

显然，R 与 r 存在正相关关系；R 与 a 和 n 存在负相关关系，即 a 与 n 越大，则 R 越小。

第二，社会福利水平达到最大化时技术创新企业的年收益率等于最低年收益率 R。

由于技术创新给消费者带来的社会福利与技术创新企业的产品价格负相

关，因此，技术创新所导致的企业产品价格越低越能够增进社会福利水平。当我们以消费者愿意支付的价格和消费者实际支付的价格之差，来表消费者福利水平时，上述结论是毋容置疑的，也就不需要进一步论证结论。

如果不考虑产品的技术质量差异，企业的技术创新仅仅表现为生产成本及产品价格的下降，那么将容易找到评价市场技术进步状况的一个最优标准：技术创新企业的年收益率为最低年收益率 R。因为，在这个最优标准下产品的价格水平最低，社会福利水平达到最优。

企业进行产品创新时将改变消费者支付意愿，并且使得技术创新企业之间的产品存在质量差异。在这种情况下，不能简单地以价格绝对水平最低来确定社会福利水平能够达到最高。产品创新通过改进产品的质量提高消费者愿意支付的价格，也可以提高社会福利水平。显然，当产品创新的企业其年收益率等于最低年收益率 R 时，社会福利状况不能够通过降低价格得到增进，这时社会福利状况已经达到最优。因此，产品创新的情况下，社会福利状况最优标准也是技术创新企业的年收益率等于最低年收益率 R。

（3）当技术创新的效率既定时，市场技术创新的投资强度越大，则技术创新程度越大，市场技术创新的投资强度是评价市场技术创新状况的适当指标。

如果企业创新投资规模和市场价格能够达到最优标准，当技术创新效率既定时，市场中企业创新投资强度越大，则技术进步的程度越高，社会福利水平的提高程度也就越大。

将上述三个反映市场技术创新状况的指标联系在一起时，发现三个指标之间可能存在冲突，企业技术创新投资要求利润率尽可能高，但从社会福利的角度则要求利润率保持着适当水平，竞争状况对利润的限制则又约束了企业技术创新的投资规模，可能降低市场技术创新的投资规模。

一般来说，企业技术创新最优投资标准的实现可以通过控制投资规模来达到。技术创新最优市场价格的形成与众多因素相关，最敏感因素是参与技术创新竞争的企业数量，应当存在一个使技术创新市场能够形成最优市场价格的最优企业数量。怎样使企业的投资强度达到最大化，则与政府政策有密切的关系。创新政策可以改变企业技术创新效率、改变企业技术创新的成本和收益、改变技术创新的市场竞争状况等，显然政府对企业创新行为的激励政策，如税收优惠、补贴等政策可以提高企业技术创新投资强度。关于市场怎样才能够达到技术创新市场的资源配置的最优状态，政府在其中有何作为，也是需要研究的一个问题。

四、评价技术创新的动态指标及其重要性

静态的技术创新状况的评价指标只能够反映一次技术进步在市场竞争过程中应该达到的状况。由于技术创新是一个随着时间延续不断发展的动态现象，因此，有效率的技术创新也应该是动态现象，我们需要找到一些动态的经济指标，对市场中技术创新这一动态现象做出适当的评价。

我们从两类技术创新（过程创新和产品创新）所带来的动态结果的不同，分别来找到适当的能够评价动态技术创新状况的经济指标。

企业的过程创新在于降低企业的生产成本，成功的过程创新将导致企业的利润率上升，如果过程创新存在企业之间的相互竞争，竞争的结果将导致价格水平的下降。因此，持续的过程创新的动态表现将是产品价格连续不断地下降。我们可以以产品价格下降的速度作为过程创新市场状况的表现，产品价格下降速度是评价过程创新市场状况适当的动态指标。考虑到通货膨胀现象的存在，衡量产品下降速度的指标应该是经过通货膨胀指数调整之后产品价格指数的变化速度。

企业的产品创新在于改进产品的性能，在改进产品性能的同时，产品的生产成本也可能随之提高。在这种情况下，我们不能简单地以价格的变化情况来度量产品创新的程度。成功的产品创新可以提高产品的性价比，企业之间产品创新的竞争使得产品性能改善的同时，消费者能够获得相对低廉的价格，因此，我们可以以消费者消费同一种产品的性价比改变状况，作为度量产品创新的动态状况的指标。

其实，单纯降低成本的过程创新最终也是通过降低市场价格，提高消费者消费同一种商品的性价比，因此，无论是何种技术创新，我们都可以以消费者消费某种产品性价比的改善状况，作为技术创新动态状况的度量指标。

建立起度量技术创新市场状况的动态指标，其重要性在于弥补静态指标的不足。一些垄断企业特别是行政垄断企业，其要素收入水平相对较高，即资本收益率和劳动收入水平均较高或某一要素的收入水平较高。这些情况可能是垄断企业的技术进步所带来的，但也有可能是因为垄断本身特别是行政垄断行为所带来的。静态指标没有办法区别这一市场中要素收入相对较高，是因为技术进步还是因为垄断。但性价比的改善这一动态指标可以揭示出较高的要素收入水平究竟是来源于什么。

如果市场中产品的性价比在不断改善之中，这种情况说明要素收入水平较高的市场存在着持续的技术进步。

如果市场中产品的性价比停滞不前，这种情况说明市场中缺乏持续的技术

创新和进步。如果这个时候这一市场的生产要素收入水平相对校高，则必然来源于垄断。如果这种状况持续存在，基本上可以断定这一市场存在排斥竞争的行政垄断。

五、评价技术创新潜力的指标

1. 质量相同的商品其相对价格水平是反映其技术创新潜力的指标

所谓商品的相对价格水平是指一定数量商品的价格相对于一定数量劳动收入的倍数。商品的相对价格水平越低，劳动生产率水平越高。商品的相对价格水平能够反映出不同国家这一商品的劳动生产率水平的高低，进而为这一商品的技术进步提供方向。

取某一计量单位商品的价格，除以某一计量单位的劳动收入水平，我们就可以得到某一商品的相对价格水平。如以目前中国粮食为例，1 吨粮食价格（大米零售价格）约为 5 000 元，劳动收入水平设定为年收入 50 000 元，则粮食的相对价格水平为 0.1 倍年劳动收入。30 年前 1 吨粮食价格约为 300 元，劳动收入约为年收入 600 元，粮食的相对价格水平为 0.5 倍年劳动收入。中国粮食相对价格的变化，反映了 30 年来粮食价格相对于社会平均劳动生产率的变化程度。将中国粮食相对价格与美国粮食相对价格比较，可以发现中国农业生产和流通的劳动生产率与美国存在巨大差距。因为美国大米经汇率折算为人民币的价格与中国国内的价格基本相当，但美国劳动收入水平是中国的 10 倍左右，因此，中国粮食的相对价格是美国的 10 倍左右。这说明决定中国粮食生产与流通中劳动生产率的技术水平仅仅是美国的十分之一，中国粮食生产有着巨大的技术进步空间。

2. 质量不相同的商品如果由不同国家生产，则其绝对价格水平差距是反映质量改进潜力的指标

性能基本相同，但质量不同的商品，例如汽车，如果一辆汽车在中国的相对价格是劳动者平均年薪的 2 倍，具有相近性能的汽车在德国的相对价格也是其劳动者平均年薪的 2 倍，这说明这种汽车的生产在两个国家之间的实物劳动生产率相同。但如果德国生产的这种汽车价格经过汇率折算之后是中国品牌汽车价格的 1.5 倍，那么这一价格差距反映的是产品质量的差距，这一绝对价格差距也正反映了落后国家产品质量改进潜力的大小。

有一种特殊的情况标示着存在巨大的质量技术水平差距，即一种技术产品只能由某一发达国家生产，其他国家无法生产出在性能上能够与之相近的产品，这表明在这种技术产品上发达国家存在巨大的技术优势。

因此，我们可以以商品的相对价格水平与绝对价格水平状况，来判定其技

术创新的潜力状况。

六、确定技术创新的决策目标是国家技术创新战略的基础

在评价一个国家经济技术创新状况的基础上，我们从提升技术创新的研发效率、提升技术创新驱动经济发展的效率角度，特别是从中等收入水平国家跨越中等收入陷阱的角度，对国家技术创新战略做出初步的探讨。国家技术创新战略问题的理论研究是比较复杂的，似乎目前还没有成熟的理论。从发达国家经济政策和科技政策的发展历程来看，有一些典型成功的案例，特别是 20 世纪 80 年代里根新政及其以后美国政府颁布的一些经济政策和科技政策，具有典型的促进技术创新进而提升经济增长速度的作用，通过对这些案例的研究应该可以形成有一定逻辑的相关理论。

1. 国家技术创新战略的必要性和有利条件

一个国家需要技术创新战略，从技术的角度来看，是因为技术创新和进步存在路径依赖现象。技术创新所能够达到的水平和高度，取决于其所采取的技术路线以及技术积累的程度。选择正确的技术进步的路线、采取有力的提升技术创新速度的相关政策，可以大大提高技术进步的速度。因此，选择正确的技术创新目标就成为有效的技术创新战略的前提。之所以需要一种国家战略来提升技术创新的速度，是因为技术创新过程中可能存在巨大的风险和障碍，需要可持续的财政和政策的支持，才能够使一些科技创新和进步能够以较快的速度来推进。国家战略代表国家的远期目标，国家的支持政策应当与其战略目标一致。

为了提高技术创新驱动经济发展的效率，需要依据国家经济发展的现状、世界经济发展过程的技术进步状况、潜在的技术进步方向及其相关的市场需求变化等因素，来对技术创新的目标方向做出判断，并且为技术创新的动力寻找到有效的市场基础，即有效的技术创新和进步既可能在政府的推动下来进行，也可以利用市场机制对技术创新的经济反馈来提供技术创新的动力。只有当市场机制本身无法充分有效推动某一项技术创新和进步时，才需要政府的财政来提供支持。而政府的财政能力又依赖于技术创新驱动经济发展的效率，政府的有利条件在于不局限于某一单项技术是否能够在短期之内带来经济收入，而在于能够从整体上推进技术创新和进步，并由此获得推进技术创新进步的财政能力。因此，政府在推进技术创新和进步时，可以避免单一技术失败的风险。当然，政府的财政能力还是依赖于整体的技术创新驱动经济发展的效率。

2. 跨越中等收入陷阱时，国家技术创新战略目标的选择

中等收入阶段国家的经济发展战略，应当以跨越中等收入陷阱为目标，也

就是说必须以经济发展为基本目标。技术创新战略或许还可以以环境保护、资源的可持续利用、社会公平、社会福利为目标，但是这些目标都要置于经济发展的基础之上。对于中等收入国家而言，没有可持续的经济发展就不可能克服中等收入障碍，也不可能从根本上实现环境保护、社会福利等社会目标。因此，我们在这里只研究以经济发展为基本目标的国家技术创新战略。

既然以技术创新驱动经济发展为手段，我们就可以在通过对技术创新的状况进行正确评价的基础上，来确定一个国家技术创新发展战略的具体目标。

（1）从提升技术创新驱动经济发展效率的角度来看，技术创新驱动经济发展的效率取决于技术创新产品所涉及的市场需求规模、市场需求弹性。对于发展中国家而言，较高的市场需求规模和市场需求弹性的产品应该包含以下几个部分：自己不能生产的即需要进口的规模庞大的高技术产品，例如对中国来说最具有代表性的是由大规模集成电路构成的电子芯片；具有潜在可替代进口资源优势的高技术及其产品，例如中国的大宗进口产品是石油，可替代石油的高技术就是新能源技术，包括太阳能发电、电动汽车中电池技术等；具有很高的过程创新、具有降低生产成本空间的大类商品，例如农产品的生物技术；具有很高的质量改进空间的高技术产业产品，例如计算机产品、显示技术、通信技术等。

总之，技术创新驱动经济发展的效率首先是取决于规模；其次是取决于技术进步的空间。凡是高技术的进口产品既具有规模，也具有技术进步的空间，必然成为技术创新的目标。即便产品本身并不具有高技术含量，例如石油，但由于受本国资源条件的约束，无法充分满足需要而不得不进口时，并且资源价格因为垄断而存在暴利时，发展替代技术就成为必然的选择。

（2）从提升技术创新研发效率的角度来看，研发效率的提高无非是提高技术创新的投入产出比，当技术创新越具有通用性时，技术创新的产出规模越大。基于这种思路，以下类别的技术创新目标应该可以大大提高技术创新的研发效率。

①能够提升具体产品研发效率的公共基础技术，例如基因重组技术等。

②精密制造技术，例如数控机床的制造技术等。

③新材料技术，例如纳米材料技术、半导体显示材料技术等。

④关键设备制造技术，例如发动机制造技术等。

⑤产品质量的控制、检测技术，如精密检测设备技术等。

这里无法一一列出具体的技术创新的目标。总之，技术越具有基础性，则越具有适用性，可适应的范围就越广泛，这些技术创新所带来的技术进步与驱动经济发展的程度更加明显。某些技术是决定其他产品制造技术的技术，例如数控机床，这样的技术具有典型的外部性，可以大大提高技术创新的整体收益率，进而提高技术创新的研发与驱动效率。

第五节　论技术创新驱动经济发展下政府的作用

本节的研究建立在本书"技术创新驱动经济发展效率、决定国家经济发展的状态"一节内容的基础上，旨在进一步阐述政府在技术创新驱动经济发展过程中的重要作用。

一、技术创新驱动经济发展中的决定因素

我们在前面的研究中，假设在市场经济体制下技术进步的主体为企业和政府。企业在既定的技术创新资源的条件下，利用既有的技术来获得收入，将一部分收入进行研发投资，使得技术进步和收入水平提高。政府的主要作用在于通过税收方式获得财政收入，并对技术创新资源进行投资，由此增强企业的技术创新资源来提高企业技术进步的速度和效率。

简述前面的模型如下：设在国民总收入水平 Y_t 时可获得的资本积累为 $k(Y_t)\,\Delta t$，即资本积累规模为国民总收入水平 Y_t 及持续的时间 Δt 的函数。简化 $k(Y_t)$ 为 $k_1 \times Y_t$，k_1 为资本积累占国民总收入的比重。

如果资本积累相应地提高国民总收入水平的效率为 r_1，则通过资本积累带来的国民总收入水平的变化是：$\Delta Y_t / \Delta t = r_1 \times k_1 \times Y_t$。

设 a_{11} 表示与收入水平相关的、导致既定技术创新成果下驱动经济发展边际效率下降的系数，a_{12} 是技术创新成果提升经济增长速度的效率，政府资助、企业投资而形成的以科学研究和人才为基础的技术创新成果为 G_t。综合以上因素可得：$dY_t / dt = Y_t \times (r_1 \times k_1 - a_{11} \times Y_t + a_{12} \times G_t)$。

技术创新成果 G_t 的成长速度可设为 $a_{21} \times k_2 \times Y_t$，其中 a_{21} 是研发投资形成技术创新成果的效率，k_2 是国民总收入用于研发投资的比例。设 G_t 折旧的速度为 $R_2 + a_{22} \times G_t$，其中 R_2 是自然折旧速度，a_{22} 是加速折旧的系数。

因此，技术创新成果的增长：$dG_t / dt = G_t \times (-R_2 + a_{21} \times k_2 \times Y_t - a_{22} \times G_t)$。

通过求解两个微分方程，可以得到结论：当 $a_{21} \times k_2 \times a_{12} \geqslant a_{11} \times a_{22}$ 时，恒有 $dY_t / dt > 0$，$dG_t / dt > 0$。这一条件下经济发展可以持续，不存在陷阱；否则 Y_t 和 G_t 有极限最大值，使得经济增长不可持续，一定存在陷阱。

根据前面的微分方程，我们可以发现，在技术创新驱动经济发展过程中，经济增长速度主要取决于以下七个方面的因素：①资本积累提高国民总收入水平效率 r_1 的大小；②资本积累占国民总收入水平的比重 k_1；③技术创新成果

边际效率下降的系数 a_{11}；④技术创新成果驱动经济增长的效率 a_{12}；⑤技术创新的自然折旧速度 R_2 和加速折旧速度 a_{22}；⑥研发投资占国民总收入的比重的投资比例 k_2；⑦研发投资形成技术创新成果的效率 a_{21}。

二、政府在提升资本积累驱动经济发展效率中的作用

政府通过调节资本积累规模和效率、提升技术创新驱动经济发展效率的作用表现在以下两点：提升资本积累占国民总收入水平的比重 k_1、提升资本积累驱动经济发展的效率 r_1。

市场经济体制中投资的主体是企业和政府，独立决策的企业在资本积累占国民总收入的比重、投资驱动经济发展的效率方面有决定性的作用，但这一作用不能离开政府的影响。政府不仅通过经济政策影响着企业的投资规模，也会对投资效率产生重大影响，其中政府的公共投资对全社会的资本积累规模和投资效率会产生重大影响。

1. 政府的公共投资可以为企业投资创造条件，进而提升全社会的资本积累率

政府本身的公共投资有提升企业投资效率的作用，因为公共投资所形成的公共设施水平极大地影响了企业营运效率。高水平公共设施有利于刺激企业的投资，进而提升全社会的投资规模和效率。

政府也可以通过公共政策影响全社会的资本积累率，特别是当发展中国家储蓄率较低的时候，通过鼓励储蓄与投资的政策可以提升全社会的资本积累率。在这方面有许多成功的案例。

政府投资还具有乘数效应，可以引导或扩大社会的投资规模。在这方面宏观经济学有更深入的研究。

2. 政府可以引导投资的方向，提升资本积累驱动经济发展的效率

技术创新成果普及性的推广应用伴随着资本积累过程，高效率的投资往往是高效率资本品得到推广运用的结果。当技术创新形成了更高效率资本品时，历史告诉我们这些高效率资本品并不一定能够顺利推广使用。例如早期纺织机械发明后，在其推广使用过程中，即在第一次工业革命时期产生了捣毁机器的行为。这说明先进技术在推广使用中会遇到障碍。目前，在中国，生物技术创新形成的生物工程技术如农产品中转基因技术，就遇到很大的推广与应用障碍。

如果市场不能够有效地将先进资本品所包含的技术推广使用，作为社会精英组织的政府就有必要通过适当的手段进行推广，并进行有效的激励。在这方面有许多成功的经验，例如对新能源技术的使用给予补贴。通过产品性能、质

量标准的提升来促使全社会采用更加先进的技术也是有效手段之一。

3. 引导资本积累比例和资本积累效率之间的平衡

一般情况下发展中国家受储蓄能力的约束，资本积累率相对较低，但是目前中国资本积累率相对较高，超过了40%，高资本积累率很有可能导致资本市场供过于求、投资效率下降。因此，政府政策应该在激励资本积累和促进投资效率的提高两个方面进行适当的平衡。就目前中国经济发展状况而言，应该将政府政策的重点放在提高投资效率上。

三、政府在减少技术创新边际效率递减速度和降低折旧速度方面的作用

1. 政府可以通过有效的政策手段降低技术创新边际效率递减速度的作用

随着技术水平和国民总收入水平的提高，在技术创新成果保持不变的时候，技术创新驱动经济发展效率存在着边际效率递减现象，降低了技术创新驱动经济发展的速度。之所以存在技术创新边际效率递减现象，原因在于技术创新成果保持不变的时候，随着资本积累规模的增大，技术创新驱动经济发展的效率会降低。减缓技术创新边际效用递减的作用，这取决于研发投资提高技术水平效率的可持续性、技术创新驱动经济发展效率的可持续性。

如果一项技术有足够可增长的技术空间和潜力，那么促进技术进步的投资效率下降速度就比较平缓，甚至相当长时间内不会下降。当一项技术发展潜力基本耗尽的时候，投资促进技术进步的效率必然下降。一项技术的发展潜力主要受制于自然科学原理。基于自然科学原理，我们可以判断出一项技术的最高效率究竟有多大。因此，在选择技术创新方向时，应该选择具有较大增长空间和潜力的技术，特别是当市场不能够有效选择技术创新方向时，政府应该通过财政支持或者其他有效干预的政策，来约束和激励企业朝着正确的、有足够可增长的技术空间和潜力方向进步。这是政府减缓技术创新边际效率递减时可以起到的作用。

技术创新驱动经济发展效率降低的原因还可能是需求状况及其变化。如果一个产品市场需求已经基本饱和、需求弹性已经很低，降低成本的技术创新就不可能促进这一产品市场的增长。如果一个产品质量改进的需求弹性很低，质量改进的技术创新也不可能获得足够的价格提升。因此，要摆脱需求状况对技术创新驱动经济发展效率的约束，在技术创新的发展方向上，应该选择对技术创新有较高的需求弹性产品，或者通过降低成本的技术创新能够获得更大的市场需求量或需求规模，或者通过改进质量的技术创新能够获得更大的盈利空间。如果新产品创新或者改进质量的技术创新，不仅能够获得更大的盈利空

间，也能够获得更大的市场需求规模，那么这样的技术创新能够更有效地推进经济的发展，减缓甚至避免技术创新驱动经济发展效率的下降。

这里可以举一个技术创新的案例：20世纪70年代以大规模集成电路为代表的微电子技术发展，推动了现代电子技术和产业发展。在大规模集成电路技术发展背后有一个摩尔定律，揭示了这一技术创新的速度。摩尔定律认为大规模集成电路每一年半时间可以提高性能的一倍，同时制造成本下降为原来的一半。摩尔定律反映了技术创新效率在大规模集成电路发展过程中，基本保持不变或基本没有技术创新边际效率下降的趋势。其原因就在于，目前大规模集成电路还没有达到自然规律约束的极限。同时我们也应该认识到，对大规模集成电路产品的需求规模在不断增长，其需求价格弹性大于1，并且对大规模集成电路产品性能的需求也有很高的支付意愿。例如，对大规模集成电路为基础的智能产品，如手机、电脑，我们可以因其产品性能不断改进而支付更高的费用。像微电子技术这种有足够的技术进步的空间、有足够的市场需求空间或支付意愿，这样的技术创新和进步推进经济发展的作用可以持续相当长的时间，在这一技术上很难见到技术创新边际效率和驱动经济发展效率下降的现象。

但是有一些产品的技术创新和进步很容易受到边际效益下降的约束。例如粮食的生产技术，粮食作为必需品很容易得到充分满足，降低成本、提高产量的生产技术很容易受到需求约束。尽管粮食生产技术的进步对于摆脱贫困和饥饿是必不可少的，但这一技术进步是不可能持续推进经济快速发展的，因为在需求增量的约束下，粮食生产的技术创新和进步所能够推动的经济发展效率下降得很快。

2. 政府在降低技术创新成果折旧速度方面的作用

技术创新的成果包括两个方面：技术创新的人才积累及其相关的科学与基础技术存量状况；技术创新研发投资形成的专利以及非专利的成果。

技术创新的人才存在着自然的直线折旧，既有科学技术水平下具有创新能力的人才会随着人的自然寿命、可工作年限而终结。如果人的期望寿命可以延长，技术创新人才的自然折旧速度就较低；如果其工作年限相对较长，技术创新人才的自然折旧速度也较低。

政府在技术创新人才折旧方面可以做的工作就是，尽可能延长技术创新人才的自然寿命，这主要受制于医疗卫生条件。给予技术创新人才较高的收入水平和医疗待遇有助于降低技术创新人才的自然折旧。

技术创新人才可使用年限对其折旧速度的影响更为明显。如果法定退休年龄较低，那么创新人才的折旧速度就很快。如果法定退休年龄较高甚至没有退休年龄的上限，那么技术创新人才的自然折旧速度就较慢。从发达国家的经验来看，一是法定的退休年龄相对较大，使得技术人才可工作年限相对较长；二是对一些科学研究水平较高、拥有高技术或高管理水平的人才，采取自由退休制度，这可以大大提高这些高科技人才的工作年限。

科学技术本身的加速折旧建立在科学技术发展速度呈现出倍增态势的基础上，人类的科学技术知识在一段时间之后，例如 20 年其存量就增加一倍。科学技术成就一旦产生，就可以永续存在，并不存在折旧并报废问题。我们这里说的科学技术的加速折旧是指，有助于经济发展的科学技术被新的科学技术加速替代的过程，导致原有在经济过程中所使用的科学技术加速折旧了。在工业化以来的现代经济增长的过程中，旧技术不断被新技术替代，并且替代速度在加快，这就是科学技术本身加速折旧现象。

为了减缓在经济过程中运用的科学技术被替代的速度，应该正确判断出未来的科学技术发展方向和发展潜力，以此为依据在人才培养和科学研究中，对这些领域重点资助，这是政府为减缓科学技术加速折旧所能够做的工作。

在选择科学技术的发展方向时，摒弃无用的伪科学，淘汰没有发展潜力的旧技术，是减缓科学技术加速折旧的基本要求。

研发投资形成的专利和非专利成果的寿命，则主要取决于其经济价值和技术进步的潜力，如果技术创新成果产生于需求收入弹性较高的产业，则技术创新成果的经济寿命较长、折旧率较低。技术创新和进步建立在既有的技术创新成果基础上，如果某一专利技术方向具有足够的技术进步潜力，则其经济寿命一般较长、折旧率较低。

四、政府在提升研发投资比例、投资效率及驱动效率中的关键作用

在技术创新驱动经济发展的过程中，政府的作用关键在于提升研发投资比例、提升研发形成技术创新成果的效率以及技术创新成果驱动经济发展的效率，使之满足 $k_2 \times a_{21} \times a_{12} > a_{11} \times a_{22}$ 的要求。

1. 政府在提升技术创新研发投资比例的关键作用

政府影响和提升全社会研发投资比例的作用包括两个方面：政府直接支出的研发投资比例、政府间接鼓励和影响的企业研发投资比例。

从政府支出的研发投资的角度来看，政府投资所形成的技术创新成果规模取决于创新人才的培养和科学研究、基础研究的投资规模。除了受国民总收入规模限制之外，另一个决定性因素是国民总收入中用于科学技术创新的政府投资比例。

作为能够通过税收来获得收入的机构，相对于市场中追求私人利益的主体

企业和个人而言，政府更多考虑的是社会收益率。如果政府能够充分认识到这一点，并且有足够的财力，政府提升技术创新人才方面的投资规模和投资比例是不难做到的，条件允许情况下完全取决于政府的决心。

企业、个人对技术创新的投资准则依赖于个人收益率，即投资规模的边界取决于投资的边际收益等于其个人收益。但是技术创新具有典型的外部效应，例如已有较高技术水平和创新能力的人才，其所创立新技术所带来的社会收益中只有一部分归属于自己，有外溢收益归属于社会中其他个体。在这种情况下，个人对技术创新的投资难以达到最高水平。政府对技术创新的投资则考虑的是社会收益，因此，即便按照边际收益等于边际成本原则进行决策，政府对技术创新资源的投资应当达到更大的规模。

政府对技术创新的投资能力也远远超过个人和企业，因为政府是通过强制性的税收方式来获得收入，个人对技术创新的投资受制于家庭的收入规模，企业对技术创新投资则受制于企业的经营状况。即便企业和个人有对技术创新进行投资的愿望，也可能受制于投资能力。而政府强制性获得的税收可以充分保证对技术创新资金的需要。

对技术创新进行投资还存在着风险、规模的限制，个人和企业承受这一投资风险能力相对较弱。有一些技术创新投资需要达到一定规模才能进行，个人和企业可能受制于收入规模的约束不能达到。政府则不一样，政府收入具有规模性，足以克服一般的技术创新投资规模障碍。政府也具有足够的承担风险能力，即便某些技术创新投资以失败告终，但是政府对技术创新投资范围更加广泛、成功的技术创新投资所带来的收益足以弥补失败的投资所带来的损失。个人和企业承受技术创新投资的风险就相对要弱小得多。

某些技术创新投资需要延续很长时间，个人和企业基于其时间可能难以承受，但政府是一个永续机构，可以克服长期投资中的时间障碍。

可以这么说，从技术创新投资的决策准则、投资能力、承受风险的能力、克服投资规模障碍和时间障碍的能力等方面分析，由政府来承担技术创新的人力资源投资和基础研究的投资，可以通过提升国民总收入中用于技术创新投资的比例，使得技术创新资源投资规模达到更大。

政府通过财政政策还可以有效地增加企业的研发投资规模，影响着企业的研发投资比例。

由于企业技术创新存在收益的外溢，企业的私人收益率一般小于社会收益率。因此，单纯依靠企业基于利润最大化目的来进行研发，投资规模不能达到社会最优规模。在这种情况下，应该通过政府的财政和税收政策来激励企业增加技术创新的投入。

最常见的税收政策是对企业的研发投资进行所得税税前扣除，这实际上是对企业技术创新研发投资的税式支出，可以提升企业的研发投入规模。

对技术创新型企业提供研发补贴，也是直接提升企业研发投资规模的有效手段。财政补贴企业研发投资的规模一般与企业的销售收入联系在一起，这对于通过技术创新来扩大市场销售规模的企业，是一个有效的激励手段。不过对于新创的企业，因为没有销售收入，或者销售收入极低，这需要通过其他的评估手段来对企业进行激励。由此可见，激励企业增加研发投资规模的评估方式和手段需要灵活运用。

2. 政府提升技术创新投资效率上的关键作用

政府不仅可以提高技术创新的投资规模，而且可以提高技术创新的投资效率。相对于市场，政府在提高技术创新的投资效率上可以起到独有的关键作用。

（1）政府在培育技术创新人才方面有独有的提高效率的能力和条件。

政府对人才的投资是对社会中有科学技术创新培养潜力的人才进行投资，这完全不同于家庭和个人只能对自己和家属进行投资，也不同于企业只能够对企业能够使用的人才进行投资，他们对投资对象没有多大的选择性，投资的效率受制于投资对象的培养潜力。与此相反，政府可以通过适当的选拔机制，将更加具有科学技术创新潜力的人才选拔出来，然后通过政府资助由专门的教育培训机构来进行教育和培训。因为人才选拔机制选拔出来的人才具有更强的学习能力和学习效率，同样的投资所能够形成的人才资源水平比没有选拔机制下的投资效益要高得多。

从发达国家人才培养的实践来看，首先通过政府的资助使所有的人都能够受到基本的义务教育，那些智商更高、学习能力更强的优秀学生可以不受家庭经济状况的约束，能够被选拔机制筛选出来，大学的入学考试或者是高中的毕业考试成绩就是学生未来的科学技术创新潜力的标志。因为有普及性的义务教育可以摆脱家庭经济情况的干扰，大学阶段的国家资助使优秀的学生可以避免经济问题对学习的干扰。因此，国家实施普遍的义务教育和对高层次教育的资助，使得那些真正有科学技术研究潜力的人能够得到有效的培养，大大提高科技创新人才的培养效率。

（2）政府对科学技术研究本身的投资也可以通过适当的评审机制来提高投资的效率。

早期科学技术研究的资助主要来源于个人和家庭以及社会机构，他们在选择资助对象和研究方向的时候主要受制于研究者的兴趣和资助者的判断能力，这限制了科学技术研究的投资效率。因为研究者的个人兴趣和资助者的判断力与科学技术发展方向并不一定相符合。

不同于早期科学知识研究，现在科学技术的研究主要受国家资助，国家为了选择适当资助对象需要进行有组织的社会评审。首先管理机构提出资助项目的基本选择标准、资助的基本范围、项目主持人需要满足的基本条件等，然后由有资格的竞争对手提出自己的申请书，经过有组织的社会评审之后才确定可资助的对象和项目。在项目的研究过程中还会受到监督和检查，项目完成之后还要受到评审等。

由于有适当的社会评审机制，政府资助的项目可以选择最有价值的资助对象、有发展潜力和社会经济价值的项目，对项目实施过程的监督和项目完成之后的鉴定都有助于提高项目实施的效率。因此，从整体上来看，政府资助的投资项目比个人或企业对科学技术投资的效率相对较高。当然，我们这里指的技术项目是指基础技术项目，企业的技术开发项目是基于市场需求而产生的。由于企业对市场需求状况有更充分的了解，因此，企业自主投资的技术开发项目应该比政府投资技术开发项目的效率要高。这说明政府的科学技术研究涉及技术开发项目时，应该限定在基础技术或者共性技术上，不应该将触角涉及直接可以用于市场的应用技术。

（3）政府可以通过人才培养等手段来提升企业技术创新的研发效率。

研发投资的有效性还取决于研发人员的效率，而研发人员的效率又取决于既有研发人员的水平。尽管企业可以通过再培训使得研发人员的水平有所提高，但研发人员的素质基本上还是取决于教育系统的培养水平。因此，国家资助的大学所培养出来的研发人员质量在很大程度上决定了企业的研发效率。从发达国家的实践来看，一流的大学往往培养出一流的科技研发人员。因此，建立起一流的大学、培养出一流的学生是提高企业技术创新效率的基础。

3. 政府主要作用还在于提高技术创新成果驱动经济发展的速度

政府控制着创新投资，包括人才培养和科学技术研究的投资，在决定投资对象和项目时，可以通过适当的评审机制选择投资对象和项目，这一评审机制不仅仅为了提高技术创新资源的形成效率，而且应该着眼于提高技术创新驱动经济发展的速度。

（1）从技术创新成果驱动经济发展的速度角度来看，政府投资形成的技术创新成果应该尽可能适应于现在和未来的经济发展需要。特别是基础性的技术开发项目，如果一个基础技术开发项目充分考虑到了本国的技术状况、市场的发展变化、竞争对手的技术状况，这样的基础技术资源就能够有效地促进本国的经济发展。因此应当以技术创新成果对本国经济发展速度的影响作为科学研究和基础技术开发重要的评审依据。

（2）政府投资所形成的技术创新成果能够有效地走向市场，成为驱动经济发展的动力。无论是新培养出来的科学研究和技术创新的人才，还是新开发出来的基础技术，研究生毕业、科研成果的出版和传播只是完成了研究阶段的工作。重要的在于尽可能把新创造出来的科研成果推向企业和市场，使之成为经济发展的动力。将学校、科研、产业或企业发展三者之间的关系协调好，使科研人才、科研成果能够有效率地走向市场，需要通过有效管理和市场机制的有效利用来达到这一目的，这是一个在科学研究和技术开发方面有所作为的政府应该能够达到的目标。

（3）政府可以通过财政手段或者其他手段提升技术创新成果，驱动经济发展的效率。

技术创新驱动经济发展的效率深受市场需求规模及其因技术创新所带来的变化的影响，市场需求数量规模大、市场需求价格对技术创新的性能质量弹性较大、技术进步降低成本时市场需求价格弹性比较大时，技术进步所带来的市场需求规模能够以更快的速度增长，在这种情况下，技术创新驱动经济发展的效率能够得到有效提高。因此，政府应该通过有效的手段来激励在技术创新驱动经济发展效率较高的行业或产品中进行技术创新。

特别是当市场中企业受到技术创新障碍，例如投资规模障碍、风险障碍等因素约束的时候，市场机制本身导致企业不能在某些技术创新驱动经济发展效率较高的领域发展时，政府作用尤为突出。甚至政府有必要直接进行新的企业创立以弥补市场机制本身的不足。例如，中国在一些高科技产品领域，如微电子芯片、大型客机制造等领域有规模很大的需求，这些领域的技术创新和进步对中国经济发展有至关重要的作用，政府直接进行资本投入以促进技术创新是十分必要的。

五、政府作用的总结

根据以上的研究，在技术创新驱动经济发展的决定因素中，政府在每个方面都能有所作为，只不过有些因素政府的作用相对较小，而有些因素政府的作用相对较大。

1. 主要依赖于市场机制作用、主要受技术路线和外在条件影响，政府的作用是存在的，但不是决定性的

市场中企业收入用于研发投资的比例、企业研发投资效率、技术进步提升收入增长的效率主要受制于企业本身的资源条件和管理水平，政府虽然可以通过适当的手段来影响企业的研发投资比例和技术创新的效率，但其作用仅仅在于影响而不是决定性的。

技术创新驱动经济发展边际效益递减的作用，也主要受制于既有的技术状况和潜力，虽然在技术创新成果形成过程中政府可以对此产生影响，但这种影响短时间内只是增量的影响，相对于庞大的既有技术存量而言，增量变化产生的影响相对较小。

技术创新成果的直线折旧主要受制于技术创新人才的自然寿命和专利期限，虽然政府可以通过干预退休制度，延长技术创新人才可使用年限，但这种干预是不可持续的，最终也会受到自然寿命约束。对于专利的法定期限，政府一般不能够随意改变。

技术创新成果的加速折旧也主要体现于技术创新成果的存量状况以及更新状况，虽然政府在技术创新成果的形成上可以影响其加速折旧速度，但短时间内研发投资形成新的技术创新成果只能做到增量的调整，对技术创新成果存量的加速折旧的影响不那么显著。

2. 政府的关键性作用在于可以控制技术创新的投资规模、研发效率以及新增的技术创新成果驱动经济发展的效率

政府可以通过强制性的税收，其税收收入占国民总收入比重随着经济发展水平的提高逐步提高，政府财政收入用于科学技术创新资源的投资比重也随之提高。因此政府可以有效地控制技术创新的投资规模。一个着眼于通过技术创新来推动经济发展的政府，一定会尽可能提高财政支出中用于技术创新的投资规模，这是技术创新驱动经济发展过程中由政府调控的一个关键变量。

政府能够调控的另外一个关键变量是技术创新投资的研发效率，通过形成高水平的研究机构、提升人才培养的效率和水平，以及通过选择适当的技术创新投资项目、采取适当的管理方式来提升技术研发的效率，这些都是政府本身管理水平的体现，取决于政府的管理水平和能力。

政府不仅能够通过投资培养和创造出有效率的人才和科研成果，还能够通过管理和调节市场机制，推动经济发展，这也取决于政府的管理水平，因此，技术创新成果驱动经济发展效率的关键变量取决于政府的管理效率。

在这里，我们还要反复强调一下技术创新研发投资比例 k_2 和研发投资效率 a_{21}、技术创新成果驱动经济发展的效率 a_{12} 是技术创新驱动经济发展能否可持续的关键变量。如果技术创新成果的投资规模和投资效率足够高，足以补偿技术创新自然折旧，特别是加速折旧，即 $k_2 \times a_{21} > a_{22}$，并且技术创新成果驱动经济发展的效率 a_{12} 足够高，足以对抗技术创新边际效益递减的速度 a_{11}，使得 $a_{12} > a_{11}$，则必定有 $k_2 \times a_{21} \times a_{12} > a_{11} \times a_{22}$，即足以满足前面我们已经总结出来的，技术创新驱动经济发展可持续的充分条件。因此，可以断定政府可以影响甚至控制的研发投资比例 k_2 和研发投资效率 a_{21}、技术创新成果驱动

经济发展的效率 a_{12}，这三个变量是关键变量，也是决定一个政府能否有效推动技术创新驱动经济发展的关键。

第六节　政府激励技术创新政策的有效性

由于技术创新过程存在很大的不确定性和障碍，并且技术创新的收益有很大的溢出效应，纯粹依靠市场经济体制本身来激励技术创新动力是不充分的，创新投资不可能达到最优规模。自工业革命以来，先进的工业化国家无不依赖于政府的激励政策对技术创新行为的激励，以提高市场经济体制下技术创新的动力和驱动经济发展的效率。

一、政府激励政策的类别与必要性

1. 类别：普惠的与特定的

政府通过公共政策来激励企业进行技术创新，无非是两个途径：一是通过普惠性的公共政策来对所有的技术创新企业，采取无差别的激励方式进行激励。普惠式的激励方式一般包括以下几个部分：对研发投入的成本在所得税前进行扣除，对技术开发型企业的前期亏损可以延期抵扣所得税，对技术开发型企业的所得税税率设定为较低的水平，依据技术开发型企业的销售收入比重给予研发补贴，等等。二是通过特定的政策来对一部分甚至个别企业进行激励，这是有差别的激励。例如对特定技术或产品的开发进行补贴。为了支持特定的产业技术进步，可以对企业和科研机构的研发投资进行财政支持，也可以通过直接购买或者是补贴购买的方式来刺激相关产业的产品需求，进而促进这一产业的技术创新。这种基于特定目的而产生的激励政策，只针对符合目标的产业以及少数相关的有竞争优势的企业展开。

2. 必要性

之所以需要采取政府普惠式的激励政策来促进企业技术创新和进步，以促进相关产业的发展，主要是技术创新和进步具有很强的外部性，存在收益的外溢现象。如果没有激励措施，企业的研发投入规模或强度就相对较小。

特定的政府激励政策则不仅要考虑到收益的外溢现象，而且要考虑到相关产业、产品的技术进步对一国经济发展的重要作用。从技术创新驱动经济发展的角度来看，经济发展的不同阶段有相应的驱动经济发展的主导产业，以及与主导产业发展相关的技术创新和进步。从提高技术创新驱动经济发展效率的角度来看，对驱动经济发展效率较高的特定产业的技术创新和进步，政策给予特定的激励政策就十分必要了。

二、普惠的技术创新激励政策的有效性

从实证角度来研究普惠式的政府激励政策与技术创新和进步之间的关系，已经有大量的文献，在这里不一一展开。我们仅以税收抵免政策的有效性以及在中国目前税制下的有效性展开分析。

1. 税收减免与抵扣

将研发投入所形成的成本在所得税前进行扣除，以降低企业实际缴纳的所得税额，这相当于对企业的研发投资进行了税收补贴。研发投资是基于未来发展形成的支出，严格意义上属于资本支出。资本支出应该在所得税后进行，将技术创新的资本支出在所得税前进行抵扣，使得企业实际缴纳的所得税相应减少，构成了对企业的税收补贴。

如果企业的所得税税率为 25%，研发投入支出占销售收入的比重为 5%。如果研发投入在所得税前不扣除，企业的所得税前利润率为 10%，则税后的净利润率为 7.5%，所得税占销售收入的比重为 2.5%。如果将研发投入在所得税前进行扣除，则企业销售收入的税前利润率为 5%，税后的净利润率为 3.75%，所得税占销售收入的比重为 1.25%。相对于不进行抵扣的时候所得税占销售收入的比重 2.5%，通过税收抵免，企业的所得税占销售收入的比重大幅度下降。

2. 单一所得税制与双重税制之间的区别

如果只考虑所得税的税收减免与抵扣，对企业研发投资在所得税前进行抵扣对于刺激企业的研发投资还是有很大的作用。问题在于有的国家，如中国实行的是双重税制，即增值税和所得税并重的体制。企业在缴纳所得税之前已经缴纳了最多 17% 的增值税（目前中国增值税的最高税率已经降低），这是不能够用于研发投资抵扣的。因此对于其实际缴纳的税收而言，只在所得税前进行抵扣对企业的刺激作用相对较小。

企业交纳的增值税一般税率为 17%，对于企业所购进的物耗成本已经交纳的增值税可以进行抵扣，但是就全部生产环节，前一环节交了增值税也构成了产品生产成本的一部分，因此，对产品的销售收入而言，增值税的比例还是17%。如果产品销售收入所得税前的利润率为 10%，所得税的税率为 25%，可以将占销售收入 5% 的研发投资在所得税前扣除，企业实际缴纳的所得税为销售收入的 1.25%，虽然相对于不进行抵扣的时候所得税占销售收入比重的2.5% 已经有比较大幅度的下降，下降了 50%。但是不进行抵扣时全部税收占销售收入的比重为 19.5%，进行抵扣之后全部税收占销售收入的比重为18.25%，这一下降到 1.25% 的幅度只占全部税收的 6.4%，相对于没有增值

税的时候下降了50％的激励程度，6.4％的激励幅度是明显不足的。

企业研发投资在所得税前抵扣来刺激企业的研发投资，还有一个必要条件，就是企业必须处于盈利的状态。如果企业处于亏损状态，就不存在可抵扣的所得税额。对于单一所得税制的企业，由于没有增值税，企业达到盈利状态可能性要远远大于需要缴纳接近17％增值税的企业。因此，双重税制下，可能有相当多的因为增值税而不能达到盈利状态的企业不能够享有研发投资在所得税前进行扣除的利益。因此，我们可以在理论上可以断定，在所得税和增值税双重税制下，通过所得税前抵免研发投资的方式来提升企业技术创新动力的作用相对于单一税制下的激励措施明显要小得多。

三、特定的技术创新激励政策的有效性

1. 特定的技术创新激励政策的有效性

对特定产业、产品的生产者及其相关技术研发者，政府直接给予研发补贴，能够刺激相关的生产者、研发者的积极性，提高研发投入的规模。为了避免政府的研发补贴产生替代企业研发支出的效果，研发补贴可以采取配套的方式进行，例如在一定的额度之内对特定行业的企业研发支出给予一定比例的补贴。

政府采购或者政府给予销售的价格补贴，也能够刺激特定生产者的积极性，对技术创新和进步也会产生正面的影响，但这种补贴不是直接补贴研发投入，因此，其补贴的激励效果相对较差。

特定的技术创新激励政策有效性还取决于所选择的行业、产品及其相关技术，如果研发补贴的对象具有较高的技术创新效率、较高的驱动经济发展的效率，则可以提高技术创新激励政策的有效性，特别是提高技术创新驱动经济发展的有效性。因此，如何选择研发补贴的项目成为特定的技术创新激励政策有效性的基础。

2. 加入竞争政策之后激励政策的有效性

对某一特定技术项目进行政府补贴的效率，还取决于承担技术研发项目的主体及其数量的多少。政府在确定某一研发项目的主体时，一般会采取竞争性的评估政策，比较那些更具有研究效率的企业和研究机构能够成为补贴的对象，这样才能够提高政府对技术创新和进步进行激励的效率。

承担同一研发项目的主体数量一般也不应该是只有一个，即尽可能在技术创新过程中要引入竞争机制，防止在研发过程中形成技术垄断。

在理论上可以证明，完全垄断的市场结构并不是最有利于技术创新和进步的市场结构，因为，独占市场的垄断者其边际利润率过高，限制了其研发投资

的规模，使得研发投资达不到最佳规模。适度的竞争可以降低技术创新者市场垄断的程度，使它们形成竞争关系从而降低其资本的边际利润率，进而使得研发投资规模的扩大。

因此，在确立特定的技术创新激励政策的实施对象时，不仅要通过竞争性的方式来选择技术创新的研发主体，而且应该选择多个有资格的主体，至少应该有两个或两个以上的承担主体。只有当研发投资规模过大、研发主体的资质要求特别高、不可能形成竞争性的研发格局时，才可以由一个垄断性的主体来承担。这一般局限于国家战略性的高技术项目。一般的民营项目、研发投资规模不是特别高、有能力承担研发资格的主体较多时，都应该形成竞争性的研发格局，在竞争性的条件下提高研发的效率和研发的投资规模。

四、提升特定激励政策有效性的基本思路和方法

由于普惠性的政府激励技术创新政策主要通过法律手段来实施，在法律范围之内政府并没有多大的自由裁量权，因此，政府提升创新激励政策有效性的对象，只能是针对特定的技术所采取的激励政策。前面已经分析出特定的技术创新政策的有效性取决于技术创新目标的选择和技术创新主体的选择，对此我们可以进一步展开分析。

1. 特定的技术创新激励目标的选择

以技术创新驱动经济发展作为目标的特定政策的有效性取决于所激励的目标对经济增长推动作用的大小，而这又取决于技术所涉及的市场需求规模以及技术变动所带来的市场需求规模的变动，并且还要考虑技术创新本身的效率，即研发投资推动技术进步的效率。我们可以从以下几个方面来确立特定的技术创新激励目标的选择准则。

从技术本身的属性来看，有改进型技术、突破型技术之分。显然突破型技术比较容易产生新的产品和新的市场，从长远来看具有更大的驱动经济发展的效率。

从技术所制造的产品来区分，有全新产品、替代产品之分。全新产品意味着建立了新的市场，对经济增长的促进作用更大。替代产品极有可能导致原有的产品市场规模缩小，也可能扩大原有的市场规模。例如，智能手机替代了传统的功能手机，就导致市场需求规模的迅速扩大，这种替代产品与全新产品没有什么区别。但有些替代产品将导致市场需求整体规模的缩小，例如 VCD 的播放器，自从存储媒体由光碟替换为电子存储器如 U 盘之后，这一产品的市场就大大缩小了。

从技术创新可持续的角度来看，技术不够成熟时有很大技术进步的潜力，

而已经成熟的技术，特别是达到了科学原理极限的技术，技术进步的潜力就很小了。很明显，技术创新潜力大的技术，技术创新的效率更高、促进经济发展的效率更高。

从技术研发效率的角度来区分，有进展迅速的技术、进程缓慢的技术之分。其中原因在于研究手段和对其中科学原理的把握程度。显然，进展比较迅速的技术创新和进步对经济发展的影响更大。

从技术在产业链中作用来看，有核心技术、非核心技术之分。这取决于技术本身是否有替代性和竞争性。很明显，核心技术的突破对产业发展更为重要。

从技术创新所带来的市场需求及其变化来看，有规模大小之分、有需求弹性大小之分。市场需求规模大的产品和技术、需求弹性大的产品和技术，其技术进步更有利于推动经济发展。

某些技术进步的目的在于提高自然资源的利用率，如果涉及的自然资源对于一国经济发展有至关重要的作用，这样的技术进步更有利于推动该国的经济发展。

某些技术创新和进步依赖于某种自然资源的数量，如果一个国家这种自然资源十分匮乏，这一技术进步的方向从经济的角度来讲显然是不可取的。

从影响技术创新激励目标选择的因素来看，以上多方面的因素都可能影响技术创新本身的效率、技术创新驱动经济发展的效率，难以形成一个统一的公式或者判别标准，需要依据具体的项目进行测定和判断。

2. 特定的技术创新主体的选择（包含数量）

特定的技术创新激励政策的目标需要确定研发任务的主体，这一主体既可以是企业也可以是独立的研究机构。

技术创新主体的选择必然涉及资格审查，任何一项技术创新都是在既有的技术积累和研发基础上展开的，以往的研究经历、现有的研究能力是决定是否具有承担某项研发任务的主体资格的必备因素。

技术创新主体的选择应该在竞争条件下展开，即通过竞争性来选择承担某一项具体研发项目的承担主体。项目的申请书以及必要的答辩成为竞争者的主要竞争手段。

竞争条件下的评审应该采取公平的方式来进行。评审者之间应该独立进行评审，适当的民主能够保证评审的公平和公正，才能够保证评审结果的正确性。所选择的承担技术创新的主体一般不限于一个，这使得在项目的技术创新过程中存在竞争性的压力，对于提高技术创新的效率至关重要。除非特殊原因，例如技术具有独特性又不具有竞争性，才能够选定一个主体来承担技术创新的项目。

3. 激励强度（投入规模和持续性）与激励效果的评估

对项目所涉及的政府投资强度的多少，应该依据研发投资的实际支出规模来加以确定。如果是没有经济收入的独立研究机构研发的项目，政府可以进行全额支持。但是对于企业的研发投资项目，政府应该是支持一定比例的研发投资，其目的在于刺激企业来投入，使得研发投资规模能够进一步扩大，并且使得企业有效管理研发投资的积极性得到进一步提升。企业研发投资项目中政府投入的比重一般不超过 50%。为了避免核查某一研发项目实际投资难度，对企业研发投资的项目给予一个不超过总投入 50% 的政府资助也是具有可行性的。

技术创新的项目往往是跨年度的，政府资助应该依据研发的进度逐年进行资助，并对过程进行监督和评估。在此基础上来确定调整资助计划。

第七节　有利于技术创新的国家技术创新体系

国家技术创新体系问题是 20 世纪 90 年代以来才提出的一个问题，这个问题的提出与当时美国新经济的发展有密切关系。那时发展水平已经很高的发达国家——美国呈现出一种前所未有的经济发展状态：较高的经济增长速度、高就业率、低通货膨胀率。这种新经济状态是传统的宏观经济学不能够充分解释的，而只能从一种新的角度，即从技术创新和进步所推动的经济发展角度，对这种新的经济现象给予解释。一个有效率的国家技术创新体系及其相关问题就由此提出来了。

一、国家技术创新体系的一般认识

关于国家技术创新体系问题的研究已经有大量的文献，但是似乎缺乏公认的研究体系和理论逻辑。我们在这里只能够根据既有经济发展经验以及相关的技术创新驱动经济发展的理论逻辑，对这个问题做出初步的研究和探讨。我们的探讨区分为三个层次：技术创新成果的形成、研发效率或技术创新成果的有效利用、技术创新驱动经济发展的效率问题。

1. 技术创新成果的形成问题

技术创新成果的形成问题相当于公共经济学中公共产品的生产问题。传统的公共经济学认为，公共产品由于存在收益的外溢、消费的非竞争性等特点，以个人利益或局部利益为决策目标的市场不可能提供足够的公共产品，因此，需要由政府来生产公共产品。公共产品生产的最终目标是社会收益等于社会成本，以此为投资准则可以使公共产品达到最优规模。

技术创新成果虽然具有一部分公共产品的属性，例如收益的外溢和消费的非竞争性，但技术创新成果不完全具有公共产品的属性，因为公共投资所形成的技术创新成果依附于个人或者企业所有，其相当一部分收益归于个人和企业。因此，个人和企业基于其收益也会对技术创新成果进行投资，而纯粹的公共产品一般情况下个人和企业不会进行投资。因为技术创新成果的收益具有不完全的外溢特性，怎样协调政府和市场（包括个人和企业）在技术创新成果形成方面的分工以提高形成效率，就成为国家技术创新体系中的一大问题。

2. 研发效率或技术创新成果的有效利用问题

标准的公共产品，例如道路可以通过竞争的方式提高其生产效率，但技术创新的研发过程具有不可重复性、不确定性，怎样选择正确的研究方向、有效组织技术创新的资源、激发研发人员的积极性、提升技术创新研发过程的效率，是一个国家技术创新体系中必须解决的问题。

技术创新的研发过程无非是两种组织方式，一种是通过政府行政的方式来形成决策目标、调配资源、利用行政体制的监督和激励管理研发过程。另一种方式是通过市场化的方式由企业来形成决策目标、通过市场自由交易来调配资源、利用经济杠杆来激励和管理研发过程以提高研发效率。究竟哪种方式更加有效，需要依据研发的目标来进行区别和进行深入研究。

3. 技术创新驱动经济发展的效率问题

一个有效的国家技术创新体系不仅能有效地形成技术创新资源和技术创新成果，而且能够将技术创新成果有效地利用到经济发展的过程、提升技术创新驱动经济发展的效率。美国的新经济呈现出众多的技术创新的成果，并且这些成果极大地改变了经济发展的态势，这其中有众多的经验值得人们总结。对于上述讨论，归纳如表5：

表5　政府职能与市场职能的归纳

基本功能	政府的职能	市场的职能
创新资源的形成	人才的培养、激励研发	企业内部的研发投资、创新风险投资市场机制的形成
研发效率的提高	基础研究、共性技术研究、发展战略、研究方向	应用研究（专项技术与产品开发）、人才的流动与有效激励
驱动效率的提高	规范市场	要素市场和资本市场的完善

二、政府与市场在技术创新成果形成上的合理分工

技术创新的资源与成果包括技术创新的人才和技术创新的科研成果两个方面，政府和市场在这两个方面的合理分工可以极大地促进技术创新资源的增长，从而为技术创新驱动经济发展奠定资源基础。

1. 政府应该成为技术创新人才资源投资的承担者

由于人才的培养是一个长时间的风险投资，并且投资收益具有典型的外溢特征，市场和个人一般难以承受这种风险投资，因此，政府应该成为技术创新人才资源的投资者。为了有效地培养出技术创新人才，政府首先应该实现高水平的普及性教育，然后在这个基础上通过选拔机制培养出更高素质的具有创新精神的人才。

发达国家一般有高水平的普及性基础教育，例如从幼儿园阶段开始 15 年制的义务教育。而发展中国家普及教育的年限相对较低，只达到初中水平。我们应该充分认识到普及性教育的先行作用，因为在未成年阶段进行教育的机会成本是最低的，更何况这种教育的投资收益年限是终身的。因此，先行的高水平的普及性教育应该是一个发展中国家成为发达国家的必要条件。基于这种认识，即便是在中等收入阶段，尽可能提高普及性教育的年限是必要的。这不仅可以为技术创新人才的培养奠定良好的基础，从技术创新的扩散的角度来看，新技术的扩散应用依赖于具有较高文化程度的人，因此，这也可以提高技术创新驱动经济发展的推动力。

大众化的高等教育是所有发达国家的典型特征，这也表明需要通过竞争性的大学教育来选拔具有创新能力的人才。高等教育不仅仅是职业教育，培养出具有专门技能的人，为新技术的使用和推广奠定基础，更重要的还在于大众化的高等教育可以发掘出人才进入下一个层次的教育，为技术创新人才的大规模培养奠定基础。

发达国家都有高水平的研究型大学，通过研究生的教育培养出具有创新精神的人才，这是一个国家具有自主创新能力的保证。自主创新能力对于一个国家的经济发展水平达到发达国家的水平有至关重要的作用，从这个意义上来说，通过普及性的基础教育、大众化的职业教育，最终培养出大批量具有自主创新能力的人才，以形成技术创新的资源，为技术创新驱动经济发展奠定资源基础，是一个国家教育体系在技术创新人才培养体系中所应该达到的最终目的。

2. 政府和市场应该在技术创新科研成果的形成上进行合理的分工

虽然人才的培养主要由政府来承担，但技术创新科研成果的形成却应该是

由政府和市场进行适当的分工，这样才能够有效率地形成技术创新的成果。

技术创新的成果具有典型的外溢特征，但并非应该由政府来承担全部的责任。政府的不足在于技术创新的市场信息并不是由政府完全和及时掌握，市场中的企业更了解市场的需求，可以为技术创新提供更好的决策依据。并且收益的外溢可以通过专利制度来加以限制，在这种情况下企业也具有技术创新的动力。因此，政府和企业可以在技术创新上进行适当分工。

远离市场需求的基础科学技术的研发，应该由政府来承担。这不仅在于这些科研成果具有公共产品的特征，而且还在于基础科学技术的成果无法通过市场化方式来获得收益，依赖于市场来进行基础科学技术的研发不具可行性。

当然，政府对基础科学技术的研发也可以通过控制研发规模和项目选择来提高其研发效率。一些纯理论的基础科学研究，在短时间内是不能够看到其经济效益的，应该通过研发投资规模的控制将其局限在一定范围之内。有一些基础科学技术的研究可以为未来的应用奠定基础，这样的基础科学技术研究可以适当地扩大其规模。某些基础科学技术研究明显对未来的经济发展具有重大作用，那么这类基础技术的研究应该极力发展、重点支持。如果政府对基础科学技术的投资遵循上面这样的准则，那么政府对科学技术研究的投资效率，特别是对经济发展的作用将有所提高。

企业可以对一些应用技术进行开发性的研究。企业基于对市场信息的了解可以大大提高此类研究的效率，特别是驱动经济发展的效率。凡是企业有足够积极性进行应用技术开发研究的领域，政府机构不应参与其研发的竞争，以避免降低企业的积极性。为了促进企业研发规模的提高，政府还可以采取配套资金的方式，提高企业研发投资的积极性。通过企业和政府的共同选择和共同投资来进行研发的项目，一般应该具有更高的效率，因为投资双方都有自己的决策准则和判断依据，这可以为投资效率的提高奠定基础。

作为一个发展中国家，在跨越中等收入陷阱的阶段过程中，选择一些关键的技术项目由企业和政府来进行共同投资，形成在某些领域的科技竞争力和技术创新能力以及相应的专利技术，应该是跨越中等收入陷阱的过程中寻求技术创新突破的一个必要路径。

三、技术创新资源的有效利用、技术与人才市场化配置

在政府和市场对基础研究和应用研究进行分工的基础上，如何提高研发效率也是国家技术创新体系需要解决的问题。

技术创新的研发过程具有创新性和不确定性，提高技术创新的研究效率关键在于将适当的研究项目与适当的研究人员相匹配，并给予有效的激励。

　　政府项目的研究人员匹配问题，可以通过竞争性的申报、评审方式来实现研究项目与研究人员的匹配。申报过程就是一个匹配过程，评审过程是一个通过比较和评估选择寻找到最佳匹配的过程。通过这一方式基本可以解决政府资助的项目与研究人员之间的匹配问题。

　　企业研发项目的匹配问题应该通过市场化的方式来加以解决，即研发人员通过市场机制来实现研发项目和研发人员之间的匹配。企业可以通过市场化人才招聘机制来获得其研发项目所需要的人才，具有研究能力的人也可以通过人才市场的自由流动进入市场的企业来从事自己感兴趣的、有能力胜任的研发工作。

　　由此来看，政府和企业的研发项目都是要通过社会化竞争机制来实现研发项目与研发人员的匹配，只不过政府是通过社会化的评审机制来实现，企业是通过社会化、市场化的人才市场来实现。

　　尽管具有研发能力的高素质人才在研发的过程中具有自我激励的能力，但在研发过程中对他们给予适当的激励，特别是适当的经济激励是必要的。因为高水平的研发过程极度耗费研发人员的时间和精力，应该有经济激励来补偿其所耗费的劳动成本。

　　政府的项目一般是基础性的项目，不能够直接带来经济利益，对于从事基础性项目的研究者，保证其具有较高研发积极性的基本条件是给予与研发人员的能力相匹配的、相对社会平均收入水平较高的收入。能够通过市场化评审机制来获得国家的基础研究项目，一般都是具有较高水平研发能力的人，如果不能够保证此类研发人员有较高的收入，此类研发人员可能不会全身心投入到研发过程。更重要的还在于，较低的收入水平将导致政府的研发项目无法匹配到适当的研究人员，因为高水平的研究人员可能因经济收入问题放弃申请国家基础性项目。因此，给予政府研发项目人员有效激励的方式是保证他们与其研发能力相匹配的、相对于社会平均收入水平较高的收入，这是保证研发效率提高的必要条件。

　　企业应用性研发项目可以带来直接的经济利益，因此，激励此类项目研发人员的有效途径是将研发人员收入与研发结果所带来的经济利益直接挂钩。对研发人员给予奖励是比较初级的激励方式，虽然奖励的金额可能与经济利益之间有直接的联系，但因为奖励的金额占研发所带来的经济利益的比例很小而限制了研发的积极性。由于企业应用性研发项目之间的竞争是非常激烈的，企业研发成败还具有时效性，即研发速度上还存在竞争关系。因此，企业研发需要研发人员投入更高的强度。由于企业的研发还需要考虑市场因素及其变化，其研发难度和复杂程度并不一定比基础性研究容易。为了激励高素质研发人员参与企业的应用型研发项目、提高其研发过程的积极性、补偿研发人员投入的高强度劳动，有效激励方式是采用股权激励的方式，直接将研发成果收益的一部分来补偿研发人员投入的劳动成本。股权激励的方式将研发成果的市场收益率转变为研发目标和研究过程的激励因素，使得研发人员更有动力进行研发，即不仅可以提高研发人员的积极性，也可以有效提高研发成果的市场收益率。目前发达国家对研发人员的股权激励一般通过期权的方式来实现，在这方面已经积累了很多有效的经验，取得了很好的成效。

四、有利于技术创新和提升驱动经济发展效率的资本市场

传统的资本市场理论主要从生产角度论述资本市场的作用，例如资本市场可以提高资源配置的效率、形成规模化的投资、提高社会的储蓄率、增加资本的来源，从而解决生产线的投资所需要的资本问题。在技术创新驱动经济发展的条件下，资本市场不仅可以扩大技术创新投资的来源，为创造出更多的技术创新资源提供资本条件，而且可以解决技术创新资源的有效配置问题。因此，有利于技术创新和提升驱动经济发展效率的资本市场，对于完善国家技术创新体系有至关重要的作用。

1. 风险投资的资本市场能够有效扩大技术创新的研发投资规模、提升技术创新投资的效率

技术创新的研发投资一般是来源于国家和企业本身的研发投资，如果仅仅来源于这两个方面，研发投资规模将受到很大的局限。20 世纪 80 年代以来，风险投资市场不断发展，为技术创新提供了更广泛的社会资本资源。风险投资资本市场的产生极大地扩大了新技术创新研发投资的来源，为新技术革命和技术创新驱动经济发展提供了更大的动力。风险投资资本市场之所以能够产生，一方面源于技术创新投资有较大的风险性，需要通过社会化资本来分散分担其中的风险，避免单一投资主体因投资失败带来的毁灭性打击，由此扩大了技术创新投资的规模。另一方面，风险投资以研发成功所带来的预期收益为基础，由此形成的风投机制可以甄别出预期收益较大的投资项目，从而提高技术创新驱动经济发展效率。此外，基于预期收益来确定风险投资的规模，不仅能够有效地扩大风险投资的规模，而且可以提高风险投资的效率。当然，风险投资管理流程对于提升投资的效率、提高研发过程的效率也是很有帮助的。

2. 将技术创新的人力资源进行资本化可以提升技术创新的研发效率、刺激技术创新人力资源的形成

技术创新过程存在着巨大的不确定性，如何有效分担技术创新的风险、提高技术创新人员的积极性，实际是技术创新过程必须解决的问题。从发达国

家，特别是美国的技术创新实践来看，通过将技术创新的人力资本进行资本化运作，可以有效地解决这一问题。其基本方式是以股票期权方式激励技术创新人员，期权的多少主要依据技术创新人员在技术创新过程中的作用大小来决定。这相当于将技术创新的人力资本进行了资本化，即技术创新人员通过期权的方式分享了技术创新成果的收益。

通过期权方式将技术创新人力资源资本化，不仅解决了技术创新人员的收入分配问题，更加重要的还在于提高了技术创新人员的研发积极性，因为研发成败和研发效率，特别是时间效率与技术创新人员的期权收益有直接的关系。

期权制度的实施有利于提高形成技术创新人力资本的积极性，因为技术创新人员的期权带来的高额收益，极大地提高了人才培养过程中的预期收益率，使得个人更加愿意为自己技术研发水平的提高付出更多的学习成本。

发达国家特别是美国市场经济之所以不断呈现出新的技术、新的产品，与风投机制、期权制度有效提高了技术创新速度和效率有关。而且众多新技术产品的出现也表明风投机制有利于促进技术创新人才资源的形成。

3. 将技术创新成果进行资本化，可以提升技术创新成果的配置效率、提升技术创新投资的收益率

技术创新的成果一般表现为不公开的专有技术或者是公开的专利技术，并由此生产出相关的最终产品。传统的技术创新在市场上表现为最终产品的交易，技术创新的拥有者也是最终产品的生产者，虽然这可以提高技术创新者的市场需求规模，是提高技术创新者收益率的一个途径，但这一途径并不一定是最佳途径。通过专利权的转让，同样也可以扩大专利技术的使用范围，同时还不要求技术创新的拥有者具有最终产品的生产能力以及相关的市场营销能力。由此来看，将技术创新成果本身进行商品化，即通过专利转让方式来扩大其收益的规模也是提高技术创新的一个途径。从现在市场经济的发展来看，专利权的交易规模越来越大，有效地提高了技术创新成果的配置效率和收益率。

并不是每一项技术创新成果都能够通过专利权的方式来体现，某些技术属于不可明示的技术奥秘，只有技术应用者本人才能够支配这些技术，这些不可明示技术本身无法通过文本方式，即专利方式来实现转移。如果一个企业拥有一些不可明示的技术奥秘，那么这些技术只能够通过产品来体现这些技术的存在，不可能通过专利权方式来实现其价值。现代市场经济已经发展出企业购并市场，即通过企业购并交易来体现和实现企业所拥有的技术价值，使得一个企业拥有的技术，特别是不可明示的技术奥秘可以在更广泛的市场范围内来实现它的价值。因此，企业之间的购并行为实际上是将企业的全部技术、全部价值进行资本化后进行交易的一种行为，这种将技术创新成果进行资本化后进行的交易可以大大提高技术创新成果的配置效率，大大提高了技术创新企业的投资者的收益率。

20世纪90年代以来，伴随着美国新经济发展的是不仅仅是传统的专利技术的市场转让，而且企业购并市场规模有极大的发展，企业之间的购并所涉及的资产规模大大超过了每年新增投资的规模，这表明存量资本市场的重新配置地位已经超过了增量资本的配置地位。这种现象背后实际上是企业的技术创新成果，通过企业购并方式来实现技术创新成果的再配置，这可以大大提高技术创新成果的配置效率。

4. 具有社会化融资功能的证券市场可以为新技术产品的大规模生产提供资本基础

如果说在新技术创立阶段企业可以通过自身的投资能力来完成研发投资，或者必要的时候借助于风险投资市场来获得研发投资所需要的资金，但是在新技术大规模推广的生产阶段，通过证券市场获得生产性资金就成为必不可少的途径。

多层次的证券市场应该是新技术研发和大规模推广的重要推动力量。在一些新技术研发和初始应用阶段，虽然所需要的资金量较少，但是其盈利能力较弱，可能达不到一般证券市场，如主板市场所要求的企业规模和盈利能力规模。在这种情况下设立资产规模门槛较低、盈利能力较低的创业板市场就尤为必要，就可以使得新创的科技型企业尽早地进入资本市场来获得融资，以扩大研发投资的规模和生产规模。对于技术创新成果已经达到比较成熟的阶段，需要通过大规模融资来扩大生产规模的时候，主板市场的融资规模和融资能力就成为此类企业十分重要的融资工具。一些科技水平比较发达的国家，一般有多层次的证券市场来适应科技型企业在不同发展阶段的融资需要，成为了这些国家科技进步推动经济发展的重要工具。

尽可能早地将科技型企业推向证券市场的目的，不仅仅是使得科技研发型企业尽早地获得社会投资，以增加这些企业的研发投资能力，更重要的还在于科技研发型企业在上市募集资金的时候，其科技价值会获得比较高的资产溢价，使得技术创新者和早期的风险投资者对技术创新投资有比较高的收益和回报。这可以极大地刺激技术创新者进行有效率的研发、刺激技术创新人才资源的形成，给早期的风险投资者以比较高的回报，也可以提高风险投资者的投资规模，进而扩大技术创新的研发投入规模。

本章结论

我们可以将以上技术创新驱动经济发展动力机制的研究结论总结如下：

（1）相对于自然经济体制和计划经济体制，市场经济体制更有利于形成技术创新的动力，因为市场经济体制为技术创新提供了更加充分的决策信息以及通过市场竞争形成的技术进步动力。

（2）通过对企业技术创新动力和决定因素的研究，我们可以得到以下认识：市场需求规模、研发效率、产品差异性和市场垄断程度等因素对企业技术创新获得利润的能力有决定性影响。企业技术创新过程中将面临着阈值障碍和风险降碍。市场经济体制的完善有助于企业克服技术创新过程中面临的障碍。

（3）通过对企业产品创新行为进行研究，我们可以得到以下结论：企业新产品创新存在投资规模和研发效率的阈值障碍。企业产品研发满足最低效率条件下，存在一个导致利润最大化的最优研发投资规模、最优预期销售规模和利润规模。

（4）评价技术创新的静态和动态状况有多方面指标，这些指标包括技术创新投入强度、产出规模、投入产出效率等，通过对既有技术创新状况的评价，可以选择技术创新潜在发展空间大、技术创新投入产出效率较高的方向作为技术创新目标。

（5）政府需要解决的关键问题是研发投资的比例、投资形成技术创新成果的效率、技术创新成果驱动经济增长的效率。政府可以利用公共权力来达到这一目标。

（6）政府除了采用普惠性激励企业的创新政策，还可以采用特定政策以提高全社会技术创新投资规模和效率。特定政策的有效性取决于对目标的选择、对创新主体的选择以及实施过程的有效管理。

（7）有效的国家技术创新体系应该处理好以下几个问题：政府与市场应该在形成技术创新资源上进行合理的分工、解决技术创新资源的有效利用与合理配置问题、建立起并完善有利于提升技术创新驱动经济发展效率的多层次资本市场。

第四章 中国经济发展状况与跨越 中等收入陷阱的对策研究

关于中国经济发展状况的研究包括以下几个部分：综述关于中国经济发展状况特别是跨越中等收入状况的研究，从资本积累、有效劳动力的增长、全要素生产率的角度对决定中国经济发展因素进行定量分析，提出中国农村剩余劳动力转移过程中存在的障碍与问题，总结中国技术创新资源形成状况、决定因素、驱动经济发展的效率状况。对策研究首先借鉴发达国家的成功经验和吸取新中国技术创新过程中的经验和教训，然后提出中国在跨越中等收入陷阱过程中所具备的三大优势，最后从多个角度提出跨越中等收入陷阱的对策。

第一节　关于中国经济发展状况的研究综述

一、中国经济发展决定因素的研究及其差异

1978 年改革开放以来，中国经济保持了长期连续的高速增长。1997 年亚洲金融危机发生后美国经济学家克鲁格曼质疑中国和东南亚国家经济发展的可持续性，由此引发了决定中国经济增长因素的研究。时至今日，关于中国经济增长的决定因素以及贡献大小的研究累积了众多的研究结果，对比分析可以发现这些研究结果的差异很大，需要深入探寻形成这些差异的原因。

1. 研究结果及其差异

决定经济增长的最主要因素是资本的增长、劳动的增长和全要素生产率的增长，关于中国经济增长动力因素、贡献大小的研究也基本上从这三个方面展开。

茹少峰（2018）研究中国经济增长的结果是资本增长的贡献为 66.11%，劳动增长的贡献为 6.67%，全要素生产率的贡献为 27.22%。郭庆旺和贾俊雪（2005）的研究表明 1978—2004 年间要素投入对经济增长的贡献达到了 90.54%，全要素生产率的贡献只有 9.46%。邱晓华等（2006）指出 1980—2004 年间中国经济增长有 59.2% 来自于资本积累，全要素生产率的贡献为

35.7％。程明望等（2019）指出 1978—2015 年间，资本对经济增长的贡献率
最高，达到了 34.86％，全要素生产率的贡献为 22.3％，劳动力的贡献为
8.56％，剩余的部分为市场潜能的贡献。朱承亮（2009）的研究结果为资本积
累的贡献高达 82.79％，劳动增长的贡献为 27.69％，全要素生产率的增长为
负值。王小鲁（2009）的研究结果是资本积累的贡献为 39.09％，劳动增长的
贡献是 18.72％，全要素生产率的贡献为 37.35％ 。孙琳琳（2005）研究的结
果是资本增长的贡献是 49％ ，全要素生产率增长的贡献为 35％。张军
（2003）研究的结果表明，全要素生产率增长的贡献为 13.9％。董敏杰
（2013）研究的结果表明资本积累的贡献为 85.4％，劳动增长的贡献是 3.7％，
全要素生产率的贡献为 10.9％ 。沈坤荣（1997）研究的结果是资本增长的贡
献 39.68％，劳动增长的贡献为 17.5％，全要素生产率的贡献为 43.81％。

　　从这些研究中我们可以发现，不同研究者所得到的研究结果存在比较大的
差异：资本增长的贡献比重从 34.86％ 到 85.4％，劳动增长的贡献比重从
3.7％ 至 27.69％，全要素生产率增长的贡献比重从负值到 43.81％。其中全要
素生产率的贡献比重，在不同的研究中呈现出最大的差异。

2. 研究结果差异背后资本产出弹性的估计

　　全要素生产率增长率的贡献比重在不同研究中呈现出比较大的差异，由于
全要素生产率的增长率的贡献一般通过计算余值的方式来获得，因此形成这种
差异的原因主要在于对劳动和资本两个因素产出弹性的估计。采用道格拉斯生
产函数来估计资本和劳动的产出弹性时，一般假设两者之和为 1，因此其中一
个产出弹性的估计，就成为影响全要素生产率增长率的关键因素。在中国经济
增长过程中，资本增长的速度远远超过了劳动力增长的速度，对资本产出弹性
的估计成为了关键因素。

　　查阅既有的研究，我们可以发现，不同研究者对中国经济增长过程中，资
本产出弹性的计量结果有很大的差异。以下是不同研究者在不同时期研究所得
到的资本产出弹性的结果：茹少峰（2018）0.32、程名望（2019）0.28、朱承
亮（2009）0.83、邱晓华（2006）0.65、王小鲁（2009）0.30、郭庆旺
（2005）0.69、张军（2003）0.61、沈坤荣（1997）0.40。

　　上述研究中资本产出弹性的区间为 0.28～0.83，这个差距是非常显著的。
中国资本的增长速度在最近 40 年大部分时期超过了 10％，而劳动力的增长速
度因为所采用的指标不同大致只有 1％～3％的水平，资本的增长速度远远超
过劳动的增长速度，因此资本的产出弹性大小对资本增长所带来的经济增长贡
献比重影响很大。当不同的研究者所估算出来的资本产出弹性存在显著差异
时，不同的研究者将得出中国经济增长的要素贡献比重极不相同的结论。

3. 不同研究者得出研究结果差异很大的原因

不同研究者之所以得到极不相同的资本产出弹性，根本原因在于不同研究者所采用的数据不同、研究方法不同、研究所涉及的变量范围不同。

①所涉及的要素投入数据差异

要素的投入主要指资本投入和劳动投入。现有文献大多用资本存量指标衡量资本投入，资本存量的测量方法大多为永续盘存法。易纲等（2003）指出这种处理方法存在两个误差，一是新实物资本和旧实物资本的使用效率不同，二是资本存量中包括的闲置资本实际上没有参与生产过程，不应该包括在资本使用数据中。李宾和曾志雄（2009）指出前期的文献在使用永续盘存法时，由于采用了不合适的投资流量指标，高估了资本存量增长率进而低估了全要素生产率的增长率。孙琳琳和任若恩（2005）认为资本存量并不能准确地衡量资本投入，应在资本租赁价格的基础上估计出中国资本投入。

不过需要指出的是，尽管在资本存量计算过程中涉及的折旧年限、折旧率、通货膨胀率等指标在不同的研究者那里可能存在一定差异，但是对于存量资本增长速度常年在10％以上的这一数据来说，所产生的差别并不是很大，这个不是导致计量结果不同的主要原因。

劳动投入主要指的是劳动力数量和质量的投入，如果只考虑到总劳动数量，由于长时间执行计划生育政策，中国总劳动力增长速度是十分缓慢的，并且呈现出增长速度逐步下降的趋势，目前总劳动力增长基本上处于停滞状态。由于长期总劳动力增长速度处于1％左右的水平，因此总劳动力增长对中国经济增长的贡献是比较小的。如果考虑到中国经济增长过程中劳动力就业结构的转变，可以发现中国第二、三产业的劳动力增长速度相对比较快，可以达到2％~3％的水平。目前第二、三产业的劳动力增长速度虽然有下降的趋势，但是还有1％左右的增长。显然，如果考虑到劳动力就业结构的转变，劳动因素对中国经济增长的贡献比重，至少应该上升一倍以上。

最近40年，中国劳动力的质量水平上升比较快，这个因素直接提高了劳动生产率，带来了全要素生产率水平的提高，这个因素实际上涉及决定全要素生产率增长的变量问题。需要在下面做进一步的分析。

需要指出的是，由于不同研究者所分析的时间段存在差别，即便是采用同样的研究方法，也会对研究的结果产生差别，只不过这个差别不会十分显著。

②计量方法的不同

常见的生产函数形式有 C-D 生产函数、超越对数生产函数、CES 生产函数。C-D 生产函数因其便利性而被广泛使用，然而其中性技术进步和要素替代弹性不变的假定与现实存在出入。超越对数生产函数不受要素替代弹性不变的约束，且其形式可以进一步拓展到总产出、总资本投入和总劳动投入与它们各自分量的函数关系上，可以更好地捕捉各要素份额的时变特征。CES 生产函数主要用于研究偏向性技术进步，在短期中，价格效应和市场效应同时作用于技术进步的方向，而资本与劳动之间的替代弹性决定了哪种效应起决定作用；在长期中，CES 函数将退化为 C-D 生产函数（钟世川和毛艳华，2016）。

对于全要素生产率的测算方法主要包括增长核算法（孙琳琳和任若恩，2005；刘宪，2008；王小鲁等，2009；邹伟进等，2019）、随机前沿分析法（朱承亮等，2009；余永泽，2015；茹少峰和魏博阳，2018）、数据包络分析法（颜鹏飞和王兵，2004；郭庆旺等，2005）。增长核算法以新古典增长理论为基础，用产出增长率扣除各种投入要素的增长率，来测算全要素生产率的增长。随机前沿分析法（SFA）将随机冲击的因素考虑到生产函数中，认为实际生产无法达到理想的投入产出最大前沿面，将全要素生产率分解成规模效率、技术进步和效率变化等不同组成部分，更能够反映现实生产中的技术非效率问题。数据包络分析法（DEA）是一种非参数的计量经济学方法，直接利用线性优化给出边界生产函数与距离函数的估算，将全要素生产率分解成规模效率、技术进步和效率变化，与 SFA 不同的是这种方法无需对生产函数形式和分布做出假设，且只适用于面板数据。

显然，不同的计量方法所带来的结果将有所不同。

③研究所涉及的变量范围不同

为了测量全要素生产率增长率变化的原因，不同的学者引入了除资本和劳动之外其他不同的变量。刘宪（2008）将全要素生产率分解为制度变迁和纯技术进步。在王小鲁等（2009）的测算中，全要素生产率包括了人力资本、科技资本、市场化改革、城市化发展等诸多因素。李小平和李小克（2018）认为全要素生产率的增长是技术进步、资本深化和要素效率增长的融合。茹少峰（2018）引入了国有经济比重、政府支出规模、贸易开放度等变量。程名望（2019）引入了市场潜能变量。朱承亮（2009）引入了经济开放度、金融发展、人力资本变量。王小鲁（2009）引入了科技资本、市场化改革、城市化、外资效应、外贸效应、基础设施、行政管理成本等变量。邱晓华（2006）引入了结构变动、人力资本、制度创新等变量。由于引入了不同的变量来解释全要素生产率增长的原因，由此导致了对资本产出弹性的估计有很大的差异。

另外一种研究特别重视劳动结构转变的作用。潘文卿（1999）的研究表明，在改革开放后的 20 年间，从业人员从农业部门到非农业部门的转移，对全社会劳动生产率提高的贡献为 23.4%，对整个社会经济增长的贡献达到了 15.9%。值得注意的是，蔡昉（2017）指出官方数据显示的农业劳动比重过高，若按国家统计局关于农业劳动力的定义，对实际劳动力数据进行调整，实际务农劳动力比重比官方数据低 10～20 个百分点。根据他们调整后的数据，1978—2015 年间，就业结构的变化对劳动生产率增长的贡献达到了 44％。

通过计量方法计算决定经济增长因素影响程度时，所采用的数据不同、所涉及的变量范围不同，将直接影响到计量的结果，特别是对资本产出弹性的估算。如果涉及全要素生产率变化的因素不够全面，这些因素的数据变化不够显著的时候，所推出来的全要素生产率增长率将被低估，由此导致资本的弹出弹性高估。由于中国经济增长过程中存在劳动力结构的转变，如果我们忽视这种转变，简单用总量劳动力作为劳动投入，由此导致的计量结果将会把劳动力结构转变所带来的技术进步归因于资本的增长，由此也导致资本产出弹性的提高。

显然，由于以上三个方面因素的差异，将导致研究结果的差异。特别是研究过程中所涉及的变量范围的差异，将显著影响研究的结果。

二、中国经济跨越中等收入陷阱的研究状况

相当多的发展中国家，在由中等收入水平向高收入水平发展的过程中，遇到了难以跨越的中等收入陷阱，导致其长时间滞留于中等收入阶段。中国经济已经达到中等收入的上端水平，能否通过持续的、快速的经济增长，跨越中等收入水平的障碍，使中国成为高收入水平的国家，是目前中国经济发展面临的一大挑战。

世界银行的专家学者（Indermit Gill and Homi Kharas，2007）通过对众多达到中等收入水平发展中国家长期增长状况的归纳发现，除少数国家能够顺利跨越中等收入的上限（2007 年这一标准为 10 000 美元），大多数发展中国家只能滞留于中等收入水平，因此存在着阻碍发展中国家进一步发展的"中等收入陷阱"。中国学者也从实证的角度证明了中等收入陷阱的客观存在（程文和张建华，2019；魏熙晔等，2019）。

从目前中国经济发展的趋势来判断未来中国经济发展能否跨越"中等收入陷阱"，关键在于决定中国经济发展的因素是否能够持续，其所能够达到的经济发展速度能否使得人均国民总收入水平超越高收入水平的下限。目前经济学者对此问题缺乏一致的判断，有以下三种不同观点：

1. 认为中国经济能够通过持续快速的发展顺利跨越中等收入陷阱

这种观点是依据中国过去和现在经济发展的趋势得出的判断。中国保持了 40 年左右的中高速经济增长，至 2019 年中国的人均国民总收入水平已达到人均 1 万美元的水平。按照目前 6％左右的增长速度计算，中国将在未来的 5 年

左右的时间内即 2025 年左右跨越中等收入陷阱。

2. 认为中国经济将可能陷入中等收入陷阱

陷入"中等收入陷阱"的国家一般存在一些共同的经济现象，如收入分配极不平等、过度城市化导致城市高失业率、政府腐败无能、社会公共服务效率低下、社会动荡、经济体系极不稳定等现象。中国经济已经表现出陷入中等收入陷阱的一些现象，如收入分配极为不平等、公共服务效率不高等（郑秉文，2011）。这些现象构成了经济快速发展的障碍，构成了陷入中等收入陷阱的原因（王友明，2012）。

此外，依据目前中国的资本积累率、劳动的增长率和技术进步率的变化趋势状况来判断，中国未来已再难以保持其高投入、高经济增长率的趋势，这也是中国经济可能会陷入中等收入陷阱的直接原因（周文和孙懿，2012）。

3. 中国经济能否顺利跨越中等收入陷阱的决定性因素

认为中国经济能否顺利跨越中等收入陷阱的决定性因素是中国经济发展的主要动力能否转变为技术创新和进步，使得全要素生产率的增长率成为经济增长的主要组成部分，因此中国经济的未来取决于寻找到有利于促进技术创新和进步的对策（张卓元，2011）。对于这一问题，中国学者做了众多的研究，现将最新的研究概括如下。

龚刚、魏熙晔、杨先明等（2017）在增长理论框架下，从技术进步的视角，对发展中国家陷入中等收入陷阱的原因、机制和条件进行研究，认为能否跨越中等收入陷阱，取决于后发国家依靠自主研发所获得的技术增长率是否高于前沿国家的技术增长率，并认为中国国家创新体系的构建和创新驱动发展战略的实施，为跨越中等收入陷阱奠定了制度基础。蔡昉（2019）认为跨越中等收入陷阱时存在门槛效用，能否跨越中等收入陷阱的关键，取决于能否保持可持续增长动力。朱玉成（2020）认为中国目前跨越中等收入陷阱面临五大挑战，如果通过落实以下五个方面的政策：鼓励创新实现经济结构的升级、打造人力资本的质量红利、有效保护环境、扩大开放提高产品国际竞争力、改善收入分配状况，中国完全可以跨越中等收入陷阱。胡莹、陈韬（2019）认为中共十八届五中全会提出的新的发展理念，充分利用了中国日益增强的创新能力和以中国为枢纽的"双环流"的世界经济条件，为中国的高质量增长提供了保障，是中国跨越中等收入陷阱的指导思想和正确路径。

孙振清等（2019）从中国在美国专利商标局申请专利技术的角度，从实证研究的角度指出中国已经迈入长技术循环周期，已经具备跨越中等收入陷阱的能力。张建华、程文（2019）通过实证的对比研究认为推进先进制造业与现代服务业的深度融合，大力发展生产性服务业，实现中国经济结构的转型升级和高质量的发展,是中国跨越中等收入陷阱的关键之举。杜宇玮(2018)认为跨越"中等收入陷阱"的关键在于实现经济发展方式向创新驱动转变,为此,中国应当通过实施基于内需的经济全球化战略,培育中高端本土消费市场,由传统产业政策向创新政策转型来实现创新驱动,进而跨越"中等收入陷阱"。华民(2018)从国别对比的角度出发,分析了经济增长中面临的马尔萨斯陷阱、中等收入陷阱和代际贫困陷阱的成因、后果以及各国的应对措施,认为只有"制度红利""土地红利"和"人口红利"得到充分的释放,中国才能顺利跨越"中等收入陷阱"。李月、邓露(2017)研究发现中国的创新效率与发达国家之间存在差距,提升知识存量占比、提高 R&D 投入效率以及加大企业的创新规模等是跨越中等收入陷阱的有效路径。姚树洁(2018)回顾了过去 40 年发展历程,指出中国未来经济社会发展的困难及挑战,然后提出"内生增长,马阵跨阱,板链拉动"新时代经济发展理论及战略路径。

综上所述,经济学者对中国跨越中等收入陷阱的对策有一共同认识:中国必须构建以技术创新与进步为主要驱动力的动力机制,实现本国的产业升级和经济发展方式的转变,才能跨越中等收入陷阱。

对以上三种中国跨越中等收入陷阱状况的不同观点,我们有以下评价:

第一种观点是依据中国过去的经济发展趋势以及决定经济发展的因素来外推未来中国经济发展,这种外推方法得到的结论过于乐观。中国目前已难以保持较高的资本积累速度和中国农村剩余劳动力的转移速度以及由此带来的经济增长率。中国经济增长中全要素生产率的增长率,不仅因技术创新方式与效率的改变而发生变化,而且会因为国际经济形势的变化而变化。简单外推中国未来的经济增长速度,在逻辑上难以成立。

第二种观点则过于悲观。陷入"中等收入陷阱"的国家一般存在一些共同的负面现象,这大都是陷入"中等收入陷阱"的结果,虽然其中部分现象可能成为妨碍经济进一步发展的因素,但不构成根本原因。只要能解决技术创新驱动经济发展效率低下这一导致中等收入陷阱的根本原因,这些妨碍进一步经济发展的现象就会被克服。

第三种观点正确认识到了技术创新与进步这一导致中等收入陷阱的根本因素,提出了正确的对策方向。这需要我们对中国经济发展的决定因素,特别是技术创新和进步的状况进行系统的研究,找出其中所存在的问题,才能够寻找到跨越中等收入陷阱的有效对策。

第二节 中国经济发展的决定因素

一、决定中国经济发展态势的主要因素

资本积累、农村剩余劳动力转移带来的有效劳动力增长、技术创新与进步带来的全要素生产率的提高构成了过去和现在决定中国经济发展的主要因素，我们须准确判断这三个主要因素对经济增长的贡献大小，才能够正确评估中国目前经济发展的状态和发展趋势。

1. 影响中国经济增长的资本积累因素

自 1978 年改革开放以来，中国 GDP 用于资本积累的比重有逐步提高的趋势，投资占 GDP 的比重即资本积累率最高升至近 50%，因此，中国资本积累的速度超过了 GDP 的增长速度。由于资本积累率的提高，使得采用不同的资本计量方法所得到的资本积累速度有很大的不同。

如果以当年的资本积累与上年的资本积累进行比较来计算资本增长速度，由于资本积累率的提高，当年固定资产投资的增长速度可以达到 20% 以上，相应当年固定资产形成的增长速度亦达到同等水平。这种计算方法会高估资本的增长速度。

从理论上分析，影响和决定产出水平的资本主要是资本存量，因为其数量和质量很大程度上决定了劳动生产率。具体计量多年累计的资本存量，需要解决以下几个问题：是否考虑折旧、累积的年限是多少、是否考虑通货膨胀对固定资本价值的影响。

资本存量采用通用的永续盘存法得到，计算公式为：

$$K_t = K_{t-1} \times (1 - \delta_t) + \frac{I_t}{P_t}$$

其中 K_t 为本期资本存量，K_{t-1} 为上期资本存量。δ_t 为资本折旧率，借鉴单豪杰（2008）的结论，将折旧率假定为 10.96%。I_t 为固定资产形成额。P_t 为固定资产投资价格指数。由于这一指标从 1990 年才开始有，因此在 1990 年以前，构建投资隐含价格指数来代替固定资产投资价格指数。投资隐含价格指数由固定资本形成总额和固定资本形成指数构建。具体构建方法：1989 年投资隐含平减指数（1978 年＝1）＝1989 年固定资本形成额（当年价格）/〔1978 年固定资本形成总额（当年价格）×1989 年固定资本形成额指数（1978年＝1）〕。

在计算以 1978 年的基期资本存量时，借鉴王小鲁（2009）的研究，将其

定为 7 006 亿元。

2. 影响中国经济增长的劳动力因素

中国劳动力总量在 2000 年之前的 20 年有大于 1％的平均增长率，但 2003 年之后，总劳动力数量的增长速度显著下降，至 2013 年其增长速度下降至 0.36％。总劳动力增长速度的下降，使得以此作为劳动投入来测量其对经济增长贡献的计量结果发生变化，其带来的经济增长率可以从 3.3％下降至 0.2％，对经济增长贡献率由 33.3％下降至近于零。甚至推断出自 2016 年之后，劳动力总量增长对经济增长的贡献率降至负数，因为中国的计划生育政策使得总劳动力数量进入了下降的阶段。如果以劳动力总量的变化，作为影响中国经济增长的劳动因素，显然会低估劳动力就业结构变化对中国经济增长的作用。

最近 40 年中国农业劳动力的比重有持续下降的趋势，使得第二、三产业劳动力的增长速度大大超过了总劳动力增长速度，农村剩余劳动力的转移大大提高了经济增长速度，这一趋势还在持续。

我们可以采用有效劳动力的增长，作为推动中国经济增长的劳动因素。所谓有效劳动力是指，第二、三产业的劳动力再加上第一产业中的有效劳动力。第一产业的劳动力可以区分为两部分，一部分是有效劳动力，即与第一产业占国内生产总值比重一致的部分；另外一部分是农村剩余劳动力，也就是第一产业中的劳动力超越了产出比重的部分。之所以采用有效劳动力作为中国劳动力的有效投入，是因为农村剩余劳动力有一个持续转移的过程，这一过程目前还在持续。并且采用这一劳动投入的数据，能够更有效揭示出中国经济增长过程中全要素生产率的增长状况。

如果我们用有效劳动力增长作为推进中国经济增长的劳动因素，相对于将全部劳动力作为推进经济增长的劳动因素，它们之间的差别在于前者将劳动力就业结构所带来劳动效率的提高，从全要素生产率的增长率中剥离出来，这实质上是对全要素生产率的增长率进行了分解。尽管中国农村剩余劳动力的转移在相当长时间内是可持续的，但最终将因全部剩余农村劳动力转移完毕而终止，成为不可持续的因素。因此，以有效劳动力的增长作为影响中国经济增长的劳动力因素指标，可以更好揭示中国经济中实际可持续的技术进步状况，并对是否能够跨越中等收入陷阱给予更准确的判断。

3. 中国经济可持续的技术进步率的计算

依据索洛模型，全要素生产率的增长率是产出增长率减去资本和劳动的增长所带来的增长率的剩余部分。当我们以有效劳动力作为劳动要素的投入变量、以资本存量作为资本要素的投入变量时，计算出来的余值增长率并非原来意义上的全要素生产率的增长率，因为劳动投入变量不包含全部劳动投入。由此，计算出来的余值增长率当为中国经济可持续的技术进步率，即全要素生产率的增长率中，去除了劳动力就业结构改善所带来的效率提高部分。当我们已经限定劳动投入为有效劳动力投入时，为了简便，也称这一余值增长率为全要素生产率的增长率，亦可简称这一部分的经济增长率为技术进步率，但必须明确其与以总劳动力为劳动投入时全要素生产率的增长率之间的区别。

为了得到实证分析的方程，假设生产函数具有索洛模型中生产函数相同的形态，即：

$$Y_t = A_t^\gamma K_t^\alpha L_t^\beta$$

方程两边取对数，化为线性函数：

$$\ln(Y_t) = \ln(A) + \alpha\ln(K_t) + \beta\ln(L_t) + \varepsilon_t$$

ε_t 为随机误差项，假定 $\alpha + \beta = 1$，即规模收益不变，则有：

$$\ln(y_t) = \ln(A) + \alpha\ln(k_t) + \varepsilon_t$$

其中 $y_t = \dfrac{Y_t}{L_t}$，$k_t = \dfrac{K_t}{L_t}$。

其中 K_t 为第 t 年资本存量，L_t 表示为第 t 年有效劳动力总数，Y_t 为第 t 年 GDP。A_t 表示全要素生产率的增长率。$\ln(A)$ 的具体形式假设为 γt 形式，由此我们可以通过计量方法，来计算出在一段时间内全要素生产率增长率的平均值。

之所以采取 γt 这种方式，而不去引入决定全要素生产率增长率因素的变量来进行计量分析，是因为这一计算结果可以涵盖其他所有的（不包含劳动力结构的变化）影响全要素生产率增长率的因素所能够带来的结果。如果我们采用例如科技投入或者平均受教育程度等决定全要素生产率的增长因素，或者如已有的研究引入制度变革因素、经济开放程度、市场潜力、能源的使用等因素，这些单个因素之和都不足以涵盖全部影响技术进步的因素。如果我们引入单个或者少数几个影响技术进步和全要素生产率增长率的因素，因为不够全面，没有用显性因素体现出来的技术进步，将全部由资本来承担，资本的产出弹性将因此而提高。

以 1978—2014 年的经济数据为基本数据，计量可得有效劳动力人均资本存量对 GDP 增长的贡献，实证结果如下：

$$\ln y_t = 0.354\ln k_t + 0.041t$$

$R^2 = 0.998$，并通过了显著性检验。

以 1978—2019 年的经济数据为基本数据，计量可得有效劳动力人均资本存量对 GDP 增长的贡献，实证结果如下：

$$\ln y_t = 0.286\ln k_t + 0.045t$$

$R^2 = 0.997$，并通过了显著性检验。

上述结果表明，计量的结果将因为数据时间段的不同而有所变化。后一结果增加了 2015—2019 年的数据。对比两个计量结果，我们可以发现资本的产出弹性在下降，平均技术进步率在增加。

计量所使用的数据见表 6，数据来源于历年的中国统计年鉴。

表 6　中国经济发展的基本数据（1978—2019 年）

时间	国内生产总值/亿元	有效劳动力/万人	劳动力增长率	资本存量/亿元	资本存量增长率
1978	3 678.70	19 679.09		7 006.00	
1979	3 958.28	21 181.64	7.64%	7 403.70	5.68%
1980	4 267.03	21 859.11	3.20%	7 889.79	6.57%
1981	4 484.65	23 268.20	6.45%	8 298.20	5.18%
1982	4 897.23	24 557.75	5.54%	8 784.95	5.87%
1983	5 435.93	25 440.23	3.59%	9 384.70	6.83%
1984	6 267.63	27 052.42	6.34%	10 227.02	8.98%
1985	7 094.95	27 428.27	1.39%	11 278.67	10.28%
1986	7 705.12	28 340.56	3.33%	12 441.29	10.31%
1987	8 598.91	29 448.37	3.91%	13 835.81	11.21%
1988	9 570.59	30 211.75	2.59%	15 325.90	10.77%
1989	9 982.12	30 278.35	0.22%	16 250.12	6.03%
1990	10 391.39	33 027.44	9.08%	16 942.58	4.26%
1991	11 347.40	35 776.52	8.32%	17 909.27	5.71%
1992	12 947.38	35 695.89	−0.23%	19 521.95	9.00%
1993	14 708.23	36 400.24	1.97%	21 913.35	12.25%
1994	16 635.00	37 969.46	4.31%	24 708.53	12.76%
1995	18 198.69	39 498.88	4.03%	27 812.60	12.56%
1996	20 036.76	40 850.26	3.42%	31 166.35	12.06%
1997	21 960.29	41 215.36	0.89%	34 597.01	11.01%
1998	23 563.39	41 510.44	0.72%	38 581.77	11.52%
1999	25 448.46	41 384.65	−0.30%	42 565.67	10.33%

续表

时间	国内生产总值/亿元	有效劳动力/万人	劳动力增长率	资本存量/亿元	资本存量增长率
2000	27 637.03	41 340.32	−0.11%	46 906.51	10.20%
2001	29 875.63	41 494.86	0.37%	51 949.28	10.75%
2002	32 743.69	41 513.12	0.04%	57949.80	11.55%
2003	36 181.78	41 985.09	1.14%	65 697.16	13.37%
2004	39 980.87	43 927.07	4.63%	74 743.89	13.77%
2005	44 338.78	45 084.27	2.63%	85 012.42	13.74%
2006	50 235.84	46 422.75	2.97%	96 620.81	13.65%
2007	57 620.51	47 724.56	2.80%	110 288.27	14.15%
2008	63 440.18	48 692.15	2.03%	125 341.52	13.65%
2009	68 832.60	49 710.44	2.09%	145 654.53	16.21%
2010	75 922.35	50 771.58	2.13%	168 658.60	15.79%
2011	82 755.36	52 272.65	2.96%	193 386.43	14.66%
2012	89 872.33	53 276.34	1.92%	219 784.70	13.65%
2013	96 253.26	54 957.22	3.16%	248 253.86	12.95%
2014	104 242.28	56 445.73	2.71%	277 033.77	11.59%
2015	110 913.79	57 373.20	1.64%	305 936.35	10.43%
2016	118 345.01	57 848.18	0.83%	335 307.90	9.60%
2017	126 747.51	58 287.74	0.76%	363 859.56	8.52%
2018	134 732.60	58 786.58	0.86%	391 505.23	7.60%
2019	143 355.49	59 406.41	1.05%	421 538.98	7.67%

4. 对计量结果的分析

　　由于我们把资本和劳动因素之外其他因素所导致的经济增长，都归结为技术进步的作用，并且设定为时间函数，因此，求得的技术进步率所带来的经济增长速度，是 1978—2019 年期间除了资本和有效劳动力因素之外的其他因素所导致的技术进步所带来经济增长速度的平均值。具体到每一个年份，这一平均值并不能够准确反映当年的技术进步所带来的经济增长速度，不过当年的技术进步所带来的经济增长速度，可以依据资本和劳动的投入以及相应的产出弹性、当年实际的经济增长速度来推断出。

对长期经济增长决定因素的计量分析目的在于确定资本和劳动的产出弹性，进而推断出资本和劳动对于经济增长作用的大小和贡献大小。由于资本和劳动的产出弹性之和一般假定为 1，我们只需要通过计量的方式测量出其中一个，特别是资本的产出弹性就可以了。

前面我们利用 1978—2019 年之间的数据测量出资本的产出弹性为 0.286，利用 1978—2014 年之间的数据测量出资本的产出弹性为 0.354。两个结果不同说明，同样的计量方法由于时间段的不同，将导致计量结果的不同，这也说明资本的产出弹性并不是一个固定不变的值。采用不同的时间段所做出来的计量结果，反映的是在这个时间段内资本产出弹性的最优估计。所选择的时间段不同其最优估计值也会不同，相应的技术进步所带来的经济增长率也会有所不同。

相对于前面文献综述中所提到的其他研究者所估计的资本产出弹性，其他的研究者资本的产出弹性从 0.28 到 0.8 有很大的差异，这种差别主要是研究方法和所采取的数据不同所带来的。但是我们可以从理论上来分析一下，资本的产出弹性从长期来看应该位于什么样的范围内。

资本的产出弹性反映的是资本对产出的贡献大小，从理论上来分析资本所得到的收入分配份额应该等于其产出弹性。从微观经济学的角度来看，资本的产出弹性反映其边际生产率，因此，资本收益的大小也取决于资本的产出弹性。值得注意的是，我们这里所说的资本产出弹性是一个国家长期以来所有资本的产出弹性，反映的是社会资本的产出弹性。虽然在一段时间内，由于资本的稀缺、资本的边际生产率比较高，资本的贡献市场份额比较大，因此可以有比较高的资本产出弹性。但是资本收入份额高，也会提高资本的积累速度，当技术进步的速度低于资本积累速度时，资本的边际生产力也会逐步下降。因此，从长期来看，资本的产出弹性并不是由短期内资本稀缺状况下边际生产力决定的。长期来看资本的边际生产率取决于人们的储蓄偏好所带来的成本，以及投资所带来的预期收益。

即便是 0.3 的资本产出弹性，如果这代表资本收益的市场份额为 30％，资本的边际生产率为 30％，这对资本来说也是很高的收益率。改革开放以来中国经济增长的速度位于 6％～12％的范围，中国信贷市场正规的贷款利率大致位于这个范围，这说明中国资本市场正常平均收益率水平也大致位于这个范围。也就是说，就全社会的资本来说，其平均收益率在这个范围。但是这个范围明显低于资本产出弹性估计的下限值 0.28 的水平。但这种状况也能够得到理论上很合理的解释，因为我们这里考虑的是资本的社会收益率，而不是资本的私人收益率。对于实际运营的产业资本来说其收入中会包含税收,中国的整体税收水平在16%～20%之间。将整体税收水平与社会资本的私人收益率相加,我们大致可以得到资本的收益份额应该为30%,这也是资本产出弹性的合理估值。因为资本的收益份额相对较低的时候会形成对投资的抑制,而资本的收益份额相对较高的时候,又很快会因资本积累率过高使得资本收益率下降。由此来看,我们可以从理论上认为,资本产出弹性的估值在0.3左右是一个合理的估值。有的研究通过计量所得到的资本产出弹性在0.5以上,这一结果从长期来看是不可信的。

二、未来中国经济发展的趋势与判断

我们可以依据影响中国经济发展的主要因素、变化趋势及其可持续的年限,以及对经济增长率的影响程度,来判断中国未来的经济发展能否跨越中等收入陷阱。

1. 有效劳动力投入的增长速度和可持续年限

1991—2014年,中国总劳动力人数从65 491万增加到77 253万,同期,因就业结构转变所带来的有效劳动力从35 776万上升到56 445万。这一时期总劳动人数增长速度为0.72%,有效劳动力的增长速度为1.5%。但是自2016年开始,有效劳动力的增长速度下降很快,2019年有效劳动力增长速度为1%左右。目前中国农业劳动力的比重约25%,当有效劳动力增长速度为1%时,有效劳动力还可以这个速度增长20年,才能够使中国农业劳动力比重下降到10%以下。

资本存量的增长与经济增长率存在自相关性,我们可以从理论上分析得出固定资产存量的增长与经济增长率之间的关系。如果资本积累率保持不变、经济增长速度保持不变,则每年的资本形成额与当年经济增量成正比并且每年的递增速度等于经济增长率。其依据是一个等比数列的连续十项之和,也是一个比值相同的等比数列。由此我们可以判断当资本积累率保持不变、经济增长速度保持不变时,资本的增长率等于经济增长率。

如果采用1978—2014年的数据计算结果:由于计量估算中国目前可持续技术进步率带来的经济增长率约为4.1%,有效劳动力的实际增长率为1%。假设均衡经济增长率为 X,资本的增长率亦为 X,依据前面的计量模型所得到的资本的产出弹性为0.354,可以有:

$$X = 1\% \times 0.646 + X \times 0.354 + 4.10\%$$

$$X = 7.35\%$$

如果采用1978—2019年的数据计算结果:由于计量估算中国目前可持续

技术进步率带来的经济增长率约为 4.50％，有效劳动力的实际增长率为 1％。假设均衡经济增长率为 X，资本的增长率亦为 X，依据前面的计量模型所得到的资本的产出弹性为 0.286，可以有：

$$X=1\％\times0.714+X\times0.286+4.50\％$$
$$X=7.30\％$$

因此，如果中国经济的技术进步率达到 4％以上的水平，无论资本积累率稳定在什么水平，资本的增长率与经济增长率都会趋向等于 7.3％左右的稳定均衡水平。

不过需要指出的是，上述计量结果所获得的中国经济的技术进步率是自 1978 年以来的平均值，中国经济目前的技术进步所带来的经济增长率应该低于这个平均值。以 2019 年为例，如果资本的产出弹性是 0.286，当年资本的增长速度为 7.67％，当年有效劳动力的增长率是 1％，当年国内生产总值的增长速度约为 6.1％，由此可以计算出余值增长率为 6.1％－1％×0.714－7.67％×0.286＝3.19％。

按照这一技术进步速度，来推算中国目前的均衡的经济增长率，则有：

$$X=1\％\times0.714+X\times0.286+0.031\ 9$$
$$X=5.47\％$$

2. 对中国经济能否跨越中等收入陷阱的判断

由于 2019 年中国的人均国民总收入已经达到了 1 万美金的水平，而中国农村剩余劳动力的转移可持续的年限，按照目前转移的速度超过了 10 年。虽然中国当前（2017—2019 年）的经济增长率低于长期均衡经济增长率 7.3％，但是高于短期的均衡经济增长率 5.47％。目前中国经济增长率有大约 6％的水平，以 2019 年中国人均收入 10 000 美元计算，只需要连续增长 5 年到 2024 年中国人均收入将达到 13 000 美元。如果按照目前高收入水平国家的下限标准判断，中国能够跨越中等收入陷阱。

但高收入水平国家是一个动态概念，因为高收入水平国家的平均收入水平还在不断地提高。中等收入陷阱概念提出之初以 10 000 美元作为高收入水平国家的下限标准，后又提升至目前的 12 276 美元。此外，美元的币值也因通货膨胀因素而贬值。考虑到高收入水平国家经济增长因素和美元的通货膨胀因素，到 2024 年高收入水平国家的下限标准可能达到 12 276×1.2＝14 731 美元水平。如果以这个水平计算，中国跨越中等收入陷阱将是 2025 年之后的事情。

3. 农村剩余劳动力转移完毕之后中国经济的均衡增长率

设农村剩余劳动力转移完毕之后的均衡增长率为 X，假设当时的技术进步所带来的经济增长率为 3.2％，资本的产出弹性为 0.3，则有：

$$X = X \times 0.30 + 3.2\%$$
$$X = 4.57\%$$

在没有有效劳动力增长的情况下，4.57%的经济增长速度还是令人满意的，这是基于中国的全要素生产率的增长率为 3.2% 为基础进行的测算。但是如果未来中国的技术进步所带来的经济增长率只有 2% 的水平，则均衡的经济增长率为 2.86%，大致与现阶段发达国家长期经济增长的平均速度相当。如果以这个速度来提升中国人均收入水平，则不一定能够缩小与发达国家的相对差距。由此，可以判断决定中国经济跨越中等收入陷阱，以及未来能够赶上发达国家经济发展水平的关键指标，是技术创新和进步所带来的全要素生产率的增长率。

综合前面的计算，由此我们可以归纳出以下判断：

第一，按照 2019 年的发展趋势，中国经济在农村剩余劳动力完全转移之前的均衡经济增长率为 5.47%，这一经济增长速度可以使中国经济在 2025 年左右跨越中等收入陷阱。

第二，按照目前中国经济发展的趋势，失去农村剩余劳动力转移动力之后，经济增长速度完全取决于技术进步所带来的经济增长率，在跨越中等收入陷阱之后，中国经济发展水平要逐步赶上发达国家的水平，中国的技术进步速度需要保持在比较高的水平。

第三，改革开放以来，排除农村剩余劳动力转移因素之外的中国经济的全要素生产率增长率达到了 4% 以上的平均水平，但是 2019 年这一技术进步率仅为 3.2%。并且这一全要素生产率的增长率水平并不很高。在 1960—1973 年间，日本和韩国这一指标分别可达 4.5% 和 4.1% 水平（同期发达国家德、法两国这一指标为 3.0% 水平），这一时期日韩经济增长速度高达 10.9% 和 9.7%（乔根森，2001）。由此可见，保持较高可持续的技术进步率，才能使中国经济早日跨越中等收入陷阱，并且也决定着未来追赶发达国家经济水平的速度。

第三节　中国农村剩余劳动力的转移问题

由于中国总劳动力的增长速度在 2000 年之后下降到 1% 以下的水平，并且在 2018 年总劳动力数量停止增长，因此，决定中国经济增长的劳动力因素不是总劳动力的增长，而是劳动力就业结构转变所带来的有效劳动力的增长。有效劳动力的增长速度虽然在不同年份有比较大的差异，但是直到 2014 年有效劳动力的增长速度还高达 2.7%，但是 2015 年之后，这一速度显著下降。

中国农村剩余劳动力的转移问题是中国跨越中等收入陷阱必须要解决的问题。

一、中国农村剩余劳动力转移对中国经济影响的程度

1. 中国农村剩余劳动力转移对中国经济增长速度的影响

1991—2014 年，这一时期总劳动人数增长速度为 0.72%，有效劳动力的增长速度为 1.5%。有效劳动力的增长速度明显高于总劳动力的增长速度。

2003—2014 年，中国的总劳动力人数从 73 736 万增加到 77 253 万，同期，因就业结构转变所带来的有效劳动力从 41 985 万上升到 56 445 万。这一时期总劳动人数增长速度为 0.42%，有效劳动力的增长速度为 2.7%。有效劳动力的增长速度显著高于总劳动力增长速度。

如果劳动力的产出弹性为 0.7，1991—2014 年有效劳动力的增长速度为 1.5%，由此带来的经济增长速度为 1.05%。同一时期总劳动力的增长所带来的经济增长率为 0.5%，为 1.05% 的一半不到。

如果劳动力的产出弹性为 0.7，2003—2014 年有效劳动力的增长速度为 2.7%，由此带来的经济增长速度为 1.75%。由于同一时期总劳动力增长速度仅仅为 0.42%，这一总劳动力的增长速度所带来的经济增长率为 0.29%，这个速度距离 1.75% 有相当大的差距。

通过以上计算，我们应该知道，1991—2014 年，有效劳动力增长所带来的经济增长是总劳动力增长所带来的经济增长的两倍。2003—2014 年，由于有效劳动力的增长速度有所提升，而同期总劳动力增长速度有所下降，使得有效劳动力增长所带来的经济增长远远超过了总劳动力增长的作用。由此，我们可以得出一个基本的判断：中国劳动力结构转变过程中，农村剩余劳动力的转移所带来的有效劳动力增长，是推动中国经济增长的重要因素。2003—2014 年中国经济增长平均速度为 10%，同一时期有效劳动力增长所带来的经济增长速度为 1.75%，由此，可以推断出有效劳动力增长在这一阶段的平均贡献份额为 17.5%。

2. 农村剩余劳动力转移对于跨越中等收入陷阱的意义

根据估算，2019 年中国人均国民总收入水平约为人均 10 000 美元，当年中国乡村人口的比重大约为 39.4%，当年城乡居民人均可支配收入之比为 2.64∶1，当年农业就业人数占全部就业人数的比重为 25.1%。按照以上数据，我们可以推断出，中国的城镇居民和农村居民分别创造出来的人均 GDP 水平。

假设农村居民所创造出来的人均 GDP 水平为 y，那么城市居民所创造出来的人均收入水平为 $2.64y$，则有：

$$0.606 \times 2.64y + 0.394y = 10\,000 （美元）$$

　　$y=5\,015$（美元），这个是农村居民目前所创造出来的人均 GDP 水平。

　　2.64$y=13240$（美元），这个是城市居民目前所创造出来的人均 GDP 水平。

　　由此我们可以做出一个简单的推断：假设农村剩余劳动力全部转移完毕之后城乡人均 GDP 之比为 1：1，那么农村居民的人均 GDP 将提升到现在的 2.64 倍，也就是说农村居民人均 GDP 水平将达到 13 240 美元。即便不考虑农村剩余劳动力转移过程中城市居民人均收入水平的增长，通过转移农村剩余劳动力就能够使中国的人均 GDP 水平达到 13 240 美元水平，这足以跨越中等收入陷阱。

　　3. 发达国家与即将跨越中等收入陷阱国家农业劳动力比重的状况

　　2017—2020 年，本书作者指导研究生张琴同学研究中国农村剩余劳动力的转移问题，在其研究中对发达国家和即将跨越中等收入陷阱国家的农业劳动力比重进行了对比，高收入组国家的非农业劳动力比重基本上高于 90%，如法国 97.13%、英国 98.89%、日本 96.36%，一些即将跨越中等收入陷阱的国家其市场非农业劳动力的比重大约在 90%。

表 7　人均 GDP 跨越中等收入陷阱时所对应的非农业劳动力比重

国家	非农业劳动力占比/%	国家	非农业劳动力占比/%
韩国	91.38	马来西亚	90.93
波兰	88.04	巴西	90.52
智利	89.64	墨西哥	92.07
克罗地亚	88.96	土耳其	87.92
葡萄牙	88.52	罗马尼亚	89.20

资料来源：张琴同学硕士论文《中国农业劳动力转移特征及影响因素研究》。

　　由这些统计数据可以归纳出这样的基本结论：随着农村剩余劳动力逐步转移，农业劳动力的比重逐步下降到 10% 左右的水平与跨越中等收入陷阱有密切的关系，能够成功跨越中等收入陷阱的国家其农业劳动力比重基本上都下降到了 10% 或以下。由此可见，中国跨越中等收入陷阱过程中必须逐步完成农村剩余劳动力的转移。

二、目前中国农村剩余劳动力转移趋势及其特征

　　2003—2014 年，中国有效劳动力的增长速度为 2.7%。但是从 2015 年开始，中国农业劳动力的转移速度开始减速，导致有效劳动力的增长速度逐步下

降。2015 年有效劳动力的增长速度为 1.64％，2016 年为 0.827％，2017 年为 0.765％，2018 年为 0.856％。直到 2019 年中国农业劳动力的比重还有 25.1％的水平。这说明中国农村剩余劳动力转移并没有完成的情况下，农业剩余劳动力的转移速度有逐步降低的趋势。

1. 目前中国农村剩余劳动力转移存在着饱和趋势

通过对中国农村剩余劳动力转移速度变化趋势的研究，可以发现中国农村劳动力的转移可能存在饱和趋势，即随着农村劳动力的转移，非农业劳动力的比重不断上升，但是这个上升的速度最终会逐步减缓，并且会达到上升的极限，由此形成了饱和趋势。

作者指导的硕士研究生张琴同学，其硕士论文中选取了全国 1995—2018 年的人均国内生产总值（y）和非农业劳动力占比（x），并利用 SPSS 软件进行 logistic 方程拟合：

可得到全国数据的 logistic 方程为：

$$Y = \frac{79.693}{1 + 0.766\, e^{-0.361x}}$$

图 7 是基于全国数据的 logistic 曲线（引自张琴同学硕士论文《中国农业劳动力转移特征及影响因素研究》），说明我国非农业劳动力比重上升进入了逐步减缓的阶段，并存在饱和趋势。

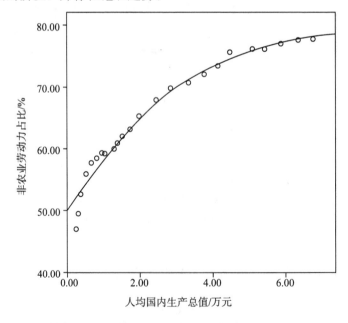

图 7　基于全国数据的 logistic 曲线拟合图

2. 中国农村劳动力转移过程中回流特征

张琴同学在硕士论文中通过研究也发现中国农村劳动力的转移具有可逆的特征，表现出中国农村劳动力转移后有一定的概率会回到农业就业。

表 8 是近年中国就业结构的变化状况：

表 8　我国三大产业劳动力的占比变化

年份	第一产业劳动力 占比/%	第二产业劳动力 占比/%	第三产业劳动力 占比/%
2010	36.7	28.7	34.6
2011	34.8	29.5	35.7
2012	33.6	30.3	36.1
2013	31.4	30.1	38.5
2014	29.5	29.9	40.6
2015	28.3	29.3	42.4
2016	27.7	28.8	43.5
2017	27.0	28.1	44.9
2018	26.1	27.6	46.3

数据来源：《中国人口与就业统计年鉴》。

张琴同学利用马尔科夫转移矩阵，求得了三大产业劳动力之间的转移及回流概率，以 2012 年为初始状态时，利用二次规划方法求解马尔科夫转移矩阵为：

$$P = \begin{bmatrix} 0.716\,5 & 0.163 & 0.120\,5 \\ 0.212\,0 & 0.70 & 0 \\ 0.022\,0 & 0.023\,5 & 0.954\,5 \end{bmatrix}$$

对角线上的数值为第一、二、三产业劳动力保持其原有比重的概率，非对角线上的数值表示各产业间劳动力转移的概率。由此我们可以发现，第二、三产业的劳动力都有可能回流到第一产业。

根据马尔科夫链的遍历性性质，基于转移矩阵求出我国劳动力结构将达到的稳态分布。根据 2012—2018 年的转移概率得到的三大产业劳动力比重稳态值为（0.212 3、0.225 5、0.562 2）。

上述数据分析的结果进一步表明：中国农村剩余劳动力转移之后，存在着回流的趋势。这一回流的趋势将导致农村剩余劳动力转移速度的下降，并且将导致始终保有一定比例的农业劳动力。

需要指出的是，我们现在是基于现有统计数据做出的数据分析。由于中国农村劳动力转移过程中一部分农村劳动力具有兼业的特点，目前中国农业劳动力的实际比重可能比统计年鉴中的数据要低。在这种情况下，数据分析的结果只能在趋势上是正确的，具体的转移概率以及相应的稳定值将因实际农业劳动力的比重下降而有所改变，特别是农业劳动力比重的稳态值应该会显著下降。

三、影响中国农村剩余劳动力转移的因素及回流原因

依据劳动力转移理论，农村剩余劳动力转移到非农产业、由农村转移到城市，其基本动力是劳动者的预期收益差距。因此，工业化水平的提高、城镇化水平的提高以及可转移的农村劳动力文化素质水平的提高，不仅提高了转移的农村劳动力在城市就业的概率，也提高了转移到城市之后的预计收入水平。改革开放以来，中国的工业化水平和城镇化水平在逐步提高，这是农村剩余劳动力不断转移到城市的一个前提条件。随着中国义务教育制度的普及和受教育年限的提高，农村居民受教育水平也在不断提高，这也提高了农村劳动力的就业能力和收入水平。但是与世界其他国家相比较，中国农村劳动力转移的速度相对较缓，在同一收入水平下，中国农业劳动力比重明显超过同等经济水平的其他发展中国家，这说明影响中国农村剩余劳动力转移的因素具有中国特点。特别是前面的数据研究，已经揭示出中国农村剩余劳动力的转移过程存在回流现象，有可能导致农村剩余劳动力的不完全转移并形成饱和，使得中国农村剩余劳动力无法全部转移。

影响中国农村剩余劳动力转移的、具有中国特点的因素应该是户籍制度和土地制度，其次是回流的农业劳动力素质本身所具有的特点，即转移的农村剩余劳动力文化水平不够高、专业技能不够强，当其年龄较大时缺乏在城市就业的竞争能力和较高的预期收入水平。

1. 中国的户籍制度增加了农村剩余劳动力转移的成本、降低了在城市就业的农村转移劳动力的预期收入差距

目前中国除了少数大城市外，其他城市对就业人群的户籍迁移并没有多大的限制，因此严格意义上来说目前的户籍制度对劳动力的迁移并不构成直接的障碍。但是中国的公共服务与户籍是联系在一起，如果农村转移出去的劳动力不愿意放弃农村的户籍，一般不能够享有城市居民所能够享有的医疗、养老、公共教育等服务。因此从社会福利的角度来看，这种依附于户籍制度的公共福利制度构成了差异。

对于农村转移劳动力来说，如果能够在城市比较正规的企事业单位就业，

很有可能将户籍迁移至其工作所在地并享有社会公共福利。但是对于劳动力素质相对较差、不能够在正规企事业单位就业的农村转移劳动力来说，在非正规单位的就业并不能够提供足够的社会福利，比如说养老保险、住房补贴等，因此，此类非正规就业的转移劳动力不愿意迁移自己的户籍。

因为是在非正规单位就业，又不能够享有城市提供的公共福利，此类劳动力随着年龄的增长、就业竞争能力的下降、预期工资水平相对下降，到了一定的年龄，部分此类劳动力将会回到农村再一次成为农业劳动力，由此构成了已经转移的农村劳动力的回流。

2. 中国农村的土地制度也是部分农村劳动力转移之后再次回流到农村的原因

目前中国农村的土地是集体所有制，一般农村居民享有两种土地权利，一种是耕地的使用权，另一种是宅基地的使用权。

耕地的使用权虽然目前可以转让，但是收益率比较低。如果农村居民不能够在城市正式就业，一般不会放弃农村耕地的使用权。目前土地制度和政策也不能够强制农村居民放弃所拥有的耕地使用权。在这种情况下，农村耕地的使用权为回流的农村劳动力提供就业保障，这也是部分已转移的农民之所以愿意和能够回到农村，并在农业领域继续就业的原因和条件。

另外就是宅基地的制度。现在城市居民不允许在农村拥有宅基地，如果一个户籍为农村的农民，因为长期在城市工作并且把户籍转为城市居民之后，他就不可能再次拥有农村宅基地的使用权。基于这种原因，一部分人转移到城市的劳动力将会长期保有农村户籍。

通过保有农村户籍以及拥有宅基地，还有一个很重要的经济利益，那就是住宅本身的利益。现在城市商品化住宅价格大幅度高于农村住宅的价格水平，如果转移到城市的劳动力及收入水平不足以在城市购买商品化住宅，那么他不可能放弃农村住宅，因此也不会放弃农村户籍。

农村土地包括耕地的使用权以及宅基地，给农村户籍的人口带来潜在收益，那就是农村土地一旦被政府征收转化为非农用地，将会带来巨大的土地升值收益，这也是拥有农村户籍以及土地使用权的农民不愿意放弃农村户籍的一个很重要的原因。

3. 促使农村转移劳动力回流的根本原因，还在于已转移农村劳动力的就业能力和收入水平

无论是户籍制度还是土地制度，只是影响农村劳动力转移以及回流的原因与条件，最根本的原因还在于已经转移的劳动力就业能力和收入水平。

如果已经转移的农村劳动力具有足够高的就业能力和收入水平，那么他可以在城市比较正式的单位就业，充分享有城市提供的社会福利。因此，他有可能放弃农村的户籍以及土地，由此实现不可逆的转移。

即使已转移劳动力不愿意放弃农村的土地和户籍，如果他有足够的就业能力，他也可以工作到退休年龄之后再回到农村。这个时候再回到农村不是劳动力的回流，而只是居住地的改变。

因此，从理论上来分析，农村转移劳动力回流的一定是没有达到正常退休年龄时，且已经在城市失去了就业竞争能力和不能达到预期收入水平的情况下，才会回流到农村。

中国农村劳动力的市场化转移始于 1980 年代，早期转移的农村劳动力文化水平相对较低、没有受到多大的专业训练，其中一部分随着年龄的增大，逐步丧失了体力上和技能上的优势，不得不在退休年龄之前因为失去了就业的竞争能力而回到农村，这一部分劳动力形成了中国农村劳动力的回流。

中山大学社会科学调查中心的"中国劳动力调查数据"，通过对拥有农业户籍的转移劳动力进行问卷调查，发现在回流意愿和意向中 20% 左右的农民工会选择回流，男性占比 59%，女性占比 41%。从受教育程度看，初中学历的比例最高，占 44.5%；其次是小学及以下，占 35.7%。由此可以推断出文化水平较低的劳动力会随着技术发展而逐渐失去在城市部门就业的竞争力而不得不返回农村。

除了户籍制度、土地制度、劳动力自身的素质之外，影响中国农村剩余劳动力转移的还有社会经济环境发展变化等方面的因素。随着中国经济发展水平越来越高，机械化、智能化技术的运用越来越普及，劳动力市场的需求发生变化，受过专业训练的高素质劳动力需求占比越来越高，低层次体力劳动者的比例越来越低，这也构成了部分文化水平较低、专业技能水平较低的农村劳动力，因为市场需求的变化不得不回到农村的原因。

第四节　中国经济发展中技术创新与进步状况

我们可以依据计量分析所得到中国经济增长过程中资本与劳动的产出弹性，计算出资本、劳动和技术进步对中国经济增长速度的贡献份额，发现其中的变化趋势，并对中国经济增长过程中技术创新驱动经济发展的加速现象进行检验，研究影响中国技术创新和进步的主要因素以及作用大小。

一、技术进步及其他因素对中国经济增长的贡献率

根据前面的计量结果，我们得出了中国资本存量的产出弹性为 0.286，据此可以计算出逐年的资本增长和有效劳动力增长所带来的对经济增长的贡献份额，以及

技术进步所带来的经济增长率和相应的贡献份额。值得注意的是，我们估算的资本产出弹性，实际上是对 1978—2019 年时间段内资本因素作用大小的最优估计。随着时间的延续、资本增长速度的大小变化以及技术状况的变化，这一最优估计值是会发生变化的。这种变化虽然会影响到资本劳动和技术进步对中国经济增长的贡献大小，但是并不影响各个生产要素贡献份额的变化趋势。我们着重分析资本、劳动和技术进步三大因素对中国经济增长贡献份额的变化趋势。表 9 是 1978—2019 年计算出来的三大因素对中国经济增长的贡献份额。

表 9　决定中国经济增长速度主要因素的贡献份额（1978—2019 年）

时间	经济增长速度	资本存量（贡献份额）	有效劳动力（贡献份额）	技术进步带来的经济增长率	技术进步（贡献份额）
1979	7.60%	21.36%	71.73%	0.52%	6.91%
1980	7.80%	24.07%	29.28%	3.64%	46.65%
1981	5.10%	29.03%	90.25%	−0.98%	−19.28%
1982	9.20%	18.23%	43.01%	3.57%	38.75%
1983	11.00%	17.75%	23.32%	6.48%	58.92%
1984	15.30%	16.78%	29.57%	8.21%	53.65%
1985	13.20%	22.28%	7.52%	9.27%	70.20%
1986	8.60%	34.28%	27.61%	3.28%	38.10%
1987	11.60%	27.64%	24.06%	5.60%	48.30%
1988	11.30%	27.26%	16.38%	6.37%	56.36%
1989	4.30%	40.11%	3.66%	2.42%	56.23%
1990	4.10%	29.72%	158.11%	−3.60%	−87.84%
1991	9.20%	17.74%	64.60%	1.63%	17.66%
1992	14.10%	18.26%	−1.14%	11.69%	82.88%
1993	13.60%	25.76%	10.36%	8.69%	63.88%
1994	13.10%	27.85%	23.50%	6.37%	48.66%
1995	9.40%	38.22%	30.60%	2.93%	31.18%
1996	10.10%	34.15%	24.19%	4.21%	41.67%
1997	9.60%	32.79%	6.65%	5.81%	60.56%
1998	7.30%	45.12%	7.00%	3.49%	47.87%

续表

时间	经济增长速度	资本存量（贡献份额）	有效劳动力（贡献份额）	技术进步带来的经济增长率	技术进步（贡献份额）
1999	8.00%	36.91%	−2.70%	5.26%	65.79%
2000	8.60%	33.91%	−0.89%	5.76%	66.98%
2001	8.10%	37.96%	3.30%	4.76%	58.75%
2002	9.60%	34.41%	0.33%	6.27%	65.26%
2003	10.50%	36.41%	7.73%	5.86%	55.85%
2004	10.50%	37.51%	31.45%	3.26%	31.04%
2005	10.90%	36.05%	17.26%	5.09%	46.70%
2006	13.30%	29.36%	15.94%	7.27%	54.70%
2007	14.70%	27.52%	13.62%	8.65%	58.86%
2008	10.10%	38.65%	14.33%	4.75%	47.02%
2009	8.50%	54.53%	17.57%	2.37%	27.90%
2010	10.30%	43.85%	14.80%	4.26%	41.35%
2011	9.00%	46.59%	23.45%	2.70%	29.95%
2012	8.60%	45.40%	15.94%	3.32%	38.66%
2013	7.10%	52.18%	31.73%	1.14%	16.09%
2014	8.30%	39.95%	23.30%	3.05%	36.75%
2015	6.40%	46.62%	18.33%	2.24%	35.05%
2016	6.70%	40.98%	8.82%	3.36%	50.20%
2017	7.10%	34.30%	7.64%	4.12%	58.06%
2018	6.30%	34.49%	9.70%	3.52%	55.81%
2019	6.40%	34.28%	11.76%	3.45%	53.96%
算术平均值	9.38%	33.42%	23.75%	4.39%	42.83%

从上表计算出来的数据我们可以发现以下特点：

第一，中国经济增长过程中资本的贡献份额始终占着重要地位，大约占有33.42%的平均份额。在资本增长速度加大的年份，例如2013年其贡献的份额高达52.18%。可以发现在2009—2016年期间，由于中国资本积累率提高导致资本增长速度上升，使得这一时期资本对经济增长的贡献份额基本上超过了40％。但是在1980年代初期资本因素对中国经济增长的贡献份额低于30％。

第二，我们采用了有效劳动力来衡量劳动因素对中国经济增长的贡献，采用这一指标估计的结果明显超过了中国总劳动力因素对中国经济增长的贡献，但是劳动因素对中国经济增长的贡献始终处于较低的水平。尽管改革开放之初，由于历史原因，中国有效劳动力的增长速度较快，对中国经济增长的贡献份额较大，除此之外，劳动因素贡献的份额超过平均水平的时期仅有有效劳动力增长速度比较快的少数年份，例如1994—1996年。特别是2016年以来，由于农村劳动力转移速度减缓、有效劳动力增长速度减缓，导致劳动因素对中国经济增长的贡献份额下降到10％左右的水平。

第三，技术进步所贡献的经济增长份额始终处于比较高的水平，简单计算出来的算术平均值高达42.83％，明显超过了资本和有效劳动力贡献份额大小。如果撇开特别年份，例如1990年技术进步所贡献的份额为负值的年份，所估算出来的平均份额应该会显著提高。有三个时期技术进步所贡献的份额明显高于平均值42.83％。第一个时期是1983—1989年，这一时期技术进步贡献的最大份额为70.20％；第二个时期是1998—2003年，技术进步贡献的经济增长份额接近60％；第三个时期是2016—2019年，所贡献的份额大约在55％。第一个时期正是中国的城市经济体制改革的时期，第二个时期是中国大学开始加速扩招与加入世贸组织的开始时期，第三个时期是中国大力推行技术创新驱动经济发展的时期。

相对应的是，在2010—2014年期间，由于中国资本积累率提高，导致资本增长速度上升，使得这一时期资本对经济增长的贡献份额基本上超过了40％。这一时期技术进步对经济增长贡献份额平均约为33％，这一水平低于资本的贡献份额，也低于技术进步长期的平均贡献份额。

依据我们前面对三个因素所贡献的经济增长份额以及变化状况的归纳，可以发现：从长期来看，技术进步对中国经济增长的贡献份额并不低。这一结果与前面我们所总结的其他研究者研究结果有显著不同。造成不同的原因主要在于对资本的产出弹性估计，我们采用的资本产出弹性的估计指标是0.286，这个数值可能是最低水平的。对此结果，我们做了理论上的解释，因为我们是采用时间趋势作为变量求得平均的技术进步率，由此来推得中国经济增长过程中资本的产出弹性。采用时间变量来求得的平均技术进步率，涵盖了所有的非资本和非劳动因素所带来的经济增长。同时我们也采用了有效劳动力的增长作为劳动因素的增长变量，将总劳动力结构所带来的技术进步通过有效劳动力增长体现出来。正是这两个方面的原因避免了采用其他指标来衡量技术进步的时候不足以涵盖全部技术进步所形成的缺陷即高估了资本的产出弹性。

回顾中国 40 来年的经济发展，我们应该有这样清醒的认识：中国经济体制的改革，导致中国经济的产出结构、就业结构都发生了显著的变化，极大地提高了资源配置效率，促进了技术进步。中国经济的开放，特别是加入世贸组织之后，不仅仅获得了先进的技术，也为中国赢得了广阔的海外市场，提高了中国的技术水平和生产力水平。中国教育水平不断提高，特别是 1998 年以来，大学不断扩招，提高了中国劳动力的素质和技术水平。最近 20 来年，中国的研发投入水平也在不断提高，研发质量和效率也在不断上升，使得中国产品质量和技术水平逐步接近发达国家的水平。这三个方面的原因应该使得中国的技术水平不断上升，由此推动了中国经济增长速度始终维持在比较高的水平，成为推动中国经济增长的最主要动力。因此，前面我们总结出来的基本结论：技术进步是推动中国经济增长的最主要因素应该符合实际。

二、中国技术创新驱动经济发展的加速现象

在本书的理论部分已经推导出，在资本增长速度等于经济增长速度的情况下，技术创新与进步所带来的经济增长，将通过提高经济增长速度进一步提高资本的增长速度，使得经济增长速度呈现出在技术创新驱动下有加速增长的趋势，并且利用发达国家的历史数据对这个加速效应现象进行了验证。

下面我们依据中国经济发展过程中，技术创新与进步所带来的经济增长率与经济增长速度之间的关系，来判别中国经济增长过程中是否有技术创新驱动经济发展的加速现象。

由于我们引入劳动因素的时候，引入的指标是有效劳动力增长代表着劳动力就业结构，这一增长因素也直接提高了劳动生产率，也属于技术进步所带来的经济增长，因此，我们将有效劳动力增长所带来的经济增长率与纯粹的技术进步所带来的经济增长率之和，作为全部的技术进步所带来的经济增长率，研究这一除资本之外的经济增长率是否具有加速资本增长速度，进而进一步提高经济增长速度的作用。

1. 时间区间为 1978—2019 年间加速效用现象的判断

前面我们通过计量分析，已经求得了决定中国经济增长速度三大因素的贡献份额和实际所带来的经济增长率，由技术进步所带来的实际经济增长率序列再加上有效劳动力带来的经济增长率序列，两者的和与总的经济增长率序列，做出回归分析，可得到这个方程：

$$GY_t = 1.045\, G_t + 0.027$$

其中 GY_t 代表实际经济增长率，G_t 为技术进步和有效劳动力所带来的经

济增长之和 $GA+0.714×GL$。这一方程系数在 1% 的显著性水平上显著，且 $R^2=0.894$。

这一方程表明，在不考虑资本因素的情况下，中国经济增长速度是全部技术进步所带来的经济增长速度的 1.045 倍。这一系数大于 1，表明中国经济增长过程中存在着全部技术创新和进步所带来的加速效应，但是不够显著。如果排除有效劳动力所带来的经济增长率，直接测定技术进步所带来的经济增长率的加速效用，所得到的系数小于 1（系数为 0.820），不能够表现为加速效用。

从理论上分析，如果中国资本增长的产出弹性为 0.286，那么非资本因素带来的经济增长的加速效应应该为 1/（1—0.286）即 1.4 倍。

由 1978—2019 年数据所测出来的加速效应大小，明显低于理论值的原因，在于中国经济增长过程中资本的增长速度明显高于经济增长速度本身，不符合资本增长速度等于经济增长速度的理论前提。当资本增长速度超过经济增长速度时，会降低技术进步所带来的加速效用。

2. 2005—2019 年期间，中国经济增长过程中的加速效应

通过改变起始年份，在 2005—2019 年期间，中国经济增长过程中的加速效应最为显著。利用 2005—2019 年期间中国经济增长率与技术进步所带来的经济增长率之间的关系，通过回归得到下面的方程：

$$GY_t=1.142\,GA_t+0.044$$

其中 GY_t 代表实际经济增长率，GA_t 为全要素生产率增长率，即技术进步带来的经济增长率。方程系数在 1% 的显著性水平上显著，且 $R^2=0.722$。

2005—2019 年期间，将技术进步所带来的经济增长率与有效劳动力所带来的经济增长率之和，与中国经济增长率进行回归，可以得到下面的方程：

$$GY_t=1.145\,G_t+0.027$$

其中 GY_t 代表实际经济增长率，G_t 为技术进步和有效劳动力所带来的经济增长之和，即 $GA+0.714×GL$。方程系数在 1% 的显著性水平上显著，且 $R^2=0.907$。

通过对 2005—2019 年期间中国经济增长过程的加速效应分析，可以发现这一区间的加速效应明显高于 1978—2019 年期间的加速效用，因为系数 1.145 明显大于 1.045 的水平。此外，不考虑有效劳动力增长所带来的经济增长，只考虑单纯的技术进步所带来的加速效用，其系数为 1.142，与考虑有效劳动力增长所带来的加速效应的系数 1.145，十分接近。

由上述回归结果所体现的加速效应的变化，我们可以得到这样的判断：

第一，由于资本增长速度的逐步降低趋向于等于经济增长速度，使得中国经济增长过程中技术创新和进步所带来的加速效应明显增强。如果资本增长的速度延续现有的趋势，可以判断出中国经济增长过程中的加速效应，将趋向于等于理论值。这表明，决定中国未来经济增长的最主要因素将是技术创新和进步所带来的经济增长，资本增长这一影响中国经济增长的重要因素将进一步沦为次要因素。

第二，由于中国有效劳动力的增长速度在逐步下降，有效劳动力的增长所带来的经济增长率也在逐步下降，由此产生的加速效应也在逐步降低。产生这种趋势的原因在于中国有效劳动力的增长速度下降。在中国农业劳动力的比重还高达25％的水平下，有必要采取有力的政策措施来遏制这一趋势。

需要指出的是，这里估算技术创新加速效应大小的方法，是通过将技术进步所带来的经济增长率与实际经济增长率进行回归，并由回归系数来确定加速效应的大小，这种估算反映的是技术进步速度变化对经济增长速度的平均影响程度。如果资本积累速度与经济增长速度一致，这种方法估算加速效应的大小不存在偏差；但如果资本积累速度远远超过经济增长速度，这很有可能低估技术创新带来的加速效应。

当资本积累速度与经济增长速度不一致时，有一种很简单的判断加速效应的方法，即将技术进步所带来的经济增长率直接视为提升资本积累速度的一部分，将资本的产出弹性乘以这一部分资本积累速度得到经济增长率，这一部分的经济增长率就是技术进步加速效应的结果。例如技术进步所带来的经济增长率为4.0％的时候，如果资本的产出弹性为0.3，技术进步带来的经济增长率将提升资本积累速度4个百分点，由此将提升经济增长率1.4个百分点，这就是技术进步所带来的加速效应。不过这种估算方法很有可能高估了加速效应，因为这种方法的前提是将技术进步所带来的经济增长率，直接提升同一比例的资本积累速度。资本积累速度的提升应该是多方面的结果，而不仅仅是技术进步所带来的经济增长率提高的结果。

三、影响中国经济中技术创新与进步的主要因素

前面我们通过计量测量1978—2019年间，技术进步所带来的平均经济增长速度约为4.5％，占这一时期中国经济增长的比重大概是43％。由于我们是引入了时间变量来测量全要素生产率的增长率，因此，这一增长率代表了全部导致劳动生产率和资本生产率提高的因素所带来的结果。如果引入具体导致技术进步的变量，我们总是不能够找到所有的变量，只能够关注最主要的变量。并且有些导致技术进步的变量，无法直接进行度量，例如制度的创新和变革、管理创新、公共基础设施的变化等。如果我们将直接导致生产力水平提高的最主要因素作为推动技术进步的因素，虽然也会通过检验，但是会提高资本的产

出弹性。下面我们从教育投资和研发投资这两个促进技术进步的最主要因素角度来建立计量模型，检验以上判断。

通过对 1978—2018 年期间数据的处理，将教育投资所带来的教育水平的增长速度、研发投资的增长速度，作为促进中国经济增长过程中全要素生产率增长的最主要因素，通过计量可以建立下面的模型：

$$\ln y_t = 0.450 \ln k_t + 1.604 \ln edu_t + 0.768 \, \mathrm{dln}\, rd_t - 3.830$$

这一模型中各系数均显著，其中，$\ln k_t$、$\ln edu_t$ 及常数项的系数在 1‰ 的水平上显著，$\mathrm{dln}\, rd_t$ 的系数在 5% 的水平上显著，且 $R^2 = 0.996$。

模型中，y_t 为有效劳动力的人均产出；k_t 为有效劳动力的人均资本存量；edu_t 为劳动力人均受教育年限，计算公式为 $edu_t =$（文盲或半文盲人数×0＋小学人数×6＋初中人数×9＋高中人数×12＋大专人数×15＋本科人数×16＋研究生人数×18.5）/总人数；rd_t 为科技资本存量，计算公式为 $rd_t = rd_{t-1} \times (1 - \delta_t) + \dfrac{I_t}{P_t}$。其中 δ_t 即折旧率取 8%，rd_{t-1} 定为王小鲁（2009）的 344.61 亿元，I_t 为当年研发投入，1995 年及之后的数据用研究与试验发展经费支出来表示，1995 年之前的数据用国家财政科技拨款额来表示，P_t 用 GDP 平减指数来表示。其中 $\mathrm{dln}\, rd$ 是 $\ln rd$ 的一阶差分，这是由于我国科技资本存量较小，不足以显著影响经济增长，只有当其加速增长时才显示对经济增长的贡献。

表 10 是中国劳动力人均受教育年限以及科技资本存量的加速增长状况：

表 10　中国劳动力人均受教育年限与科技资本存量的增长状况（1978—2018 年）

年份	人均受教育年限/年	受教育年限的增长率	科技资本存量/亿元	科技资本存量对数的一阶差分
1978	4.72		344.61	
1979	4.93	4.37%	377.17	0.09
1980	5.11	3.64%	407.08	0.08
1981	5.25	2.87%	430.49	0.06
1982	5.36	2.03%	455.45	0.06
1983	5.48	2.14%	490.08	0.07
1984	5.59	2.08%	532.06	0.08
1985	5.70	2.04%	569.28	0.07
1986	5.84	2.49%	607.35	0.06

续表 1

年份	人均受教育 年限/年	受教育年限的 增长率	科技资本 存量/亿元	科技资本存量对数的 一阶差分
1987	6.01	2.84%	639.21	0.05
1988	6.19	2.95%	664.42	0.04
1989	6.41	3.62%	685.52	0.03
1990	6.46	0.78%	707.04	0.03
1991	6.55	1.40%	733.19	0.04
1992	6.64	1.34%	764.56	0.04
1993	6.71	1.02%	796.56	0.04
1994	6.80	1.36%	824.66	0.03
1995	6.90	1.42%	863.72	0.05
1996	7.28	5.61%	909.01	0.05
1997	7.49	2.89%	970.23	0.07
1998	7.52	0.40%	1 047.24	0.08
1999	7.61	1.10%	1 156.45	0.10
2000	7.87	3.50%	1 313.44	0.13
2001	8.14	3.38%	1 492.84	0.13
2002	8.18	0.50%	1 722.56	0.14
2003	8.33	1.83%	1 991.50	0.15
2004	8.48	1.86%	2 317.90	0.15
2005	8.22	−3.07%	2 714.87	0.16
2006	8.28	0.66%	3 184.47	0.16
2007	8.40	1.49%	3 716.98	0.15
2008	8.52	1.47%	4 328.66	0.15
2009	8.64	1.41%	5 125.39	0.17
2010	9.06	4.78%	6 018.99	0.16
2011	9.57	5.63%	7 021.78	0.15
2012	9.66	0.96%	8 180.18	0.15

续表2

年份	人均受教育年限/年	受教育年限的增长率	科技资本存量/亿元	科技资本存量对数的一阶差分
2013	9.72	0.65%	9 463.21	0.15
2014	9.84	1.23%	10 818.08	0.13
2015	9.96	1.21%	12 250.31	0.12
2016	10.03	0.66%	13 784.44	0.12
2017	10.10	0.72%	15 400.79	0.11
2018	10.17	0.71%	17 113.55	0.11
平均值		1.95%		0.10

依据前面的计量结果和人均受教育年限的平均增长速度以及科技资本存量加速增长状况，我们可以得出这样的判断：

第一，1978—2018 年，中国劳动力人均受教育年限的增长所带来的经济增长总体上比较显著，但是人均受教育年限的增长速度有逐步下降的趋势，此因素推动中国经济增长的速度也在逐步下降。

值得肯定的是，1998 年以来中国大学扩招极大地提高了大学毛入学率，这促使中国劳动力受教育的年限保持了比较高的速度增长。但是大学扩招到目前毛入学率达到 50% 左右水平，通过提升大学毛入学率来提高中国劳动力受教育年限的增长速度比较困难，原因在于大学毛入学率已经比较高，并且受教育年限的绝对水平也比较高了，提升受教育年限的速度一定会减缓。

第二，由于科技资本存量规模比较小，远远小于物质资本的存量规模，因此，科技资本存量的增长对中国经济增长的作用不显著，不能够通过计量方法的检验。虽然科技资本存量的加速增长对中国经济增长作用有积极作用，能够通过计量方法的检验，但是科技资本存量的加速增长速度比较低，并且相关的系数比较小，因此，整体来看 1978—2018 年科技资本对中国经济增长的贡献比较小。

第三，采用这一模型方法所得到的资本产出弹性为 0.450，明显高于前面我们所得到的资本的产出弹性 0.286，说明在中国经济增长过程中的技术进步，不仅仅是来源于受教育年限的提高和科技资本存量的加速增长，而且还有其他的因素导致了中国经济增长过程中的技术进步，只不过在这个模型中通过提高资本的产出弹性，把它归结为资本增长的结果。

显然，中国的技术创新和进步所带来的经济增长，不仅是劳动力素质的提高和研发投资的结果，还与其他的因素有关。如果我们考虑到中国经济对外开放程度的影响以及基础设施完善的影响，我们也可以得出以下的计量模型：

$$\ln y_t = 0.441 \ln k_t + 0.786 \ln edu_t + 0.280 \, \mathrm{dln} \, rd_t$$
$$+ 0.158 \ln open_t + 0.195 \ln infra_t - 3.100$$

式中 $open_t$ 为对外开放程度，即进出口总额占 GDP 的比重；$infra_t$ 为基础设施建设，用运输路线总长度来表示，包括铁路营业里程、公路里程、内河航道里程、定期航班航线里程和管道输油里程，数据来自于《中国统计年鉴》。

模型 $R^2 = 0.998$，除 $\mathrm{dln} \, rd_t$ 项系数不显著外，$\ln infra_t$ 的系数在 5% 的显著性水平上显著，其他各项系数均在 1% 的显著性水平上显著。

比较一下这个模型与上一个模型，我们可以发现，增加对外开放程度和基础设施建设等这些提高要素生产力水平的因素之后，将导致过去考虑的因素的产出弹性下降，例如资本的产出弹性下降、劳动力受教育程度的影响程度下降、研发投资加速增长的影响程度下降。由此，我们应该进一步认识到促进中国的技术创新进步和导致全要素生产率的增长，是多方面因素共同作用的结果。其实我们很难准确定量估计每一个因素作用的大小，计量模型仅能够发现哪些因素是影响技术创新和进步的重要因素而已。

如果对改革开放 40 多年中国经济增长决定因素的变化过程做出简要的归纳，我们也可以得出这样的结论：在 20 世纪 80 年代和 90 年代初期，中国经济体制改革与持续不断地对外开放，促进了生产要素效率的提高，成为了推动中国经济增长的最主要的因素。20 世纪 90 年代开始了中国的资本积累率逐步提高过程，直到 21 世纪 10 年代初期，资本积累成为中国经济增长的主要决定性因素。改革开放以来，中国总劳动力数量的增长对中国经济增长的贡献较小，但是农村剩余劳动力转移所带来的有效劳动力增长，是中国经济增长不可忽视的因素。改革开放以来中国劳动力素质的提高，特别是大学扩招之后，提高速度的增加是促进中国经济增长的重要因素。中国的科技投入规模相对较小，直到近 10 年其规模才相对较大，科技投入规模的加速增长以及相对规模的扩大，也成为了目前中国经济增长不可忽视的因素。其他的因素，例如基础设施的完善等也是影响中国经济增长的重要因素。

四、中国技术创新资源的形成与驱动经济发展效率状况

我们可以从人力资源的形成状况、技术创新研发投入的产出状况、技术创新驱动经济发展的状况等方面的变化，揭示中国目前技术创新与驱动经济发展的状况。

1. 中国技术创新资源的形成状况

改革开放以来，中国的人均受教育年限逐步提高，2018 年人均受教育年限达到了 10.17 年，比 2000 年 7.87 年提高了 2 年。劳动人群中受高等教育人数的比例迅速增长，特别是 20 世纪末以来，大学扩招使得大学毛入学率逐年上升，提升了高等教育人数比例。到 2019 年中国高等教育毛入学率达到了 51.6%，在 2003 年这一数据仅为 17.0%，提高幅度是非常迅速的。劳动人群中受过高等教育人数的比例在 2014 年已经达到 11.53%，2000 年这一数据仅为 3.61%，提升的幅度是非常显著的。

在大学毛入学率不断提升的同时，研究生教育也得到了迅速发展，研究生招生规模由 2000 年 12.84 万人上升到 2019 年 91.65 万人。其中理工科研究生招生人数由 2004 年 20.69 万人上到至 2015 年 39.02 万人。

中国人力资源数量和质量不断增长的原因，在于教育经费占 GDP 的比重不断提升，2018 年中国教育经费占 GDP 的比例为 5.24%，而 2000 年教育经费占 GDP 的比重仅为 3.84%。

如果将中国人力资源的形成状况与发达国家相比较，会发现显著的差距。发达国家的大学毛入学率显著高于中国。2014 年，日本、美国、英国、德国大学毛入学率分别为 63.36%、86.66%、56.48%、65.47%，高于中国 10%~30%。

劳动人群中平均受教育年限也存在显著差距。发达国家平均受教育年限在 12 年左右。平均受教育年限分别是：美国 13.4 年、芬兰 13.5 年、英国 14 年、加拿大 14.6 年、日本 11.1 年、法国 13.1 年。由于平均受教育年限是多年累积的结果，目前中国平均受教育年限比发达国家低很多，是过去中国大学多年来毛入学率很低累积的结果，这种状况短时间不会改变。但是我们要认识到，如果中国的大学毛入学率明显低于发达国家，那么最终中国平均受教育年限也会明显低于发达国家水平。

从中国的教育资金投入来看，2013 年、2015 年和 2018 年中国国家财政性教育经费分别为：24 488.2 亿元、29 221.4 亿元、36 995.8 亿元，占当年国内生产总值的比重分别为 4.11%、4.24%、4.02%。这一比重的水平距离发达国家的平均水平还有比较大的差距。据统计，2005 年世界各国公共教育支出占国内生产总值的比重：高收入国家 5.5%，中上收入国家 5.6%，中下收入国家 4.7%，低收入国家 3.9%。其中欧盟国家中丹麦 8.28%、瑞典 6.97%、芬兰 6.31%。

从人力资源的产出状况来看，中国的大学毛入学率与发达国家相比较存在显著的差距。这说明中国人力资源的产出水平还有比较大的提升空间，完全可以通过提高财政性教育支出的比重来逐步提高大学毛入学率，使中国人的平均受教育水平能够在不长时间内达到与发达国家相当的水平。

2. **研发投资的投入与产出状况**

由表 11 的统计数据可以发现，中国科学技术研究的经费支出占国内生产总值的比重，2018 年为 2.14%，2007 年为 1.37%，科学技术研究的经费增长速度以及相对比重的增长速度均比较快。中国投入科学研究的人力资源增长速度也很快，研究经费的增长相应地带动了投入到科学技术研究中的人力资源数量的增长。

表 11　2007 年、2018 年中国科技活动的基本数据

指标	2018 年	2007 年
基础研究人员全时当量/（万人/年）	30.50	13.81
应用研究/（万人/年）	53.88	28.60
试验发展/（万人/年）	353.77	131.21
合计/（万人/年）	438.14	173.63
基础研究经费支出/亿元	1 090.37	174.52
应用研究经费支出/亿元	2 790.87	492.94
试验发展经费支出/亿元	16 396.69	3 042.78
合计/亿元	19 677.93	3 710.24
其中政府支出/亿元	3 978.64	913.50
企业支出/亿元	15 079.30	2 611.00
当年国内生产总值/亿元	919 281.1	270 092.3

中国目前科学技术研究所形成的技术成果基本状况见表 12：

表 12　2007 年、2018 年中国技术成果的基本状况

指标	2018 年	2007 年
发表科学技术论文/万篇	184.36	114.26
国内发明专利申请授权数	432 147	67 948

由表 12 可以发现中国科学研究所形成的技术创新成果增长速度是很快的。

根据中国科学技术信息研究所发布的《2016 中国科技论文统计结果》可以得到以下数据：2006—2016 年，我国处于世界前 1% 的引论文为 1.69 万篇，

占世界份额的 12.8％，超过德国排在世界第 3 位；中国近两年间发表的论文得到大量引用，被引用次数进入本学科前 1‰的国际热点论文为 495 篇，占世界总数的 18.0％，世界排名首次达到第 3 位。这些数据表明中国科技论文的数量和水平都在逐步提高，但是距离像美国这样的一流发达国家的研究水平还有一定差距。

世界知识产权组织发布的报告显示，2017 年中国已成为《专利合作条约》框架下国际专利申请的第二大来源国，仅排在美国之后。中国的华为和中兴成为国际专利申请最多的两家公司。从国际专利申请属地来看，2017 年提交专利申请量最多的仍是美国，高达 5.66 万件；其次是中国 4.89 万件和日本 4.82 万件。其中，中国是唯一申请量年增长率达到两位数的国家，自 2003 年以来每年增长率都高于 10％。

美国商业专利数据库日前发布报告显示，美国专利商标局 2017 年批准的发明专利为 32 万件，比前一年增长 5.2％。从国家和地区看，美国企业获专利 14.8 万件，占总数的 46％；亚洲企业以近 10 万件的数量排在第二，占 31％；欧洲企业占 15％。来自中国、日本和韩国的企业成为亚洲创新的重要主体。2017 年中国公司获取专利数量比上一年度增加 28％，达到 11 241 件，中国成为仅次于美国、日本、韩国、德国的第五大专利申请来源地。

3. 阻碍中国存量技术创新成果增长的因素

尽管目前中国通过大规模的经济投入提升了技术创新成果的增长速度，但是我们也应该认识到有一些因素，妨碍了中国存量的技术创新成果的增长。主要是专利、科学论文与人才知识水平的折旧率较高。

依据专利技术保有量的变化、每年新增的发明专利授权数，可推断出发明专利的折旧率。2016 年中国有效发明专利保有量为 110.3 万件，2013—2016 年发明专利申请授权数分别为 207 688 件、233 228 件、359 316 件、404 208 件，其和值为 1 204 440 件，超过 2016 年中国有效发明专利保有量。由于发明专利的专利期限长达 20 年，2016 年中国有效发明专利保有量不超过最近四年的发明专利申请授权书的数量，这一结果可以判断出相当多的中国发明专利很快就失效了，这说明中国的技术发明折旧速度非常快。技术发明的折旧速度很快只能说明既有的技术发明其技术水平不够高、核心专利少、经济价值不够高，因此，在专利保护期内就被专利发明人放弃。数据显示，国内发明专利维持时间达到 10 年的有 40％，达到 20 年的仅有 3.2％。国外发明专利维持 10 年的达到 82.2％，达到 20 年的有 22.8％。这些数据进一步证实了中国的发明专利维持寿命相对较短、折旧率较高的状况。

尽管近年中国高水平的论文，即高引用率论文数量的增加比较快，论文的绝对数量也增加得很快。但通过比较中国科学论文的引用率与世界平均水平之间的差距，可以确定中国科学论文的引用率背后有比效高的折旧率。基础研究中基本原理、基本发现的科学论文十分匮乏，是中国科学论文水平和引用率低下的原因。

我们应该认识到中国目前的大学平均教育水平与国外先进大学的教育水平相比较存在巨大的差距，这是显然的事实。从每年的大学排名状况就可以说明这一点。这一状况导致中国大学生毕业时其知识水平就不能够达到同类国外大学的水平，这些大学生所拥有的知识存量与发达国家同类大学毕业生相比较就存在差距。

由于发达国家从事研发的技术人员比例明显高于中国，从事研发的人一般都在持续学习，以保持其知识技术水平的先进性。相对而言，不从事研发的大学毕业生持续学习的概率要小得多。由此我们可以断定从继续学习的角度来看，中国知识阶层的知识水平相对退化的程度应该超过国外。由此可以断定中国人才的知识水平折旧率应该明显高于国外发达国家的水平。

4. 中国技术创新驱动经济发展的效率状况

我们可以采用高技术产业主营业务收入的增长状况，来反映技术创新驱动经济发展的基本状况。2017 年我国高技术产业主营业务收入为 159 375.8 亿元，而 2011 年为 87 527.2 亿元，6 年间增长了约 82%，明显超过了这一时期的中国经济增长速度。这说明中国高新技术产业的发展成为推动中国经济发展的重要力量。

但是，如果从经济发展的绝对水平来看，2019 年中国人均 GDP 水平约为美国的 1/6。即便考虑到购买力平价的因素，这一数据可以缩小，但是人均 GDP 水平的差距是非常明显的。因此，从绝对水平来看中美之间的技术水平存在显著差距，因为人均 GDP 水平体现的是劳动生产率水平，而劳动生产率水平主要由技术水平决定。

前面我们已经对中国经济增长过程中全要素生产率增长状况以及技术创新研发投入所带动的经济增长状况，进行了系统的实证研究。改革开放以来，中国全要素生产率的增长率其实并不很低，早期的全要素生产率增长主要来源于中国的经济体制改革提高了生产要素配置效率，20 世纪 90 年代以来对外经济开放、大学扩招导致人力资本增长成为了中国全要素生产率增长的主要动因。虽然最近 10 来年中国研发投资的增长速度很快、技术创新的成果增长速度也比较快，但是中国全要素生产率的增长率有下降的趋势，原因在于中国的技术创新投资所带来的全要素生产率增长，并不十分显著。前面我们通过计量分析的结果已经证明中国技术创新投资的增长本身对中国经济增长的影响并不显著，比较显著的是中国的技术创新投资加速增长这一因素，这说明我们还需要从技术创新成果的绝对规模增长速度以及驱动经济发展效率的角度，来提升其对中国经济增长的作用。

五、基本判断

通过对中国经济发展中技术创新状况研究可以得到以下认识：

第一，改变开放以来，全要素生产率增长是中国经济增长动力中贡献份额最大的因素。资本积累只是在积累率快速提升的阶段成为中国经济增长主要动力。随着资本积累速度逐渐等于经济增长速度，中国经济增长的动力将更加依赖于技术创新与进步，且技术创新驱动经济发展的加速效应将更加显著。

第二，教育投资带来的人力资本的增长，是影响中国全要素生产率增长重要因素，但限于目前研发投资规模与效率其加速增长才能对中国经济增长有明显作用。这说明中国改变开放以来全要素生产率增长是经济体制改革开放、资源配置效率提高、基础设置建设、人力资本投资、研发投资等众多因素共同作用的结果。

第三，限制技术创新投资对中国经济增长作用的原因，在于中国技术创新投资比重、人才质量水平、科研成果和专利技术水平与发达国家相比存在比较大的差距，技术创新成果的折旧率相对较高也抑制了中国存量技术创新成果的增长。

第五节 技术创新的国际经验与中国跨越中等收入陷阱要解决的问题

我们需要总结发达国家技术创新驱动经济发展的成功经验，以及中国技术创新取得的成绩，结合前面几章对中国经济发展状况的研究，提出中国跨越中等收入陷阱需要解决的问题，为对策研究奠定基础。

一、发达国家技术创新驱动经济发展的经验

在 20 世纪，通过技术创新驱动经济发展取得成功的典型国家，至少应该包括美国、日本和韩国。美国是 20 世纪科学技术水平最高、经济发展水平居于世界前列的大国；日本是二战之后重新崛起的以先进科学技术驱动经济发展成功的国家；韩国则是从一个落后的农业国经过持续的工业化进程，特别是通过现代制造业的发展成功进入到发达国家行列中一个典型的国家。总结发达国家技术创新驱动经济发展的成功经验，可以发现差距，有助于揭示中国技术创

新驱动经济发展、跨越中等收入陷阱过程中需要解决的问题。

1. 美国

美国通过技术创新驱动经济发展取得的成功，不仅表现在 20 世纪传统的制造业领域，更重要的在于 20 世纪 90 年代以来的新经济领域取得了很大的成功。美国在 1991—2000 年间形成了长达 117 个月的高增长、高就业、低通涨的经济状态，经济增长率平均 4％左右，失业率逐步下降（失业率 5％以内，通货膨胀率 3％以内），并形成了以信息技术为代表新的经济-技术-制度体系。

从 19 世纪到 20 世纪上半叶，作为移民国家的美国通过引进人才与技术，培育自己的人才，并且发展出持续的技术创新能力，使得 20 世纪初的美国成为世界经济规模最大的国家。持续的技术创新能力表现在众多的新产品新技术是通过美国人的创新精神研发出来的。例如航空技术、照相技术、计算机技术、无线电通信技术、现代照明技术等。美国实业中的创新不仅使美国成为了世界一流技术水平的国家，而且也改变了整个世界。这种技术创新能力一直延续到现在。

二次世界大战之后，美国建立了世界一流水平的教学科研体系，成为了世界科学技术发展的中心，这为 20 世纪 80 年代以来，建立在科学基础上的新技术发展奠定了基础。美国在新技术发展领域取得了世界领先的地位，这些技术包括生物技术、航天技术、信息电子技术、新材料技术等，这些新的技术发展构成美国新经济的基础。

一般认为美国新经济的成功建立在里根新政的基础上。在里根总统当政的时候，推行了以减税、放松规制为特征的制度改革，推行以加速折旧、增加政府对企业研发投资补贴为手段刺激高新技术发展的政策，并对相应的金融体制进行了改革，极大地刺激了以信息技术、生物技术、航天技术等新技术为代表的新产业高速发展。在美国新经济时代其劳动生产率的增长速度高达 2％～3％，大大超过 1973—1975 年的 1.4％水平。经过新经济时代的产业结构调整，美国传统产业普遍衰落的同时，在新兴技术支撑下高科技产业重新取得了世界领先的优势。

我们应该认识到，美国新经济时代的成功，不仅仅在于里根新政为高新技术产业发展提供了制度环境和政策条件，同时我们还应该认识到，第一，现代高技术产业建立在科学研究水平的基础上，二战之后的美国已经成为世界的科技中心，拥有世界一流水平的教学机构、师资水平、学生素质，产生了众多世界一流的科研成果，这些技术人才和科研成果是美国高技术产业发展的基础。第二，美国社会的创业和创新精神也是支撑高技术产业发展的社会条件。众多具有创新精神的企业家在美国社会脱颖而出，这与美国社会的传统冒险精神有关，与美国人崇尚创新创业的社会价值取向有密不可分的关系。通过技术创新和新技术的应用，来提升这个世界的发展水平是美国人重要的价值取向，这是美国新经济得以产生的重要社会基础。灵活的企业制度也为美国的企业家创新创业提供了便利的社会条件。第三，在 20 世纪 80 年代，美国通过放松规制形成了能够有效促进高新技术产业发展的金融市场和投资体制，这是推动高新技术产业发展的动力，加快了高新技术产业研发和应用的速度。

由此，我们应该得到这样的认识：美国技术创新驱动经济发展的成功，取决于三个方面的因素，即具有高素质的科学技术水平的人才、具有创新创业精神的企业家、适宜于技术创新的环境条件包括金融市场、社会法律制度等。

2. 日本

日本虽然在第二次世界大战中战败，国家经济能力受到了很大的挫折，但二战时的日本已经实现了工业化，国民的教育水平也比较高。与美国信奉自由市场经济体制存在一定差别的日本，其经济体制中政府与财团之间的关系十分密切，政府通过政策来直接干预经济，是日本的传统。

经过 20 世纪 50 年代恢复性的发展，日本在 20 世纪 60 年代开始采取技术立国的发展战略。通过产业政策来指导技术创新的发展方向，为企业的技术创新提供动力。日本的技术创新战略及政策在 20 世纪六七十年代取得了很大的成功，主要在船舶制造、汽车设计与制造、家用电器、精密机床等制造业取得了国际竞争力。因此，到 20 世纪 80 年代日本经济发展水平进入到一流发达国家的行列。

日本在传统制造业领域的成功有以下几个方面的因素：第一，技术创新的方法具有较高的效率。日本企业通过工艺创新吸收和改进进口技术，通过多种形式的"逆向工程"来加速技术创新和进步。第二，在技术创新的过程中提倡全员参与。管理者、工程师和工人之间存在密切联系和水平信息交流，提高了技术创新和进步的效率和速度。第三，对整个生产过程进行系统、综合考虑来进行产品计划和工艺设计，生产工艺的不断改进提高了生产率和质量水平。这一不断改进的技术创新和进步方式，使得日本产品的质量和生产效率达到极高的水平。

日本技术创新发展战略的成功得益于产业政策，当年日本在选择主导产业的发展上就明确以技术创新的潜力、市场需求的弹性等原则来选择主导产业，其中技术创新的潜力保证了产业技术创新的发展空间。日本的一些企业在技术创新管理上已形成了自己的风格，最具代表性的是日本丰田公司的"精益生产体系"，这是日本汽车产品能够达到更高的生产效率和产品质量的基础。

虽然日本在传统的制造业领域取得了很大的成功和成就，但自 20 世纪 90

年代以来日本经济表现为停滞或缓慢增长。在新经济时代，日本在新的高新技术产业中没有取得较大的竞争优势，其中的经验教训也是值得注意的。在以信息技术为代表的新兴产业中，日本企业基本上没有取得竞争优势，原因是多方面的，从技术创新方法的角度来看，逆向工程的方法并不适应于信息产业、生物产业等领域的技术创新。日本的企业体制有所谓终身雇用制的特点，不利于基于新技术诞生新的企业。新技术产业所要求的更高的科学研究水平也是当前日本所不具备的，例如现代制药。

总结日本技术创新驱动经济发展的成功经验，应该包括以下几点：一是政府制定了有效的技术创新战略并通过有力的手段使之有效执行，二是企业形成了有效的技术创新方法提高了技术创新的效率，三是社会法律制度、高素质人才的培养为技术创新创造了较好的社会条件。

3. 韩国

韩国的经济发展过程对于发展中国家的经济发展具有典型意义。二战之后韩国还是一个十分贫穷的发展中国家，但能够在跨越中等收入陷阱进入高收入国家之后，在世界高新技术产业领域取得一定的地位，这几乎可以说是独一无二的典型案例。

20世纪60年代开始，韩国走上了持续发展的工业化道路，农村剩余劳动力实现了快速持续的转移，借助于外部的资源和技术取得了作为亚洲四小龙之一的地位。至20世纪末就取得了一定的成功，基本跨越了中等收入陷阱。但韩国的经济发展过程也曾经遭受东南亚经济危机影响，一度陷于危机之中。但危机之后的韩国经济又得到了进一步发展。从21世纪韩国的经济发展状况来看，以三星和LG为代表的韩国高新技术企业在世界上占有一席之地，说明韩国在技术创新推动经济发展以及高技术产业的发展过程中取得了成功。

从国家层面的角度来看，东南亚危机之后韩国开始推进一些高技术产业的发展，其中最成功的典型是信息产业。政府将研发经费占国民总收入的比例提高至5％的水平，一方面大力资助基础研究，鼓励在国内外设立研究机构和国外学者的参与，提高本国人才的待遇；另一方面，政府不仅资助企业的开发性研究，而且鼓励民间资本参与企业的研发，鼓励技术成果的转让，特别是在需要长期投资的技术开发领域提供国有资本的资助。

从企业层面上来看，韩国三星公司是个典型代表。目前，三星公司在信息产业领域具有领先的地位，三星公司半导体产业的收入水平已经使之成为该产业全球第一大厂商。此外，三星公司在显示技术领域也处于世界领先地位。从三星公司对计算机储存芯片的研发过程来看，其特点是经过长时间的追赶、获得了政府的大力支持以及对研发过程的有效管理。特别是在产业遇到危机和困难时，竞争对手因为经济原因减少甚至放弃研发投入的时候，三星公司在国家的资助下反而加大研发投资，从而使其技术水平最终达到世界一流水平。

作为人口规模并不很大的国家，韩国能够主要借助于外部的资源和条件，加上自身的努力走上工业化的道路，实现经济结构的转变进而跨越中等收入陷阱，并且在高科技领域取得一定竞争地位，这一过程是比较成功的。由此所获得的经验是值得发展中国家借鉴的。

韩国的技术创新驱动经济发展的成功经验，应该包括以下几个方面：第一，经济发展水平和技术水平相对较低的国家想要在技术创新领域与发达国家相竞争，在技术学习和人才培养上要充分利用外部的资源。第二，国家应该在资本投入上对高新技术产业的发展给予有力支持。第三，高度重视人才的培养和劳动力素质的提高。韩国现在有几乎世界最高水平的大学毛入学率，这说明人才的培养、文化水平的提高是韩国经济取得成功的基础。第四，韩国农村剩余劳动力得以顺利转移，也极大提高了技术创新驱动经济发展的效率。

二、中国科技创新战略的演变与成就

1. 新中国科学技术创新发展战略与政策的演变

新中国的科技创新战略与政策可以区分为两个阶段，第一阶段是计划经济时代，第二个阶段是市场经济时代。

在第一个阶段，新中国逐步建立了各类科研机构，制订了国家科技发展计划，逐步形成计划经济条件下的国家创新体系。如"十二年科技发展规划"，在这一阶段科技创新战略侧重于军事领域，例如，著名的两弹一星计划。

第二阶段是市场经济逐步确定和完善的阶段。20 世纪 80 年代以来，中国政府主导了众多的科技发展规划和计划。从 20 世纪 80 年代中期的 863 计划开始，火炬计划、星火计划、国家自然科学基金设立、攀登计划等。随着经济发展、科学技术的发展以及管理水平的提高，不同时期制定不同的计划。20 世纪 90 年代启动了科教兴国战略和技术创新工程，强调迎接知识经济时代，建设国家创新体系，即知识创新系统、技术创新系统、知识传播系统和知识应用系统。2003 年启动国家中长期科学技术发展规划。

最新的中国技术创新战略的集中表现是中国制造 2025。国务院于 2015 年印发的中国制造 2025 的通知中，明确了中国未来十年技术创新战略的原则目标和手段，提出要在十大重点领域通过技术创新来确立中国制造的技术优势，这些重点领域包括新一代信息技术产业、高端数控机床和机器人、航空航天设备、先进轨道交通设备、节能与新能源汽车、电力设备、农机装备、新材料、生物医药及高性能医疗器械等。

2. 中国科技发展战略及其政策的基本特点

在第一阶段，科技创新战略目标的确定及其实施主要通过政府主导的方式来组织，政府可以集中和调动一切有利于创新目标实现的资源，并且以爱国主义思想作为主要的精神激励为技术创新提供动力。可以肯定的是，第一阶段的技术创新战略及其实施是比较成功的，但是由于战略目标的限制，成功主要体现在军事及其相关领域，民用领域的技术创新成果并不突出。

从技术创新驱动经济发展的效果来看，一般认为中国在计划经济时代全要素生产率的增长率是相对比较低的，这与民用技术的发展速度相对较慢、计划经济体制下技术创新驱动经济发展的机制不够完善有密切的关系。但是不可否认，在某些民用领域，中国科技人员也可以取得突破性的科学技术创新成果。例如，中国的杂交水稻研究推广，这不仅仅是具有世界水平的技术创新成果，而且极大提高了中国的水稻单产水平。

在第二阶段，市场经济体制下释放了更大的经济活力，加上政府对科学研究和技术开发的重视及相关政策的作用，这一阶段的科学技术创新战略和政策取得了一定的成功。经过四十余年的改革开放和经济发展，中国经济的产业水平已经逐步摆脱了低端产品的状态，逐步向高端产品转移。研发投资规模、新产品销售收入的规模不断上升，推进了中国经济持续增长，使中国人均国民总收入达到中等偏上的水平。中国企业所取得的国内专利数和国际专利数持续上升，一些著名的企业已经在技术创新领域取得了一定的国际地位。这些成就都是市场经济体制改革之后取得的，与中国科学技术创新政策的有效实施有着密不可分的关系。

3. 典型的成功案例

在短短 20 年的时间内，中国的高速铁路从无到有，已经形成了世界上营运里程最大的高速铁路网络，是目前中国人最便捷的远距离运输工具，极大促进了中国经济发展和中国居民福利水平的提高。目前中国高速铁路的技术水平已经处于国际先进行列，从装备制造技术、营运管理技术、施工技术等多方面都具有世界领先的竞争优势。中国的高速铁路技术已经成为中国技术走向世界的标志性成果。

中国高速铁路技术的发展完全是在政府主导下、在引进技术基础上学习和不断创新的结果。中国的高铁技术在引进日本、法国、德国等国家技术基础上进行改进和再创新，并通过集成创新设计制造出了符合中国需要的产品。这一技术的发展不仅在技术创新上是成功的，而且在商业上也取得了巨大的成功。

电信工程技术的发展和创新也是中国经济改革开放过程中的一大亮点。改革开放之初，中国的固定电话网络十分落后，电话的装机费用和通话费用十分昂贵。时至今日，由于中国在电信领域攻克了程控交换机等技术难关，目前中国的固定电话网络不仅规模巨大而且费率低，这是固定电话网络技术创新发展的显著标志。移动通信网络在稍后也得到了迅猛的发展，从 2G 到 5G，中国的移动网络取得了跨越式发展的成就。中国的移动通信不仅在网络设备上取得了飞速的发展，而且在终端设备上也取得了巨大的成就。在电信工程技术发展的基础上，互联网的商业网络技术在中国也得到了发展和运用，例如淘宝网、微信支付等网络工具的使用极大地改变了中国的商业经济模式，推动了中国经济的发展。

当然，中国的技术创新和进步基本上是全方位的，这里只列举高速铁路技术、电信工程技术，这是具有代表性的成果，其他成果不能够一一列出。

4. 典型存在较大差距的案例

在看到中国技术创新成果的同时，我们也要看到在某些领域中国的技术创新与进步不够显著。

就目前技术创新的状况来看，中国制造 2025 中第一大项目就是新一代信息技术产业，核心技术是芯片制造。自 20 世纪 70 年代发明大规模集成电路以来，芯片技术日新月异，技术进步的速度非常快，计算机芯片制造技术已经从微米发展到纳米级。中国从 20 世纪 90 年代开始投入大量资金进入芯片技术的开发和研究，从中芯到汉芯，其中的挫折和教训众多。迄今为止，中国在芯片技术领域取得了初步的成就，主要是应用端的专用芯片。基础芯片的匮乏使得中国众多涉及信息处理的技术受制于国外，中国每年必须花费大量外汇来进口国外的芯片，这在经济上和在国防上都是存在问题的。

生物医药技术这几十年发展非常迅速，新药层出不穷，已经接近攻克癌症，但中国发明的能够被国际承认的化学药物仅仅只有治疗疟疾的青蒿素等极少数药物，而发达国家现在每年发明到临床应用的化学药物有数十种之多。2017 年美国食品药品监督管理局批准上市的新药 46 个，其中化学小分子 34 个，生物制品 12 个。在这些新批准的新药研发公司没有一家是中国的公司。由此可见，中国的生物医药技术在国际上所处的地位。

将技术创新的领域区分为科学研究型、工程技术型、效率驱动型、客户中心型后，国外研究机构对中国和美国在技术创新能力上进行了比较。中国技术创新能力在科学研究型上远远落后于美国；在工程技术型上则各有长短，中国在高速铁路领域居于领先地位，但是在商业航空、应用程序和系统软件、汽车领域相对落后；在效率驱动型的技术创新领域，中国则具有相对领先地位，例如太阳能电池、半导体的后端工程、仿制药、工程机械、建筑材料、通用化学品等领域相对领先；在客户中心型领域，除了家用电器，中国在互联网零售、互联网软件与服务、智能手机、家居产品等领域均处于落后地位。

具体来说中国技术创新的优势和薄弱点，中国技术创新能力相对较强的领域是消费端引领的技术创新领域，特别是与制造成本联系在一起的效率驱动型产业。其原因在于中国有一个庞大的国内市场以及相对廉价的劳动力成本，因此，在消费端、需要大量使用廉价劳动力的产业端，比较容易取得相对较高的创新能力和产业优势。中国技术创新能力相对较弱的领域，是需要以基础研究作为支撑的领域，例如生物技术、半导体设计、品牌药、应用程序和系统软件、互联网软件和服务等领域，这些产业领域需要以较高的科学研究水平和开发水平作为基础，中国在这些基础性的科学技术领域相对比较薄弱，难以取得技术创新的优势。

三、中国跨越中等收入陷阱需要解决的问题

前面我们在理论研究方面已经揭示了发展中国家形成中等收入陷阱的原因、技术创新驱动经济发展加速效应，并且总结了技术创新驱动经济发展动力机制的一些认识。在实证研究方面我们全面分析了中国经济发展的现状，特别是技术创新驱动经济发展的状况，已经揭示出中国在技术创新驱动经济发展过程中存在的不足，结合技术创新驱动经济发展的国际经验，在充分利用中国技术创新已经取得的成就基础上，可以提出中国目前跨越中等收入陷阱需要解决的一些问题，主要包括技术创新的投入比例、研发效率及驱动经济发展效率三个方面的问题。

1. 技术创新与进步的资金投入比例问题

技术创新与进步的资金投入比例包括两个方面：技术创新本身的研发投资占国民总收入的比重、教育投资占国民总收入的比重。

2019 年中国技术创新的研发投资占国民总收入的比重为 2.2%，距离发达国家的比例水平 4%～6%，有明显的差距。

2018 年中国教育投资占国民总收入的比重为 5.04%，2019 年的大学毛入学率为 51.6%，这两个比例特别是后一比例还必须逐步提高。

2. 技术创新与进步效率问题

影响中国技术创新效率的主要是技术创新的质量水平，因为中国技术创新所形成的专利和论文的数量上升得很快，从绝对数量的角度来看已经接近主要发达国家的水平，但是质量水平有待提高，原因是中国的专利有效期限短、折旧率高，达到世界高水平的论文数量相对较少。影响中国技术创新效率的主要因素还是研发人员的质量水平与发达国家相比较有比较大的差距。此外，在管理方式上也存在不当之处：过于强调数量、对假冒伪劣的研究打击不力。

中国的教育投资占国民总收入的比重与发达国家差距并不大，但是大学的毛入学率有显著差距，说明教育投资的效率有待提高。中国的教育质量也存在效率问题，简单地说中国各级教育的质量水平均有待提高，特别是农村普及性教育和一流高等教育的质量水平有待提高。

3. 驱动经济发展的效率问题

通过体制改革和对外开放，使中国整体的技术进步速度曾经达到了比较高的水平，但是目前中国技术创新驱动经济发展所带来的全要素生产率增长率，大约只有 3％的水平，这一水平虽然足够跨越中等收入陷阱，但是不完全令人满意。

中国要在 21 世纪中叶成为一个中等发达国家，必须将中国人均国民总收入提高两倍以上，为此应该达到以下两个目标：实现农村剩余劳动力的完全转移、全要素生产率的增长要达到 4％左右的水平。为此需要解决农村剩余劳动力完全转移过程中存在的问题，以及从政府行为、企业行为、体制改革等方面解决如何提高技术创新驱动经济发展效率的问题。

第六节　中国跨越中等收入陷阱的三大优势

改革开放以来中国经济的快速发展状况，已经证明中国经济发展是十分成功的。总结这 40 余年成功的经验，可以发现中国经济在技术创新驱动经济发展、跨越中等收入陷阱过程中具有中国特色的优势。中国优势可以概括为以下三个方面：经济大国的优势、中国传统文化的优势、中国政治经济体制的优势。对这些优势我们可以从技术创新驱动经济发展过程中所能够起到的作用来加以论述。

一、中国作为人口和经济大国所具备的优势

作为人口和经济大国，在技术创新驱动经济发展过程中所具备的优势，包括以下几个方面：

1. 市场规模大，有利于提高技术创新动力和驱动效率，有利于形成社会化的分工，有利于形成产业集群

中国的市场规模大表现在供给和需求两个方面：从需求角度来看，中国人口规模大，尽管目前人均收入水平相对于发达国家还比较低，但是也可以形成很大的消费规模；从供给角度来看，目前中国经济发展水平已经使中国经济形成了较完备的产业体系。

从技术创新的角度来看，市场需求规模越大，技术创新所带来的预期收入

水平越高。因此，市场规模大有利于提升技术创新的动力。从技术创新效率的角度来看，市场需求规模大可以有效降低技术创新研发的效率阈值障碍，为技术创新创造更有利的条件。

从技术创新群集效应的角度来看，市场需求规模大有利于形成社会化分工的产业集群，进而产生技术创新的群集效应，以此来提升技术创新的效率和速度。中国经济目前已经形成比较完备的产业经济体系，在某些领域已经形成了社会化分工的产业集群，例如机械产业、电子产业等。中国较为完备的产业经济体系可以进一步发展形成技术创新优势的产业集群效应，提升全社会的技术创新效率和速度。

2. 人口基数大，有利于形成规模化的高水平技术创新人才，有利于形成多层次的技术人才

中国有超过 14 亿的人口规模，目前的劳动力规模大约为 9 亿。这一规模与欧洲的人口规模和劳动力的规模基本相当，超过了美洲的人口规模和劳动力规模。

劳动力规模大，不仅可以形成多层次的劳动力结构，更重要的在于可以形成具有社会化分工特点的、规模化的和高水平的技术创新人才。

人的天赋是按照一定的比例分布于人群之中，人口规模大的情况下，只要通过适当的教育体系的培养，就可以将其中具有天赋的人群培养成具有创新能力的人才。中国如此大的人口规模，只要我们教育体系是有效率的，完全可以产生出一大批具有创新能力的人才，并且形成社会化分工的规模效应。从劳动力供给的角度来看，这是中国经济发展过程所具备的独特优势。

对不同人种智商分布状况的研究也发现，以中国人为代表的东亚人种的智商平均值较高。中华民族有数千年的文明史，不断的社会进化使得中国人的学习能力和思维水平应该高于世界平均水平。日本经济和亚洲四小龙的经济崛起也说明了社会进化程度的不同，将对社会经济发展水平产生影响。中国目前的经济发展水平虽然距发达国家水平还有比较大的差距，但决定经济发展水平的主要因素是人。在中华民族几千年文明历史熏陶下勤劳勇敢的中国人民，只要经过适当的学习，完全可以形成既有高层次人才也有中等层次应用型技术人才的人才结构，为未来中国成为一个发达国家提供良好的劳动力基础。

3. 有利于形成有效率的竞争格局，提升竞争程度，增强技术创新的推动力，提高技术创新的速度、效率

市场规模大、产业规模大、劳动力基数大，有利于在社会化分工的基础上形成充分竞争的市场格局。由于劳动力基数大，在每一个细分的产业，均可以形成有效竞争的格局，避免完全垄断现象的产生。有效率的竞争格局通过提升竞争程度来形成更加强大的技术创新推动力，从而提高技术创新的速度和效率。

不过值得注意的是，如果不能够充分尊重知识产权、形成对技术创新知识产权的充分保护，又有可能形成过度竞争的市场格局，从而降低技术创新过程中资源配置的效率。

4. 地区间、城乡之间技术水平差别大，有利于扩大技术创新所带来的技术转移空间

中国不仅仅是一个地域广阔的大国，而且地域之间的资源条件和经济发展水平差异很大。这种差异性能够扩大技术转移的时间空间和地域空间，延长技术创新的收益期限，进而提升技术创新的收益率。

此外，即便是同一个地区，中国的城乡收入差距还是比较明显的。中国目前的城市化率刚刚超过 50%，农业劳动力的规模很大，占总劳动力的比重还高达 25% 左右。城市化的过程和农村剩余劳动力逐步转移到城市的过程，也是技术进步的过程，可以使已有的技术进步扩散到目前的低效率、尚待转移的农村剩余劳动力之中，最终提升技术创新的收益率。

二、中国经济文化传统的优势

二战之后几个比较成功的经济体都是深受中华传统文明影响的国家和地区，例如日本、韩国、新加坡以及台湾和香港。这些国家和地区如同中国大陆一样具有以下文化传统，为经济的成功奠定了基础。

1. 勤劳，劳动参与率高

一个国家和地区的年人均 GDP 水平高、劳动生产率高，首要条件是这个国家或地区的居民是勤劳的。勤劳的劳动者不仅能够有效利用劳动时间，而且会尽可能提高劳动的效率，使劳动生产率达到更高的水平。简单地说，只有在劳动积极性充分发挥高的基础上，劳动者的人均收入才可能达到比较高的水平。

劳动积极性可以用年均工作小时数来衡量。中国劳动者的年工作时间是 2 000～2 200 小时，这个数字相当于英美德法等国家 20 世纪 20—50 年代的水平。目前世界很多国家劳动者劳动时间都比我们少，如巴西和阿根廷分别是 1 841 和 1 903 小时、日本 1 620 小时、美国 1 610 小时、荷兰最低为 1 389 小时。英国人平均工作仅 1 677 小时。虽然目前发达国家的人均年工作小时大大低于中国的水平，但是我们应该认识到这些发达国家在经济起步的工业化阶段人均年工作小时数还是很高的，这说明勤劳是致富的必要条件。目前发达国家人均年工作小时数较低，是因为其劳动效率已经很高。

2. 储蓄率高，有利于扩大技术创新投资资金的来源

现阶段中国的储蓄率可能达到了世界历史上最高的储蓄率水平。在 2010 年左右，中国国民总收入用于投资的部分接近 50%，储蓄率水平大大超过发达国家 20% 左右的储蓄水平，也明显高于日本在高速经济增长时 30% 左右的储蓄率水平。

较高的储蓄率不仅提高了投资的规模、固定资产的增长率，为劳动生产率的提高打下基础，而且较高的储蓄率可以为教育投资、新技术的研发投资提供资金来源。目前中国研发投资比重已经接近或达到发达国家的一半水平，而目前中国人均国民总收入以美元计算只有发达国家，如美国的 20% 左右。人均国民总收入水平的差距并没有导致我们的教育投资和研发投资的比重远远落后于发达国家，其中关键就在于中国国民总收入中有较高的储蓄率。如果我们的教育投资和研发投资的效率可以提高到更高的水平，以更高的研发投资比例和教育投资比例来提升中国经济发展中全要素生产率增长率的比重，使得中国经济走向主要以技术创新驱动经济发展的道路，那我们就能够形成在不依赖于农村剩余劳动力转移情况下，都可以获得大大高于发达国家的经济增长速度，这是中国经济发展水平逐步赶上发达国家的必由之路。

3. 对教育的重视

中国悠久的文化和历史使社会和民众形成了重视教育的价值取向，教育水平的提高有利于提高劳动者的劳动技能，而且会改进社会秩序，为经济发展提供良好的社会基础。从发达国家的平均受教育年限、大学毛入学率的数据来看，教育水平的提高是一个国家走向发达的必由之路。

虽然中国目前大学毛入学率已经提高到 50% 以上，但普及性大学教育只是近一二十年的事情，受过大学教育的劳动人群比例不到 20%，平均受教育年限较低。这些数据表明中国的教育水平，特别是大学教育普及程度距离发达国家还有相当大的差距。这些数据也表明，尽管中国传统重视教育，但实际上目前中国的教育水平并不高，还有足够大的提升空间，这是中国未来经济发展潜力之所在，这也表明中国人重视教育的意愿未来还有更大的实现空间。加之中国的储蓄率较高，教育的潜在投资能力较强。就目前状况来看，走出一条科教兴国道路，使中国高等教育基本普及、研究水平不断提高、劳动力素质不断提高，使中国经济中的全要素生产率水平达到更高的水平，以此来推动中国经济的增长，是完全可行的。

三、中国政治经济体制所具备的优势

自改革开放以来，中国经济的市场化程度逐步提高，提高了中国经济发展

的活力和动力，形成了中国经济 40 多年的持续的高速经济增长，这一改革开放过程是十分成功的。已经达到中上收入水平的中国经济，在跨越中等收入陷阱的过程中，面临着经济动力和结构转型的问题，即需要由投资推动的中国经济逐步转移到以技术创新和进步为主要推动力的经济。具有高新技术特征的新产业、新经济将成为中国经济发展最主要的动力，传统产业在劳动生产率提高的同时占国民经济的比重将逐步下降，由此来完成中国经济结构的转型。在这个经济结构转型和经济发展动力转变的过程中，政府的作用，特别是中央政府的作用尤为重要。

1. 技术创新战略决策的有效性和前瞻性

走上高效率的技术创新驱动经济发展道路，需要有明确的战略思想和行动规划，制定统一的国家技术创新战略尤为必要。20 世纪 60 年代，日本之所以能够走上技术立国的道路，这与日本政府技术创新战略的正确制定和实施有密切的关系。20 世纪 90 年代，美国之所以能够形成高增长、高就业、低通胀的新经济增长态势，与 20 世纪 80 年代里根新政的实施有内在的必然联系。

之所以需要一个有效率的国家技术创新战略，因为只有在国家层面上才能充分认识到一个国家目前经济发展过程中技术发展所处的状态和存在的问题。并且良好的国家技术发展战略一定是在对现在和未来的技术发展具有前瞻性认识的基础上制定出来的。

中国依据目前的技术发展状况，可以明确中国技术哪些领域落后于发达国家，落后的原因和有效的对策，哪些技术领域可以通过有效的对策在不长的时间内赶上发达国家，哪些领域的技术发展对中国经济的发展具有更大的推进作用，哪些领域目前还只能停留在跟随状态而无法赶超。有了这些正确的认识，我们就可以制定出一个比较详细的发展战略和行动计划。中国制造 2025 这一技术赶超计划就是这样形成的。

2. 技术创新资源的集中与规模化的使用

有效的技术发展战略的实施还需要技术创新资源的有效使用。中国政府的财政能力显著高于处在同一经济发展水平的发展中国家，这为形成技术创新的资本资源和人力资源奠定了基础。虽然我们的人均收入水平只有一流发达国家的 1/5 左右，但是我们的财政收入占 GDP 的比重与发达国家基本相当，加上中国的人口规模相当于全部发达国家的人口总规模，因此，国家财政支出中可以用于技术创新投入的资金规模远远超过了一般发展中国家的水平，中国研发投资规模的水平与科学技术最先进的美国可以达到相比拟的程度。

中国具有如此之大的技术创新的资本资源，基本上可以在众多的、可行的技术创新领域与发达国家相竞争，特别是在一些重点领域，可以集中资本资源的优势和人力资源的优势进行重点攻关，实现赶超，以求得在不长的时间内技术水平达到与国外先进技术水平相竞争的程度。

3. 技术创新战略决策的有效执行

中国领导阶层是通过层层竞争和优选逐步形成的，对领导能力和领导经验要求很高。从创新驱动经济发展的角度来看，技术创新的决策与实施恰好需要经验丰富、领导力强的领导者来组织。中国曾经通过政府推动组织实施了一些著名的技术创新项目，例如计划经济时代的两弹一星计划，市场经济时代也有一些非常成功的案例，例如高速铁路的发展。目前中国的通信工程、核电项目、新能源汽车等领域的技术水平都在迅猛地发展，可以与国外的先进技术竞争。这充分说明了市场经济时代中国政府在推进技术创新驱动经济发展战略方面具有很强的执行力。

4. 技术创新战略下的政府作用

中国政治经济体制下权力和资源相对集中，完全可以形成一个优势政府，这不是计划经济条件下的政府，而是市场经济条件下的优势政府。市场经济条件下的优势政府不仅可以为经济发展提供充裕的公共产品，而且可以为技术创新发展战略提供全方位的保障。

第一，提供人才、劳动力资源的保障。政府可以通过财政支出为一流人才的培养提供财政支出保障，也可以为一般劳动力资源的培养提供普及性教育所需要的财政支出。

第二，为技术创新提供产权制度保障。技术创新的产品具有准公共产品的特征，容易被侵权从而导致技术创新者失去技术创新的积极性。有效的产权保护是技术创新的前提，政府应该有能力为技术创新者提供强有力的产权保护。

第三，直接为技术创新者提供技术创新所需要的投入。政府不仅可以为公共研究机构的技术创新者提供研发所需要的财政支持，而且还可以为企业技术创新的研发提供部分资助，这是政府在技术创新发展战略指导下直接干预技术创新目标与路径的一种方式。从这方面来说，政府的作用大大超越了市场经济条件下单纯提供公共产品、维护市场经济秩序的作用。

鉴于作为人口大国的中国，已经具备市场规模大、社会储蓄率高有利于技术创新的优势，特别是中国政治经济体制所具备的动员能力。基于目前中国的经济发展的状态和能力，在这三大优势下，完全可以在创新驱动发展上形成举国体制，即在一些关键的技术、产业上通过激励和动员一切有利因素，在技术创新上取得突破，使得技术创新成为驱动中国经济发展的最主要因素，进而使得中国经济不仅仅能够跨越中等收入陷阱，而且能够在新中国建立100年之际达到中等发达国家的收入水平。如果中国能够成功利用这三大优势在创新驱动经济发展上取得成功，相信在 21 世纪末中国一定能够成为一个科学技术水平一流的发达国家。

第七节　中国技术创新与跨越中等收入陷阱的对策研究

前面我们已经总结了中国技术创新驱动经济发展的状况，认识到了中国跨越中等收入陷阱需要解决的问题，并且提出了中国所具有的优势。基于上面这些研究，我们可以提出提升技术创新驱动经济发展效率来跨越中等收入陷阱的对策。

一、基本思路

经过前面理论和实证研究，我们已经认识到提高中国技术创新驱动经济发展效率来跨越中等收入陷阱需要解决三个方面的问题：技术创新与进步的资金投入比例问题、技术创新的投资效率问题、技术创新驱动经济发展的效率问题。从技术创新的动力机制角度来看，技术创新对策所涉及到的主体主要是政府、企业与劳动者，因此我们的对策研究可以从这三大主体展开。此外提升资源配置效率也是提高技术创新驱动经济发展效率的重要途径。

为了比较全面地探寻提升技术创新驱动经济发展效率的对策，我们可以用表 13 来展示我们需要做出的对策研究：

表 13　技术创新对策与投资比例、投资效率、驱动效率之间的关系

对策	投资比例	投资效率	驱动效率
涉及政府战略与规划的对策：			
1. 有效的技术创新战略		＋	＋
2. 政府资助的科研规划	＋	＋	＋
涉及企业创新能力的对策：			
3. 政府补贴	＋	＋	＋
4. 政府直接投资	＋	＋	＋
5. 税制的改革	＋		
6. 企业本身技术创新能力的提高	＋		
7. 提升劳动力素质的对策：	＋	＋	＋
提升资源配置效率的对策：			
8. 国有企业的改革			＋
9. 就业结构的转变			＋
10. 资本市场的改革	＋	＋	＋

二、涉及政府战略与规划的对策

1. 制定有效的技术创新战略

技术创新深受路径依赖的影响，技术创新驱动经济发展的前景也决定了技术创新的可持续性，因此，有效可行的技术创新战略可以大大提高技术创新驱动经济发展的效率，制定可行的技术创新战略十分必要。

技术创新战略的有效性，首先取决于技术上的可行性。技术创新的可行性又受制于已经发现了的科学的基本原理和现有的技术研究水平。因此有效的技术创新战略一定是在科学原理的基础上正确认识现有的技本研究水平来加以制定的。

技术创新战略的有效性还取决于经济上的可行性。技术创新的目的在于驱动经济发展，技术创新驱动经济发展的能力取决于技术进步的速度、技术进步带来的需求和供给的增长速度。

基于技术上的可行性和经济上的可行性，我们在选择技术创新的战略方向上，应该遵循以下准则：

第一，有足够的规模性。技术创新和进步有典型的规模经济的特性，技术创新所涉及的经济规模越大，其驱动经济发展的效率越大。规模性准则的执行似乎相对简单，只要依据现实中的产业规模就能够确定。但是潜在的产业规模需要有一定的预见性。

第二，有明显的技术创新和进步速度。通过技术创新和进步来改进产品的性能、降低产品的成本，进而刺激供给和需求来促进经济发展，其效率明显与技术创新和进步速度有密切的关系。能够显著改进产品性能和降低成本的技术进步更能够有效促进经济发展。微电子时代的摩尔定律就是这一产业通过技术创新进步推动产业发展和经济发展的最典型的案例。对这一准则的运用似乎研发工程师更具有发言权。

第三，有足够的可持续性。技术本身深受科学原理的制约，这决定了技术创新和发展的极限。显然，有足够发展空间的技术更加能够促进经济的可持续发展。掌握了技术背后科学原理的科学家或工程师应该对此有相对深入的认识。

由于技术创新战略，既涉及科学技术本身也涉及经济，有效的技术创新战略的制定应该是在以上三个准则的基础上，综合了科学家、技术工程师、企业家、经济学家等众多专家学者智慧的结果。

2. 制定可行的、具有效率的技术创新规划

如果说技术创新战略在于确定技术创新的目标，那么技术创新规划的主要

作用在于确定技术创新的路径、时机和方式。可行的、有效率的技术创新规划，对技术创新的研发效率和技术创新驱动经济发展的效率有至关重要的作用。

制定一个国家的技术创新规划至少应该考虑以下制约因素：

第一，技术创新资源的准备状况，包括人才和资金的准备状况。

技术创新的可行性和效率严重依赖于技术创新的人才，如果相关专业的人才匮乏，技术创新的可行路径首先是培养人才。技术创新也是高风险的投资，有的技术创新需要大规模的投资。因此，有效的技术创新规划需要依据国家技术创新资金的能力来选择适当的项目和时机加以实施。技术创新资金能力较小的时候优先选择所需要的投资资金较少、短期内能够见效的技术创新项目。技术创新投资能力较大的时候则可以选择投资资金规模较大、投资期限相对较长的技术创新项目。

第二，应该依据技术创新项目驱动经济发展效率的高低来选择技术创新项目的实施顺序和时机。

政府的技术创新规划应该优先选择研发效率较高、驱动经济发展效率较高的项目，可以通过对技术创新项目按照其经济发展效率的高低进行排序，做出时间上、资金上的整体规划，以提高技术创新的整体效率。

某些基础性的技术创新研发项目对其他技术创新项目的效率和实施有很大影响，应该优先实施。

第三，优化国家技术创新规划的实施方式。

可行的、有效率的国家技术创新规划还需要有效的实施方式和手段。承担技术创新研发项目的机构不仅有国家的技术创新研发机构，而且还包括众多的各种类型的企业。充分调动国有研发机构研究者的积极性、激发其提高研发效率的热情、鼓励研发者将技术创新成果应用于经济发展的过程，这是技术创新规划实施过程中应该达到的目标。

对于企业研发机构，政府应该充分发挥企业研发的积极性，通过激励企业的研发投资来提高研发效率和驱动经济发展的效率，使得政府的研发投资效果能够起到倍增的作用。这是国内技术创新规划在企业实施时应该达到的目标。

三、涉及企业技术创新能力的对策

政府对企业进行补贴、对企业进行直接投资，以及政府的税收制度，均是影响企业技术创新能力的重要外部因素。当然，企业自身技术创新能力的培养也是需要解决的问题。

1. 优化政府对企业研发行为的补贴

对企业研发行为进行补贴是必要的，目的在于提高企业的研发积极性，并且对企业研发方向和目标可以进行选择性的激励，补贴行为的有效性在于补贴方式和目标的选择。

补贴的有效性应该取决于以下准则：

第一，补贴对象的选择。应该对符合国家发展技术创新战略目标的企业创新行为进行补贴。补贴不仅仅是提高企业的研发积极性，而且是实施国家发展战略目标的手段。因此对企业研发行为涉及的技术创新目标应该加以选择。只对符合国家技术创新发展战略目标的企业技术创新行为进行补贴。

第二，国家对企业技术创新行为补贴的方式应该加以优化选择。

直接对企业的技术创新专利进行补贴并不一定适当，因为技术创新的专利并不一定具有驱动经济发展的有效性。依据企业技术创新投入的规模进行适当比例补贴或许是有效的，因为企业的研发投入规模应该是企业在评价了技术创新目标、技术创新效率之后进行的有效投资决策，政府依据企业研发投入规模进行适当比例的配套补贴，可以有效利用企业进行有效决策的信息，进而提高政府补贴的有效性。

第三，补贴方式不一定是直接的财政投入的现金补贴，也可以依据企业研发投入成本在所得税前列支的比例进行间接补贴。只不过这种间接补贴方式对企业研发投资的积极性刺激相对较小。

第四，依据企业产出的实物数量来进行补贴在特殊情况下也许是有效的。例如对于可再生能源的发电上网电价进行补贴，可以促进再生能源投资规模的扩大，但是其目的在于促进再生能源技术进步的效率，因此，这一补贴应该逐年调整，从而提高企业技术进步的效率。

第五，政府对企业补贴要严防企业的欺诈行为。从历史事实我们可以发现，中国对新能源汽车进行补贴产生了许多欺诈行为，导致补贴效率急剧下降。为了抑制企业欺诈行为，应该对企业欺诈行为进行惩罚。

2. 优化政府对企业的直接投资

为了有效实施国家的技术创新战略和规划，加大技术创新的投资规模和速度，政府也可以通过直接或者间接的方式对技术创新的企业进行投资。对企业进行直接投资的方式可以通过财政拨款的方式设立国有企业来进行，也可以通过国有企业参股或者控股的方式参与或新设混合制的企业来进行投资。无论采取何种方式，提升投资效率的关键在于满足以下要求：

第一，符合国家的技术创新战略和发展规划。国家投资技术创新企业的目的在于实施国家技术创新战略和规划，而国家技术创新战略和规划已经在整体上进行了效率评估，因此，国家对企业直接投资方向一定要满足这一要求。

　　第二，投资成败的关键在于人才。技术创新的管理人才和技术人才是决定技术创新成败的关键，因此，国有资本对企业投资一定要对所投资企业的人才状况做出适当评估，只有管理人才和技术人才达到适当的标准之后，才能够进行投资。

　　第三，科技型企业的投资应当采取混合所有制的方式，引入私人资本、对管理人员和技术开发人员给予股权激励，是提高企业技术创新效率的关键。

　　第四，设立国家技术创新产业的风险投资基金，引入社会资本，采用风险投资的管理方式，以发挥国家技术创新投资资金的引领作用、扩大国有技术创新资金的投资规模，提高国家技术创新投资资金的管理效率。

3. 改革中国现有的双重税收体制

　　目前中国实施的是以增值税和所得税并重的税收体制，由于应税所得额也是增值额的一部分，这使得双重税收的税收收入增长速度一般大于国内生产总值的增长速度。并且双重税制之下名义税率较高，使得税收部门有很大的自由裁量权，以完成税收总额为目标的管理方式也导致了税收征管部门的自由裁量权有充分发挥的空间，严格依法征税在现实中无法做到。这种双重税收体制使得企业之间的税负并不能够完全依据企业的负担能力来承担，税收管理部门的自由裁量权也导致了地区之间的企业实际税负存在很大的差距。

　　对于技术创新的企业来说，技术创新成功的企业其实际税负水平较高，这将抑制技术创新成功企业的盈利能力和发展能力。对于技术创新尚未成功的企业，即便其没有盈利，也需要缴纳增值税。由于技术创新存在一定的风险和时滞，不可避免的增值税将对技术创新的企业产生抑制作用。

　　中国经济发展的驱动力正在由投资转向为技术创新，为了适应这种经济发展动力的变化，中国目前的双重税收体制应该逐步加以改革，改革的目标是逐渐过渡到以所得税为主的税收体制。为此应该采取以下对策：

　　第一，逐步降低增值税的税率和档次。目前增值税的税率为 16％，正在逐步降低的过程中，有必要设定阶段性的目标，逐步将增值税的最高税率降低至 10％的水平。目前多档的增值税的税率也需要逐步减少，最好尽可能简化至两档，例如 10％和 5％。简化增值税和降低增值税税率的目的在于减轻技术创新企业的税收负担、提高其承担技术创新风险的能力，同时减少税收征管部门的自由裁量权，减少寻租行为、提高征管效率。

　　第二，逐步降低企业所得税。技术创新是全球化的行为，企业技术创新所带来的收益深受所得税率的影响。在其他国家企业所得税税率有逐步降低的趋势时，为了提高中国技术创新企业的国际竞争力，吸引具有创新能力的国际资本在中国进行投资，有必要将中国企业所得税水平逐步降低到具有国际竞争力的水平，例如，降低到 20％的水平。

第三，简化和严格征收个人所得税。对企业流转税和所得税进行降低很有可能导致国家税收总额占国民总收入比重下降，但依据国外的经验，个人所得税可以成为国家税收的重要来源。目前中国个人所得税比重还比较低，其原因除了人均收入水平较低之外，与中国税务部门对个人所得税的征收不够严格有密切的关系。

严格征收个人所得税的前提在于简化个人所得税，简化个人所得税目的在于避免过多过滥的避税行为。适当提高个人所得税的起征点，可以大大降低税收征管的成本，使得个人所得税能够调节不同人群之间收入差距。累进个人所得税的档级不宜过多，目的也在于减少避税行为。个人所得税的最高税率可以参照发达国家最高税率的制定，由此来使得在个人所得税上也具有国际竞争力。

此外，在中国严格征收个人所得税必须尽可能减少和杜绝个人支出在企业所得税前列支的行为。

4. 提高企业本身技术创新能力的对策

企业是技术创新动力的主要承担者，企业本身技术创新能力高低对于全社会的技术创新效率、驱动经济发展效率有至关重要的作用。为了提高企业技术创新能力和效率，除了企业自身的努力之外，还可以通过政府或者行业协会来做以下工作：

第一，培训技术创新的管理者。成功的技术创新往往需要长时间的经验积累，如果成功者的经验积累能够有效传播到其他企业，这可以提高其他企业的技术创新效率。因此，政府和社会应该对企业技术创新的管理者进行培训，邀请成功的技术创新企业管理者传授其经验。这方面费用支出应该主要由政府来承担。

第二，政府可以通过官方机构或民间机构为企业技术创新提供咨询服务，由此来提高企业技术创新的效率和能力。

现代科技创新及其在经济中运用需要广泛和精深的科技知识和经济知识，单个企业进行技术创新时往往这方面知识不够充沛，希望得到社会的帮助。政府机构特别是涉及科学技术发展的管理机构、经济管理部门拥有大量这方面的专业人才，可以为企业技术创新行为提供咨询服务，这种咨询服务应该是免费的。由于是免费的咨询服务，因此，需要适当途径来激励政府机构参与这方面的工作。

社会或民间机构为企业技术创新提供咨询服务，涉及费用问题，正常情况下完全可以通过市场交易行为来完成。为了鼓励企业愿意花费这部分费用、促进技术创新咨询机构的发展，政府也可以适当承担一部分这方面的费用。

至于提升企业技术创新能力所涉及的财政问题，则由政府补贴、政府的直接投资、税收制度改革等手段来加以解决。

四、提升劳动者素质的对策

基础教育水平的提高和大学普及率的提高，可以通过提升劳动者的素质进而提高技术创新驱动经济发展的效率，而高水平的研究生教育则有利于提高研发效率，也有利于提升研发投资比例。提升劳动者素质的对策包括以下几点：

1. 提升普及性基础教育水平

中国已经实行九年制义务教育，义务教育之后升入高中阶段的比例也在逐年提高。以当年高中阶段教育招生数除以三年前初中阶段教育招生数，可以计算出 2014—2016 年升入高中阶段的人数比例分别为：0.866、0.890、0.965，这一数据表明义务教育之后高中阶段受教育人数的比例在逐年上升。从绝对数值可以发现，中国初中阶段和高中阶段教育招生数有逐渐下降的趋势。2016 年高中阶段招生数为 1 396 万人，五年前的 2011 年这一数据为 1 664 万人。2016 年，初中阶段招生数为 1 487 万人，2011 年，这一数据为 1 634 万人。由此可以发现，升入高中阶段人数比例的上升与招生人数的下降有密切的关系，而招生人数的下降主要是因为计划生育的影响。在不需要增加教学资源的情况下，升入高中阶段的人数比例自然会上升。这些数据也表明中国目前已经基本上实现了十二年制的基础教育。尽管高中阶段不是义务教育，但绝大多数适龄人群都可以完成十二年制的教育。基础教育在目前的中国已经不成为问题。

提升中国普及性的基础教育水平关键在于提升教学质量水平。目前中国的基础教育水平存在的最大问题是地区之间、城乡之间的教育质量水平差距比较大，特别是偏远地区的农村，基础教育的质量水平明显低于社会平均水平，并且中国农村教育所涉及的农村学生人口比例占到 40%～50%，这一比例是很大的。

一般认为，人群中的智力分布服从于正态的随机分布，如果有相当一部分比例的学生不能够接受正常质量水平的教育，那么这部分人群的智力能力就不能够得到有效发挥，这是人力资本的最大浪费，也抑制了全社会知识水平的提高。因此，农村教育质量水平的提高不仅仅是一个社会公平的问题，而且是一个关系到全社会发展的问题。提升偏远和农村地区的基础教育质量，关键在于提高师资质量水平，为此应该采取以下措施：

（1）提升偏远和农村地区基础教育师资的经济待遇，其收入水平应该达到全社会平均水平之上。偏远和农村地区教师的收入水平应当明显高于当地的平均水平，才能使得优秀人才愿意在当地从事教育工作，这是保证当地师资质量水平的经济基础。

（2）对偏远和农村地区的教师给予适当的培训。除了在教师来源上严格把关之外，也必须对在任的教师进行继续教育培训。由于教师职业具有终身特点，有的在任教师其基础水平较差，或者其知识水平不能够跟上时代的发展，只有进行继续教育培训才能够持续提高教师的质量水平。

（3）采用现代化的教学手段，使发达地区或教育先进地区的优秀教师资源能够被教育落后地区分享。基础教育阶段的教学内容往往是标准化的教学内容，可以充分发挥网络教学的手段，由具有一流教育水平的教师进行网络教学，当地的教师进行教学辅导和作业批改，这是迅速提高教育落后地区教学质量水平的捷径。这种方法付出的经济成本也比较低，是迅速提升全社会教育质量水平的有力手段。

（4）教育管理部门和财政部门应该为偏远和农村地区基础教育质量水平提供有力的保障，需要国家层面上的管理机构和财政部门对提升全社会的教育质量水平有更加清醒的认识，采取有效的措施来提升教育质量水平。

2. 提升大众化的大学教育水平

中国大学教育的毛入学率逐年上升，到 2018 年大学毛入学率已经达到51％，开始进入普及性大学教育阶段。

比较中国与发达国家教育水平上的差异，可以发现主要体现在大学的毛入学率上，绝大多数发达国家、刚刚跨越或者即将跨越中等收入陷阱的新兴国家，这些国家的大学毛入学率基本上都超过了50％，有些新兴国家的大学毛入学率甚至高达 90％以上，例如韩国。由此我们可以发现，中国还需要提升大学教育的普及化程度，应该逐年提升大学的毛入学率至 60％以上的水平。

目前中国公共教育经费已经占到了国民总收入 5％以上，在这个比重下发达国家基本实现了普及性的高等教育。由此来看，中国大学毛入学率逐步提高到 60％以上的水平是完全可以做到的。

在大学教育普及的过程中，也应该逐步提升中国的大学教学质量。中国为了建设具有世界一流水平的大学已经采取了种种有效措施，相信这些措施的实施可以使相当一部分中国的大学达到世界一流的水平。中国一般大学的教学质量也应该随着教师质量的改进逐步得到提升，中国培养的博士研究生数量逐步增加，可以成为一般大学师资的主要来源，使得一般大学的师资质量逐步提高，这是提高一般大学教学质量的重要途径。

从提升中国普及性大学教育水平的角度来看，关键是要充分认识到普及大学教育对于跨越中等收入陷阱成为一个发达国家，特别是成为一个一流发达国家的意义。由于一流的发达国家都有高水平的普及性大学教育，因此，这是成为一个一流发达国家的必要条件。高水平的普及性大学教育使得全社会教育水平得以提高，特别是通过普及大学教育使得知识阶层的劳动力成为社会主要劳动力和中坚力量，由此可见高水平普及性大学教育对于成为一个一流发达国家的作用。40 多年来的改革开放极大提高了中国的经济发展水平，1998 年开始的普及性大学教育进程极大提高了全社会知识水平和劳动力素质，但是我们不能固步自封，要充分认识到普及型的高水平大学教育是未来中国成为一流发达国家的必要条件。

3. 提升高水平研究生教育水平

高水平研究生教育是提升全社会研发效率的基础，因为研发效率主要取决于研发工作者的素质。从发达国家研究生教育水平来看，一流的发达国家在普及大学教育的同时也有高水平的研究生教育，可以这么说高水平的研究生教育是成为一流发达国家的必要条件。

一些经济发达的小国可以借助于欧美一流大学来培养自己的研究生，但是中国是一个人口大国，人口规模如此之大基本等同于所有发达国家的人口总量，完全依靠欧美一流大学来培养自己的研究生是不可行的。因此，中国必须发展高水平的研究生教育，在提升数量规模的同时提升研究生的质量水平。具体如何才能够做到这一点，这是教育发展管理中的问题，本节在这里不展开，但是有一点可以肯定，研究生教育规模和教育质量的提高有赖于国家财政对研究生教育支出规模的扩大。

五、提升资源配置效率的对策

创新驱动经济发展的效率关键在于提高全部生产要素的效率，全部生产要素包括资本和劳动。作为有中国特色的社会主义经济，国有企业所占用的资本相对比较大，如何通过技术创新提升国有企业的资本效率也是需要解决的问题。劳动方面则涉及就业结构的转变问题。

1. 国有企业的改革与提升技术创新效率的对策

自 20 世纪 80 年代以来，中国国有企业改革就已经开始进行，直到现在尚未完成。国企改革未达到预定目标的关键，在于国有企业的效率并没有达到理想目标，从资本的收益率、劳动生产率、国有经济发展对国民经济的作用大小等数据来看，虽然在某些行业、某些企业可以达到比较高的效率，但是整体的效率并不高。在政府垄断行业的国有企业，往往凭借垄断地位获得比较高的资本收益率，但是其产品或服务的质量却不能够达到具有国际竞争力的水平，特别是垄断行业产品或服务的价格还高于国际水平。在竞争性的领域，国有资本的收益率水平往往又低于社会平均水平。

国有企业缺乏人格化的所有者，企业的劳动者和管理者不是企业的所有者，不可能通过持有企业资产分享企业的利润，因此企业管理者往往通过提高工资福利水平侵蚀企业的利润，导致企业资本的利润率水平相对较低。如果国有垄断企业可以凭借垄断地位来获取高额的要素收入，企业技术创新和进步的动力就会比较小。竞争程度较高的国有企业虽然外部竞争压力下也有技术创新的能力和动力，但如果存在工资侵蚀利润的空间，技术创新的能力和动力也不能够得到充分发挥。

通过对利润理论的分析我们可以得到这样的结论：在充分竞争的条件下技术创新和进步是企业获得利润的充分必要条件，只要企业技术创新和进步的效率比较高，企业产品或服务的成本相对较低、产品或服务的质量较高，这样的企业一定是能够获得利润的，竞争性条件也迫使企业只能够通过技术创新来获得竞争优势进而获得利润。

因此，国有企业的改革应该通过充分激励企业技术创新动力、提升企业技术创新效率的途径来实现国有企业改革的目标，为此应该做到以下几点：

第一，在竞争性国有企业领域，必须通过改革形成技术创新和进步的动力。引入非国有资本、形成混合所有制的国有控股或参股企业，是通过所有制改革提升企业技术创新动力的一大途径。改革企业的分配方式，通过分享企业的利润、引入股票期权激励机制，是抑制工资侵蚀利润现象，提升管理阶层、核心技术人员积极性的重要途径。

第二，在相对垄断的国有企业所在行业，应该尽可能减少行政垄断的程度，尽可能放开社会资本的进入，由此来形成竞争性的市场环境，这是中国特色社会主义发展的目标方向之一。通过尽可能减少行政垄断，可以大幅度减少因行政垄断所带来的低效率。

第三，在自然垄断或者必须垄断的国有经济领域，除了对产品和服务的价格、质量进行严格控制之外，应该加强对技术进步状况的考核。可以通过评估产品和服务的价格和质量、参照发达国家具有国际竞争水平的同类产品和服务的价格和质量，来评估其技术创新和进步的状况，以此来形成垄断行业国有企业技术进步的动力。

2. 推进就业结构转变的对策

经济发展过程中就业结构转变的最显著特征是第二、三产业劳动力的比重逐步上升，这标志着农业劳动力逐步改变了过剩的状况。实证研究也表明，凡是跨越了中等收入陷阱的发达国家农业劳动力比重基本上在10％以下，没有跨越中等收入陷阱的发展中国家农业劳动力的比重一般都在10％以上，绝大部分在20％以上。只有一小部分正在跨越中等收入陷阱的发展中国家，农业劳动力比重在10％左右。这些实证数据表明，经济发展过程中以农业劳动力比重下降为特征的就业结构转变，是跨越中等收入陷阱的充分必要条件。

中国农业劳动力比重在2017年大约是25％左右，明显高于农业产出8％左右的比重，这表明中国就业结构的转变速度远远低于产业结构的转变速度。就业结构转变速度过低，可能成为中国跨越中等收入陷阱的一大障碍。而推动中国就业结构转变恰好能够为中国目前经济增长提供持续的动力，为跨越中等收入陷阱做出贡献。因此，我们需要充分认识到推动中国目前就业结构转变的重要性和必要性。

推动中国农村剩余劳动力的转移，促进中国就业结构的转变，至少应该采取以下对策、做好以下工作：

第一，提高农村义务教育的水平和质量。

农村的新生劳动力基本转移到城市部门进行工作，是实现农村剩余劳动力转移的重要途径。目前的九年制义务教育尚未达到将新生劳动力培养成为合格劳动力的要求。因此，应该提升农村学生平均受教育年限，普及中等教育和中等专业教育，为他们将来在城市部门进行工作奠定基础。

第二，提高农村转移劳动力的专业技能水平，以适应转移到城市部门专业工作的需要，防止农村转移劳动力进入中年阶段之后因年龄较大无法在城市找到合适的工作。

现代科学技术的发展使得一般体力劳动者在城市工作的机会越来越小，只有受过专业技能训练的劳动力可以在城市部门终身就业，否则就会产生转移之后的劳动力又回流到农业部门的现象，从而降低了就业结构转变的速度。因此，所有转移的农村劳动力应该都受到适当的培训，使他们都能够获得专业技能，具备在城市部门终身就业的能力。专业技能培训可以由政府部门来组织进行，也可以由政府资助、企业部门来组织进行。

第三，改革农村财产制度和户籍制度，使得转移的农村劳动力在无后顾之忧的基础上不再眷恋其在农村的资产。

在城市部门就业的农村转移劳动力，应当获得城市居民同等的一切权利，包括子女上学的权利、养老失业保险的权利、医疗保险的权利、购买住房的权利等，使他们能够在城市部门终身就业。为此应该改变城乡分割的户籍制度。

已转移的农村劳动力其在农村的财产主要是两项，一是农村的宅基地和住房，二是农业土地的所有权和使用权。为了使其财产能够变现，首先应该允许宅基地和住房在一定范围内进行流通，使之可以变现。可以对其变现之后的现金去向加以限定，例如必须购买终身养老保险、失业保险和医疗保险以及城市住房。其次，应该对农民的土地所有权和使用权进行确权，使之具有可转让、可继承的特点，为其交易奠定基础。

3. 资本市场的改革对策

目前中国资本市场的主要特点是依靠银行的间接融资来配置资本资源，证券市场直接融资的规模相对较低。由于中国全社会的储蓄率高达 40％以上，这使得全社会的宏观资本杠杆相对较高，有潜在的金融风险。这是全社会的共识。另外一个没有被充分认识到的不足：中国的资本市场中风险投资规模相对较低，未能充分发挥风险投资对于扩大直接融资、提升技术创新效率和规模的作用。

依据中国资本市场的现状，为了有效提高技术创新驱动经济发展的效率和规模，应该采取以下对策：

第一，逐步将分业经营的银行业逐步转变为混业经营，充分发挥银行业所拥有的资源优势，这些优势包括信息优势、管理优势、风险控制优势等，以提高银行资本的配置效率并提升企业的直接融资比重，降低宏观资本杠杆、降低金融宏观风险。中国的银行业所涉及的资本规模非常大，通过混业经营逐步提高银行直接投资比重对于提高全社会的资本效率有至关重要作用，应该谨慎逐步试点来达到混业经营的目的。

第二，大力发展风险投资产业。

风险投资通过风投资本家和专业管理者来管理风险投资行为，能够有效约束风险、激励企业家的创新行为，为技术创新者将其技术应用到经济活动中提供资本保证。目前中国风险投资规模已经接近万亿水平，风险投资资本的收益率远远超过银行资本的收益率，这说明中国风险投资的效率较高但是规模不够。因为 40％以上的储蓄率说明中国可以投资的资本规模高达 30 万亿元以上。因此，当务之急在于扩大风险投资的规模。为此应该在风险投资人才培养、风险投资的资本来源上面采取有力措施以扩大风险投资业的资源基础，对风险投资的收益进行适当的税收优惠，是促进风险投资业发展的有力手段。

第三，规范和发展中国的证券市场。

中国证券市场的发展已经使得中国证券市场规模达到了足以影响宏观经济发展的程度，但是中国证券市场的资本配置效率并不理想，表现在中国证券市场上市公司整体的资本收益率并不高，证券市场投资者的整体收益率比较低。欺诈上市、市场炒作行为普遍存在，这是导致上市公司质量不高、整体资本收益率不高的重要原因。

从推进技术创新驱动经济发展的角度来看，规范和发展中国的证券市场，可以有以下对策：

对上市的技术创新类企业再融资行为给予鼓励。为此应该降低此类企业再融资的门槛条件，提升其再融资的规模。通过这一措施可以有效扩大已经成功的技术创新企业的投资规模，从而提升技术创新的规模和技术创新驱动经济发展的效率。

对技术创新类企业上市给予优惠条件。科创版的设立是优先科技创新企业上市的有力措施，应该加快推进。

改革上市与退市制度。降低上市公司财务指标的要求，由审批制逐步转变为核准制，由社会机构和上市企业本身来承担诚信上市的义务。对弄虚作假、欺诈上市行为给予严厉的经济处罚，甚至刑事处罚，以提高证券市场的诚信水平。修订退市条件，对于已经达到退市条件的上市企业尽快予以退市，使得证券市场具有优胜劣汰的正常功能，从而抑制证券市场的欺诈行为和炒作行为，为优秀上市公司的发展创造良好的市场条件。

特别需要指出的是，以上对策，是一位理论研究者基于理论逻辑提出来的对策，有一些对策只是涉及对策目标和对策准则，涉及具体经济部门的实际对策还依赖于实际工作部门和研究部门根据实际状况来制定，从而提高对策的可实施性和有效性。在这些对策的制定和实施过程中，如果能够充分利用中国目前社会储蓄率高、市场规模大、中央集权体制动员能力强的优势，应该能够达到预期的目标：使技术创新和进步成为中国经济增长的最主要的强大动力，使中国经济不仅能够跨越中等收入陷阱，而且能够在不久的将来赶上发达国家的人均收入水平。

本章结论

第一，通过对中国经济发展状况的研究，可以发现改革开放带来的技术创新和进步是推动中国经济增长的最主要因素，但随着中国资本积累速度逐步下降、农村劳动力转移速度的减缓，以及全要素生产率增长的动力不足，导致了近年中国经济增长速度的下降。即便如此，按照目前中国经济发展态势，中国也将在 2025 年左右跨越中等收入陷阱。

第二，中国提升全要素生产率的动力来源于以下几个方面：经济体制改革和对外开放；教育水平的提高，特别是大学毛入学率的提高所带来的劳动力素质的提高；农村剩余劳动力转移提高了全社会劳动力的配置效率；研发投资规模的加速增长；等等。

第三，目前中国技术创新驱动经济发展所存在的问题：大学毛入学率明显低于发达国家，导致中国劳动力受教育年限、劳动力中受过大学教育的比重明显低于发达国家；中国研发投资占国民总收入的比重（2019 年为 2.1％）与发达国家（4％～6％）相比较有很大的差距；中国科研成果的质量水平（论文或专利）也明显低于发达国家。目前中国全要素生产率增长所带来的经济增长率约为 3％的水平，低于一些发达国家高速经济增长时 4％的水平。

第四，对中国政治经济文化的历史和现状分析，可以发现中国在技术创新跨越中等收入陷阱过程中具有的优势：人口众多的市场规模优势有利于提升技术创新驱动经济发展的效率，资本积累率高、劳动参与率高、重视教育和人力资本积累的传统文化有利于技术创新和进步，集中统一的政治经济体制可以为技术创新提供强有力的支持。

第五，以技术创新驱动经济发展为手段来跨越中等收入陷阱的主要对策目标：提升研发投资比例、提高研发投资效率、提高驱动经济发展的效率。主要对策包括：制定国家技术创新战略和规划、提升企业技术创新能力对策、提升劳动力素质对策、提升资源配置效率对策等四个方面。通过制定技术创新的国家战略，培养相应的技术创新人才，激励企业的技术创新动力并形成有效的资本投入机制，是提高中国技术创新效率的有效途径。在提高劳动力素质和教育水平的同时，逐步完成农村剩余劳动力的转移、加快国有企业的改革、提升中国资本市场效率，是提高技术创新驱动经济发展效率的有效对策。

研究结论与展望

决定一个国家富裕或贫穷的关键指标是由技术水平决定的全社会劳动生产率状况，通过技术创新和进步持续提升全社会劳动生产率是提高一个国家人均收入水平的根本途径，也是发展中国家跨越中等收入陷阱的必由之路。

从技术创新驱动经济发展效率的角度可以发现：研发投资比重、投资形成技术创新成果的效率、驱动经济发展的效率，决定了一个国家经济发展的状态。形成中等收入陷阱的原因，就是处于中等收入阶段的发展中国家创新驱动经济发展的效率不足以克服技术进步的障碍。发展中国家陷入中等收入陷阱的具体原因可能有三，一是缺乏技术创新和进步，经济增长单纯依赖固定资产投资和农村剩余劳动力转移，导致驱动经济发展效率下降且不可持续；二是模仿式技术创新方式约束了创新驱动发展的效率，使得经济发展水平最终无法超越发达国家水平的下限；三是发展中国家经济发展过程中产出结构和就业结构变化无法持续到将农村剩余劳动力基本转移的程度。

通过研究经济增长过程中资本增长、劳动增长、全要素生产率增长之间的相互关系，可以发现：当资本的增长速度趋向于等于经济增长速度时，全要素生产率增长所带来的经济增长率将提升资本的增长速度，进而产生加速经济增长的作用。研究技术创新之间相互促进的关系可以发现技术创新将带来溢出加速现象。当技术创新提升经济增长速度进而提升研发投资规模时，则可以产生自加速现象。可持续技术创新的速度与初始技术水平、技术创新乘数、可以达到的最高技术水平存在密切的关系。

通过对技术创新驱动经济发展动力机制的研究，我们可以得到以下三点认识：第一，完善的市场经济体制为技术创新和进步创造了条件。第二，企业技术创新的动力来源于企业对利润的追求，在竞争条件下成功的技术创新是企业获得利润的充分必要条件。企业技术创新能否成功取决于企业能否克服风险和阈值障碍，这要求企业技术创新效率达到一定的水平。第三，政府通过评估技术创新的状况、制定技术创新的战略和规划，并通过适当的政策手段加以实施来促进技术创新，由此形成有效促进技术创新的政府，则可以极大提升全社会的技术创新动力。

　　通过对中国经济发展的状况研究，我们可以发现，中国的改革开放提升了中国资源配置的效率、导致全要素生产率的提高，是中国经济发展的最主要动力。尽管一个时期中国资本积累速度提高使得资本积累成为中国经济增长的主要动力，但目前这一动力在降低。促进中国经济增长的劳动因素主要是农村剩余劳动力转移所带来的有效劳动力增长。如果以目前5％～6％的增长速度来测算，中国经济将在2025年左右跨越中等收入陷阱。

　　为了加速跨越中等收入陷阱、提升创新驱动发展动力与效率，使得中国经济未来能够逐步赶上发达国家的水平，我们需要采取以下几个方面的对策：通过教育提升劳动力的素质、提高研发投资的比重和效率、提升资本配置的效率，特别是克服农村剩余劳动力转移障碍促进有效劳动力增长。

　　展望未来，如果我们能够需要充分发挥中国社会储蓄率高、市场规模大、中国特色的社会主义政治经济体制所具有的优势，通过制定有效的技术创新战略和规划并采取有效的措施来实施。在技术创新驱动经济发展加速机制的作用下，未来中国经济不仅能够迅速跨越中等收入陷阱，而且有望在不久的将来逐步赶上发达国家的经济发展水平。

附录：湖南经济技术创新加速跨越中等收入陷阱的对策研究

湖南省智库专项课题名称：湖南省技术创新加速跨越中等收入陷阱的对策研究

项目批准文号：湘社科办〔2018〕9号

立项编号：18ZWC16

摘要：经历了长期高速增长之后的湖南经济在最近 10 年经济增长速度下降比较快，投资的增长速度回落比较快、总劳动力停止增长是经济增长速度下降的主要原因。与全国平均水平相比较，目前湖南经济落后于全国平均水平 20%，在跨越中等收入陷阱进程中滞后于全国 5 年左右的时间。滞后的直接原因在于就业结构转换的速度明显低于全国平均水平，2019 年湖南省农村劳动力的比重是全国平均水平的 1.5 倍。

导致湖南省经济发展相对滞后的根本原因在于湖南高新技术产业发展滞后，湖南高新技术产业研发的资金投入规模和人员投入规模、产业化规模明显低于全国平均水平，研发效率也明显低于全国平均水平，是导致湖南高新技术产业相对滞后的原因。近年湖南省高素质劳动力流出也导致劳动力中受过大学教育的比例低于全国水平。

为了加速湖南跨越中等收入陷阱的进程，我们应该从以下三个方面采取有效对策：

第一，提升技术创新研发投资强度与效率，提升高新技术产业发展速度。为此应该成立较大规模的高新技术产业投资基金，采用专业化市场化的运作方式来提高其运作效率，由此来带动湖南省高新技术产业的发展。

第二，促进农村剩余劳动力加速转移，加速就业结构转换。为此应该对农村劳动力进行有效培训以提高其专业化水平，通过制度改革使转移劳动力能够享受到城市居民的一切福利，并使得其农村财产权利得以保障，使其能够在城市终身就业。

第三，采取全面提升要素生产力水平综合对策，以提高现有生产要素的技术水平和收益率的水平，由此带动存量生产要素的增长。为此应该从技术创新和进步的角度来加速国有企业的改革，鼓励民营企业的技术创新和进步。

（正文）

跨越中等收入陷阱，使中国成为一个高收入水平的发达国家是目前中国面临的艰巨任务。作为中部地区的湖南曾经在中国近现代史上有着十分重要的地位，在跨越中等收入陷阱进程中，湖南经济发展应该对中国跨越中等收入陷阱的现代化进程有着积极的推动作用。基于此，有必要对湖南经济跨越中等收入陷阱问题做出系统深入的研究，以加速湖南跨越中等收入陷阱的进程。

一、湖南经济发展与跨越中等收入陷阱的进程

我们可以先从最近 40 年湖南经济发展速度的变化、湖南经济发展与全国平均水平的比较，来揭示湖南经济发展的现状，然后对比跨越中等收入陷阱的基本要求来评估湖南经济跨越中等收入陷阱的进程。

1. 湖南经济发展速度的变化趋势

自 20 世纪 80 年代改革开放以来，湖南经济发展速度的变化呈现倒 U 形（见附表 1），目前湖南经济发展的速度有逐步下行的趋势。

附表 1　湖南经济增长速度的变化

年份	1990—1999	2000—2009	2010—2014	2015	2016	2017	2018	2019
增长速度	9.59%	11.58%	11.68%	8.50%	8.00%	8.00%	7.80%	7.60%

20 世纪 80 年代湖南经济获得了约 8% 的经济增长速度，20 世纪 90 年代平均增长速度上升到 9.59%，2000—2014 年这 15 年的平均经济增长速度更是达到 11.6%。从 2015 年开始，湖南经济增长速度逐步下行，2019 年经济增长率为 7.6%，这一增长速度大大低于过去长期平均增长速度。

2. 湖南经济发展与全国平均水平的比较

我们以最近 20 年的数据来比较湖南经济发展速度与全国平均水平（见附表 2）。

附表 2　湖南及全国平均水平的 GDP 增长速度

年份	2000	2005	2010	2015	2016	2017	2018	2019
湖南省	9.00%	12.20%	14.60%	8.50%	8.00%	7.99%	7.80%	7.60%
全国	8.50%	11.40%	10.60%	7.00%	6.80%	6.90%	6.70%	6.10%

尽管 2000 年以来湖南经济的经济增长速度超过了全国平均水平，但是从

湖南经济占全国的比重来看，2019 年湖南经济总量占全国的比重为 4.01%，仅仅比 2010 年这一比重 3.89% 增长了 0.12%。近 10 年湖南经济总量占全国的相对比重几乎没有增长。附表 3 是湖南经济总量的占比变化状况。

附表 3　湖南省经济总量及人均国内生产总值占比变化

		2000	2005	2010	2015	2016	2017	2018	2019
经济总量 /亿元	湖南省	3 551.49	6 596.1	16 037.96	28 902.21	31 551.37	33 902.96	36 329.68	39 752.12
	全国	100 280.1	187 318.9	412 119.3	688 858.2	746 395.1	832 035.9	919 281.1	990 865.1
	比值	3.54%	3.52%	3.89%	4.20%	4.23%	4.07%	3.95%	4.01%
人均国内 生产总值 /元	湖南省	5 425	10 426	24 719	42 754	46 382	49 558	52 809	57 540
	全国	7 942	14 368	30 808	50 237	54 139	60 014	66 006	70 892
	比值	0.68	0.73	0.80	0.85	0.86	0.83	0.80	0.81

我们再来比较人均国内生产总值的相对变化。从人均水平来看，2019 年湖南省人均国民生产总值 57 540 元，大约为当年全国 70 892 元水平的 81.1%；2010 年湖南省人均国民生产总值 24 719 元，大约为当年全国 30 808 元水平的 80%。也就是说 2010 年以来，湖南省的人均收入水平相对于全国平均水平也几乎没有增长。

随着人均收入水平增长，经济结构也随之变化。湖南人均收入水平的增长速度在最近十年没有明显超过全国平均水平，经济结构转变的速度则大大滞后于全国平均水平。

从就业结构的转换速度来看，湖南省第一产业就业人员向第二、三产业转移的速度要远低于全国水平。2000—2019 年，全国第一产业就业人数的占比从 50% 下降到 25.1%，这意味着约有一半的农业就业人员转移到第二、三产业。而同期湖南省第一产业就业人数的占比则从 59.3% 下降到 38.4%，下降速度远低于全国平均水平，使得 2019 年湖南第一产业就业人数的占比 38.4% 是全国平均水平 25.1% 的 1.53 倍。

2019 年湖南省第一、二、三产业产出占比分别为 9.2%、37.6%、53.2%，同期全国平均水平分别为 7.04%、39.69%、53.27%。湖南省产业结构转换的速度低于全国平均水平，特别是第二产业的占比低于全国平均水平。

通过对比产业结构、就业结构的转换状况，可以发现湖南的工业化进程明显滞后于全国平均水平。

3. 对湖南跨越中等收入陷阱进程的评估

世界银行在《东亚经济发展报告（2006）》中提出了"中等收入陷阱"概

念。世界银行发现，很少有中等收入的发展中国家成功地跻身为高收入国家，即许多发展中国家经过长期的经济发展，其收入水平始终无法达到高收入水平的下限，长时间停留在中等收入状态，似乎陷入了中等收入陷阱。

按照世界银行 2018 年分类标准，人均国民总收入在 1 006～12 235 美元之间的国家，是中等收入水平的国家。2019 年中国的人均国民生产总值大约为 10 000 美元，按照未来平均 5% 的经济增长率来推算，中国经济大约在 2025 年跨越中等收入陷阱。

中等收入陷阱之所以形成，原因是多方面的。根据发展中国家在跨越中等收入陷阱过程中所表现出来的特征，可以发现一些发展中国家之所以不能够跨越中等收入陷阱，直接原因有以下几点：第一，驱动发展中国家由低收入水平向高收入水平的发展动力最终不可持续，最明显的表现就是过于依赖资本积累、投资增长所带来的经济增长因资本的边际效应递减而不可持续；第二，推动经济增长的重要因素——技术进步所带来的全要素生产率的增长率水平较低，无法对抗资本边际效应递减的作用；第三，技术进步率较低的原因在于研发投资的比重较低、研发投资的效率较低；第四，陷入中等收入陷阱的国家一般都存在着大量的农村剩余劳动力，即第一产业就业的劳动力比重较高，或者转移到城市的劳动力无法找到有效工作。

通过比较发展中国家与发达国家在跨越中等收入陷阱前后的差别，可以有以下发现：第一，所有发达国家农业劳动力的比重都下降到 10% 以下，即将跨越中等收入陷阱的发展中国家农业劳动力的比重能否下降到 10% 是能否进入高收入水平国家的关键点，理由在于农业劳动力的劳动生产率明显低于第二、三产业的劳动生产率，农业劳动力比重必须下降到 10% 以下是全社会劳动生产率提高的一种表现，这样才能跨越中等收入陷阱；第二，发达国家的经济增长主要依赖于技术创新和进步所带来的全要素生产率的增长，发达国家研发投资比重明显高于发展中国家，劳动力素质明显高于发展中国家，这都是发达国家技术创新和进步的保证。发达国家一般完成了大学的普及教育、大学的毛入学率超过 60%，劳动力中有大学毕业文化水平的人数一般超过 50%，而即将跨越中等收入陷阱的发展中国家大学毛入学率也已经达到 50% 左右的水平。

2019 年湖南省人均国内生产总值大约为 8 000 美元，距离跨越中等收入陷阱还有相当大的差距，其人均国内生产总值需要增长 50% 以上。从就业结构的角度来看，湖南第一产业劳动力的比重高达 38.4%，要将农村劳动力的比重降低到 10% 以下，还面临着十分艰巨的任务。湖南技术进步与创新的状况也不容乐观，与全国平均水平相比较，湖南省研发投资的比重、研发人员投入的比重、研发效率都处于落后的状况。尽管过去 20 年，湖南经济发展速度比全国平均水平高，但是改革开放之初的湖南省经济主要依赖于传统农业，工业化水平较低、城市化水平较低，由此，导致 2019 年湖南人均国内生产总值的水平大约只相当于中国人均国内生产总值的 80.1%。

从跨越中等收入陷阱的时点角度来看，如果未来湖南经济增长速度与全国平均水平一致，以未来年均 5% 的增长率计算，湖南跨越中等收入陷阱的时间将比全国平均水平滞后约 5 年的时间，也就是说在跨越中等收入陷阱的进程中，湖南将拖全国跨越中等收入陷阱的后腿。

在湖南经济跨越中等收入陷阱的进程滞后于全国平均水平的情况下，有必要深入研究湖南经济发展的动力的变化状况，研究导致湖南跨越中等收入陷阱进程相对滞后的原因和障碍，寻找到有效提高湖南经济发展动力及效率的对策，来加速湖南经济发展和跨越中等收入陷阱的进程。

二、湖南经济发展三大动力的变化

经济发展的动力无非是两个方面：生产要素的增长与生产要素生产率水平的提高。生产要素简单地可以区分为资本和劳动，反映生产要素生产率水平的则是全要素生产率。因此，推动经济发展的基本动力无非是三大动力：资本积累、劳动力的增长以及劳动力结构的优化、全要素生产率的增长。

1. 湖南省存量资本增长速度的变化

资本的作用在于提高劳动生产率，存量的资本增长来源于储蓄和投资增长，存量资本的规模决定了人均占有资本的数量和相应的技术水平，由此决定了劳动生产率的水平。通过计算湖南省每年的资本形成并考虑折旧率和通货膨胀率所带来的影响，可以计算出湖南省存量资本的变化状况（见附表 4）。

附表 4   湖南省存量资本增长速度

年份	1990—1999	2000—2009	2010—2014	2015	2016	2017	2018	2019
速度	13.78%	19.97%	26.12%	23.21%	18.85%	16.15%	15.01%	14.68%

附表 4 采用了适当的方法来计算湖南省存量资本的增长状况，可以发现 20 世纪 80 年代以来，湖南省存量资本的增长速度已经发生了显著的变化，呈现出倒 U 形：20 世纪 80 年代开始资本存量的增长速度逐步上升，到 2010—2014 年阶段，资本存量的增长速度高达 26.12%，这个速度接近 1990—1999 年这个时间段存量资本增长速度的两倍。但是从 2015 年开始，存量资本的增长速度显著下降，2019 年存量资本的增长速度已经下降到 14.68%。

存量资本增长速度主要取决于经济增长速度以及储蓄率的变化状况。湖南存量资本的增长速度之所以呈现倒 U 形，原因在于两个方面：一是资本形成率的变化呈现倒 U 形，二是经济增长速度的变化也呈现出基本相同的形态。从 20 世纪 80 年代开始，湖南的资本形成率逐步上升，从 1980 年的 20.87%，上升至 2012 年最高的 53.2%，这一时期资本形成率的上升提升了湖南省存量资本的增长速度；2013 年之后，湖南省的资本形成率逐步下降。湖南省的经济增长速度从 20 世纪 80 年代开始逐步上升，到 2007 年上升到最高点 15.1%，随后经济增长速度逐步下降，也呈现倒 U 形。尽管湖南省资本形成率的高点和经济增长速度的高点在时点上不一致，但是两者叠加的结果导致了湖南省资本存量增长速度呈现倒 U 形的变化。

2. 湖南经济发展中劳动力的变化

推动经济发展的劳动力因素不仅仅是总劳动力的增长，更重要的是农村剩余劳动力转移所带来的第二、三产业劳动力的增长，这是工业化进程中推动经济增长的最主要动力之一。

由附表 5 可知，推动湖南经济发展的总就业人数的增长速度呈现出逐步降低的趋势。20 世纪 80 年代湖南省总就业人数平均每年增长约 3%，20 世纪 90 年代下降到 1.54%，21 世纪前 10 年增长速度下降到 0.89%。2010—2014 年，总劳动力的就业人数的增长速度仅为 0.55%。从 2015 年开始总就业人数逐步下降，湖南经济的发展失去了总劳动人数的增长动力。由于总就业人数的变化主要受制于生育状况即长期的计划生育政策所带来的结果，因此，目前湖南省总就业人数的下降趋势是不可能在短时间逆转。

附表 5　湖南省总就业人数的变化与第二、三产业就业人数的变化

	1990—1999	2000—2009	2010—2014	2015	2016	2017	2018	2019
总就业人数/万人	3 415.19	3 764.43	4 017.53	3 980.30	3 920.41	3 817.22	3 738.58	3 666.48
总就业人数增长速度	1.54%	0.89%	0.55%	−1.58%	−1.50%	−2.63%	−2.06%	−1.93%
第二、三产业就业人数/万人	1 323.14	1 876.94	2 348.26	2 361.59	2 333.09	2 302.06	2 276.20	2 257.24
第二、三产业就业人数增长速度	4.88%	3.68%	1.31%	−1.30%	−1.21%	−1.33%	−1.12%	−0.83%

发展中国家经济发展中存在着农村剩余劳动力转移的过程，第二、三产业劳动力的人数变化反映了农村劳动力转移的速度。从第二、三产业劳动力人数的变化来看，其变化趋势与湖南省总就业人数的变化趋势基本相同。20 世纪 80 年代开始第二、三产业人数迅速增长，20 世纪 90 年代第二、三产业就业人

数的增长速度高达 4.88%，明显高于同期湖南省总就业人数的增长速度
1.54%。2000—2009 年湖南第二、三产业就业人数的增长速度也高达 3.68%，
明显高于同期总就业人数的增长速度 0.89%。2010—2014 年第二、三产业就
业人数的增长速度比前期的增长速度明显下降，增长速度仅为 1.31%，但比
同期总就业人数的增长速度 0.55%高。但是自 2015 年以来，湖南省第二、三
产业就业人数开始呈现下降的趋势，使得第二、三产业的增长失去了劳动增长
因素的作用。由于第二、三产业劳动力的增长速度主要受制于农村剩余劳动力
的转移速度，因此，最近 5 年湖南省第二、三产业就业人数的下降趋势有可能
通过政策措施来加以改变，这一点与总劳动力就业人数下降趋势不可改变有很
大的区别。

3. 湖南经济发展中全要素生产率的变化

测量全要素生产率的增长率需要先确定资本和劳动的产出弹性，不同时期
资本和劳动的实际产出弹性会因技术创新和进步的速度的不同而发生变化。采
用计量方法一般测量的资本和劳动的产出弹性，是一个时期平均值的最优估计
值，采用平均值来计算余值增长率来表征全要素生产率的增长率，实际上已经
把技术创新和进步对产出弹性的作用也通过余值的方式表现出来了。下面我们
采用关于湖南资本和劳动产出弹性的计量结果：资本的产出弹性为 0.29，劳
动力产出弹性为 0.71，由此来计算余值增长率即全要素生产率的增长率（见
附表 6）。

附表 6　湖南经济增长过程中全要素生产率的增长率

	1990—1999	2000—2009	2010—2014	2015	2016	2017	2018	2019
以总就业人数为劳动投入变量的余值增长率	4.50%	5.26%	3.72%	2.89%	3.60%	5.18%	4.91%	4.71%
以第二、三产业就业人数为劳动投入变量的余值增长率	2.13%	3.28%	3.18%	2.69%	3.39%	4.25%	4.24%	3.93%

从上述计算结果我们可以发现，湖南经济增长过程中的全要素生产率的增
长率还是比较高的，20 世纪 90 年代余值增长率有 4.5%，2000—2009 年有
5.26%，但是到 2010—2016 年余值增长率下降到 3%左右的水平，而到
2017—2019 年，余值增长率又有所上升。

如果我们用第二、三产业的劳动力就业人数来测量余值增长率，由此得到
的余值增长率是排除了劳动力结构的优化所带来的技术进步率，因此，这一个
余值增长率比前一余值增长率水平相对较低。将前一个余值增长率减去后一个

余值增长率,所得到的经济增长率是劳动力就业结构优化所带来的。这一增长率在20世纪90年代为2.37%,2000—2009年为1.98%。但2010年以来这一增长率下降到1%以下,说明早期农村剩余劳动力转移所带来的劳动力结构优化,由此产生的技术进步曾经是湖南经济发展的重要动力。但是最近10年,由于农村剩余劳动力的转移速度降低,第二、三产业劳动力人数增长缓慢甚至下降,湖南通过优化劳动力结构所带来的经济增长的动力大大下降。

4. 湖南经济发展动力结构的变化

根据前面所计算的资本增长状况、总劳动力增长状况与劳动力结构转变状况、全要素生产率的增长状况,以及资本和劳动的产出弹性,我们可以计算出推动湖南经济发展三大动力所做出的贡献份额(见附表7)。

附表7　推动湖南经济发展动力因素所贡献的份额

	1990—1999	2000—2009	2010—2014	2015	2016	2017	2018	2019
资本增长因素	39.84%	49.45%	66.17%	79.18%	68.32%	58.59%	55.83%	56.02%
总劳动力增长因素	13.04%	5.42%	3.12%	−13.18%	−13.36%	−23.38%	−18.76%	−18.02%
第二、三产业劳动增长因素	30.67%	22.24%	7.69%	−10.88%	−10.71%	−11.81%	−10.23%	−7.78%
总劳动增长时余值增长率贡献	47.12%	45.14%	30.71%	34.01%	45.03%	64.78%	62.93%	61.99%
第二、三产业劳动增长时余值增长率贡献	29.49%	28.31%	26.14%	31.70%	42.39%	53.22%	54.40%	51.76%

从附表7中的计算结果可以发现,资本积累所带来的存量资本增长因素始终是导致湖南经济增长的重要因素,直到2019年其贡献份额还高达56%。

总劳动力增长这一因素所贡献的市场份额相对较小,特别是2015年以来这个因素已经成为负面因素。

全要素生产率增长所带来的余值增长率,始终是湖南经济发展的重要因素,这说明改革开放、技术创新和进步极大地提高了湖南省经济发展的质量和效率,因劳动力就业结构的优化所带来的第二、三产业劳动力的增长因素在改革开放前30年,是推动湖南经济发展的重要因素,但是这个因素在2010年之后失去了作用,甚至变为了负面因素。

虽然从贡献份额的角度来看资本的增长因素作用很大,但是2014年以来资本的增长速度逐步下降的趋势不可逆转,因为湖南的资本积累率已经很高,不可能通过提高资本积累率来持续提高资本增长速度。此外资本增长速度也取决于经济增长速度,理论上可以推断出当储蓄率保持不变时,存量资本的增长速度趋向于等于经济增长速度,由此可以断定目前湖南存量资本的增长速度会逐步下降，资本增长所带来的经济增长率也会逐步下降，尽管其相对份额可能还保持在较高的水平。

由于总劳动力人数的下降以及第二、三产业劳动力人数下降，湖南省的经济增长速度也因此下降。

通过分析推动湖南经济发展动力因素及其贡献份额，对湖南未来的经济发展动力的变化和前景可以做出这样的判断：第一，目前资本因素和总劳动力因素作为推动湖南经济发展的动力正在逐步减弱，并且基本上不可改变这一趋势。第二，能够有效提升湖南经济发展动力的只能是提高全要素生产率，有三个途径：一是通过改革开放和技术创新来提高全要素生产率；二是通过优化劳动力的就业结构，即通过农村剩余劳动力转移来提升第二、三产业劳动力人数和比重，使其都有所上升，进而来提升全社会的劳动生产率；三是通过提升劳动力的素质来提高劳动生产率水平，进而提升全要素生产率水平。

三、湖南经济滞后跨越中等收入陷阱的问题

由于 2019 年以人均 GDP 计算湖南经济发展水平只有全国平均水平的 81%，工业化水平也滞后于全国发展水平，导致湖南跨越中等收入陷阱的时间明显滞后于全国。在这种情况下，有必要深入研究湖南跨越中等收入陷阱过程中所存在的问题。

我们可以从经济结构的转变、生产要素增长率的变化、技术创新投入和产出状况等几个方面来比较湖南与全国平均水平的差距，由此来揭示湖南经济滞后于全国跨越中等收入陷阱的问题。

1. 湖南经济发展过程中经济结构转变所存在的问题

随着经济发展，产业结构会发生显著变化（见附表 8），第一产业所占比重会逐渐下降，发达国家这一产业所占比重一般都下降到 5% 以下；第二、三产业的比重会逐渐上升，其中第二产业比重逐渐上升的过程也称之为工业化进程。我们可以从产业结构的转变和就业结构的转变，以及与全国平均水平的比较中发现湖南经济在这方面所存在的问题。

附表 8　湖南产业结构的转变状况

	1980	1990	2000	2010	2014	2015	2016	2017	2018	2019
一产比重	42.32%	37.49%	22.10%	13.31%	10.32%	9.63%	9.45%	8.86%	8.49%	9.17%
二产比重	40.16%	33.58%	36.41%	45.17%	45.69%	44.38%	41.95%	39.79%	38.27%	37.60%
三产比重	17.52%	28.93%	41.49%	41.52%	43.99%	45.99%	48.60%	51.35%	53.24%	53.23%

湖南第一产业比重由 1980 年 42.3% 下降到 2019 年的 9.17%，第一产业

产出比重之所以持续下降，原因在于 40 多年来湖南第一产业产出增长速度基本上小于第二、三产业的增长速度，这是由于农业产出增长受制于自然条件且技术进步速度缓慢，以及第一产业所生产出来的农产品受制于需求增长速度所致。农业产出比重还受制于价格水平的变化，由于农业劳动生产率的增长速度较低，其价格水平的上涨幅度一般会超过同期第二、三产业的产品价格上涨幅度，2019 年湖南第一产业的比重比 2018 年有所上升，就是价格水平变化的结果。从湖南第一产业比重的变化速度角度来看，2010 年以来，特别是 2015 年以来第一产业产出比重的下降速度明显低于前期，说明这一时期第一产业的劳动生产率提高速度缓慢导致价格水平相对上升，并且第二、三产业的增长速度相对第一产业的增长速度没有前期大，这些是导致第一产业产出比重下降速度降低的原因。

湖南第二产业所占比重呈现倒 U 形，在 20 世纪 80 年代早期，由于计划经济抑制了第三产业的发展，使得湖南第二产业所占的比重比较高。20 世纪 80 年代后期以来，湖南第二产业的比重逐步上升，这一工业化进程到 2011 年达到了 47％的较高水平。自此之后，湖南第二产业的比重逐步下降。

在 20 世纪 80 年代和 90 年代湖南第三产业所占比重有一段快速持续增长的阶段，这是由于计划经济时代抑制商业发展，之后经济体制改革所导致的结果。最近 20 年，湖南第三产业比重也呈现出逐步上升的趋势，并且在 2015 年成为产出比重最大的产业，开始表现为后工业化时代的来临。第三产业比重在工业化进程的后期之所以逐渐超过了第二产业，原因一方面在于第三产业劳动生产率的增长速度较缓，需求增长导致更多的劳动力进入这个行业；另外一个方面的原因是生产性服务业发展的结果，即一部分具有服务功能的经济行为从制造业分离出来形成了新的生产性服务业。

从历史发展的进程角度来看，湖南产业结构的变化趋势与全国产业结构的变化趋势基本一致，但是如果我们比较湖南与全国产业结构变化过程中的差异，就会发现两个问题：

第一，全国水平的第二产业占比达到高点 47.6％（2006 年）的时间早于湖南约 5 年，湖南省第二产业比重滞后于 2011 年达到 47.0％的最高水平。

第二，2019 年湖南省第二产业占比 37.6％比全国平均水平的第二产业占比 39.69％有 2 个百分点的差距，原因是湖南省近几年第二产业占比下降速度快于全国平均水平。

这两个数据说明湖南省工业化进程和高度都低于全国平均水平。

2. 湖南就业结构转变中存在的问题

与产业结构变化相伴随的是就业结构的转变（见附表 9），它们之间的关系是相辅相成的，有互为因果的关系。

附表9　湖南省就业结构的变化

	1980	1990	2000	2010	2014	2015	2016	2017	2018	2019
一产就业比重	77.00%	68.90%	59.30%	42.40%	40.80%	40.70%	40.50%	39.70%	39.10%	38.40%
二产就业比重	14.10%	17.50%	23.50%	23.00%	23.70%	23.50%	23.30%	22.80%	22.40%	22.10%
三产就业比重	8.90%	13.60%	17.20%	34.60%	35.50%	35.80%	36.20%	37.50%	38.50%	39.50%

改革开放以来，湖南的第一产业就业比重保持着持续下降的趋势，表明农村剩余劳动力逐步转移到了第二、三产业。湖南第二产业就业比重在经历了持续上升的一个阶段之后，在2012年达到高点，之后第二产业就业比重下降。第三产业的就业比重保持着持续上升的趋势，这与第三产业的产出比重持续上升是基本一致的。湖南就业结构的转变过程存在着显著的问题：

第一，第一产业就业比重的下降进程明显慢于全国平均水平。这导致2019年湖南第一产业就业比重高达38.4％，是该年全国第一产业就业比重25.1％的1.53倍，表明湖南农村剩余劳动力的转移速度大大落后于全国平均水平。

第二，由于就业结构的变化进程明显小于产出结构，湖南第一产业的相对劳动生产率明显低于第二、三产业。相当一部分农村劳动力不得不通过兼业的方式来获得更高的收入，湖南农村居民的劳务性收入比重高达40％，说明湖南农村剩余劳动力转移滞后带来的结果之一就是农村劳动力的专业化程度不够高、劳动生产率水平较低。这是湖南人均国内生产总值明显低于全国平均水平的重要原因。

湖南就业结构状况所存在的问题说明，湖南经济发展过程中还存在着加快农村剩余劳动力转移这一尚未完成的历史使命和艰巨任务，另外也说明湖南省有借助于农村剩余劳动力转移来快速提升第二、三产业增长速度的潜力。

3. 湖南经济发展中劳动力因素方面所存在的问题

前面在研究湖南经济发展动力的时候，已经总结了湖南省劳动力和第二、三产业劳动力的变化状况，下面我们从湖南省劳动力人数占全国的比重、湖南教育发展状况与全国的比较、湖南劳动力受教育程度和专业技术水平与全国的比较等几个方面，来发现湖南经济发展中劳动力因素所存在的问题。

（1）湖南省三大产业劳动力人数占全国的比重的变化（见附表10）

我们用湖南三大产业劳动力的人数占全国比重的变化，来揭示湖南劳动力结构的转变相对于全国平均水平所处的状况。

附表 10 湖南省三大产业劳动力人数占全国比重的变化

	1990—1999	2000—2009	2010—2014	2015	2016	2017	2018	2019
湖南省总就业人数占全国的比重	5.02%	5.07%	5.24%	5.14%	5.05%	4.92%	4.82%	4.73%
湖南省第一产业就业人数占比	5.70%	5.64%	6.59%	7.38%	7.38%	7.23%	7.22%	7.25%
湖南省第二产业就业人数占比	4.59%	4.62%	4.14%	4.12%	4.08%	3.99%	3.91%	3.80%
湖南省第三产业就业人数占比	3.78%	4.57%	4.95%	4.34%	4.21%	4.10%	4.01%	3.94%

从附表 10 中的数据我们可以发现，1990—2014 年，湖南省总就业人数占全国的比重保持着温和的上升趋势，表明湖南省总劳动力的增长速度高于全国平均水平。但是自 2015 年以来，湖南总就业人数占全国的比重逐步下降，这一阶段是全国及湖南省总劳动力人数开始降低的阶段，表明湖南总劳动力减少的速度快于全国平均水平，造成这一现象的原因可能是两个方面：一是计划生育政策的差异所带来的人口结构的差异；二是湖南劳动力有净流出至省外就业的趋势，使得湖南省总就业人数的比重逐步下降。

由于湖南省计划生育政策与全国的计划生育政策是一致的，可以基本排除这一方面的原因，所以导致湖南省总就业人数比重下降的原因只能是劳动力的净流出。

从湖南省第一产业劳动力占全国的比重来看，2010 年之前这个比重逐步下降，说明湖南省农村劳动力的转移速度快于全国平均水平，但是 2010 年以后，湖南第一产业劳动力数量在全国的比重有所上升，表明这一阶段湖南农村劳动力转移速度明显慢于全国平均水平。

湖南第二产业劳动力在全国的比重始终较低，特别是 2010 年以来这一比重有逐步下降的趋势，表明湖南工业化进程中第二产业劳动力就业的数量没有达到全国平均水平，这制约了湖南的工业化进程，也导致目前湖南省第二产业的产出比重低于全国平均水平。

湖南省第三产业劳动力在全国的比重始终小于总就业人口的比重，尽管 2010 年以前，湖南第三产业劳动力占全国的比重有上升的趋势，到 2010 年之后这一比重却是下降的趋势。

从上述湖南省三大产业劳动力在全国的比重来看，我们可以得出这样的结论：

第一，湖南省总就业人数占全国的比重在最近 5 年有所下降，存在着劳动力净流出现象，这不利于提升湖南经济总量在全国的比重。

第二，从湖南省第一产业劳动力比重较高以及第二、三产业劳动力占全国的比重低于总劳动力的比重，可以发现湖南农村剩余劳动力转移速度缓慢，由此导致湖南省第二、三产业劳动力增长速度缓慢，抑制了湖南省的工业化进程和第三产业的发展速度，这也是湖南经济发展水平滞后于全国水平的原因。

（2）湖南教育发展状况与全国的比较

一个地区教育水平的发展往往决定了本地区劳动力的素质状况，这将对劳动生产率产生直接影响。我们以各类受教育毕业人数在全国的比重（见附表11），来比较湖南与全国平均水平之间的差异。

附表 11　湖南各类受教育毕业人数占全国的比重

	1990—1999	2000—2009	2010—2014	2015	2016	2017	2018	2019
湖南初等教育毕业人数占全国的比重	/	4.93%	4.20%	4.94%	5.20%	5.24%	5.30%	5.29%
湖南中等教育毕业人数占全国的比重	5.42%	5.08%	4.12%	4.20%	4.32%	4.44%	4.68%	4.81%
湖南大学教育毕业人数占全国的比重	4.34%	4.81%	4.70%	4.41%	4.49%	4.52%	4.61%	4.77%
湖南研究生教育毕业人数占全国的比重	2.29%	2.78%	3.28%	3.08%	3.06%	2.99%	3.06%	3.06%

根据附表11中的数据，我们可以做出以下判断：从湖南初等教育毕业人数占全国比重的变化情况来看，2019年这一比重超过了总劳动力人数比重，表明湖南省义务教育的发展水平高于全国平均水平。湖南中等教育的发展水平也基本上高于全国平均水平，湖南省的大学教育发展水平也基本上与全国平均水平发展同步。从质量角度来看，如果以高考录取线的高低作为标准，湖南的基础教育质量水平高于全国平均水平。

从湖南省研究生教育毕业人数占全国的比重来看，存在两个问题：第一，湖南研究生教育的人数水平较低，这一比重低于湖南省总劳动力人数占全国的比重，也明显低于大学教育毕业人数的占比；第二，2010年之前研究生毕业人数占比有所上升，但是2014年之后这一占比又有所下降，表明湖南省研究生教育在最近5～10年规模发展速度低于全国平均水平。

综合以上的数据我们可以发现，湖南的教育水平主要是高水平的研究生教育水平发展明显滞后。研究生教育是培养具有科研能力人才的高层次教育，一个地区研究生教育规模不足，如果不能够有效吸引外地培养的研究生来本省工作，将导致本省研发人员的来源不足和研发人员的投入不足，进一步导致本地区经济发展过程中技术创新和技术进步能力不足。

（3）湖南劳动力受教育水平、专业技术人员与全国的比较

由于一个地区劳动力素质的状况不仅取决于本地的教育水平，还与劳动力的流动有密切的关系，通过对劳动者受教育水平与全国水平的比较可以发现经

过劳动力流动之后本地区劳动力素质的实际状况。由于全国基本上普及了高中阶段的教育，劳动力流动带来的影响是受过大学教育的劳动力在全国的分布，因此，我们用受过大学教育水平的劳动力比重来表示一个地区的劳动力受教育水平，也对经过劳动力流动之后本地区专业技术人员比重的实际状况进行比较（见附表12）。

附表 12　湖南及全国劳动力中受过大学教育水平的比重

	2006—2010	2011—2015	2016	2017	2018
湖南省劳动力中受过大学教育的比重	6.05%	14.84%	15.60%	16.20%	16.60%
全国劳动力中受过大学教育的比重	7.52%	14.30%	18.10%	18.20%	19.10%

虽然湖南省劳动力中受过大学教育的比重在逐步上升，但是全国劳动力中受过大学教育比重上升的速度更快。由附表12可以发现两个问题：一是湖南省劳动力中受过大学教育的比重明显低于全国水平，目前湖南省受过大学教育的劳动力需要加速增长15%之后才能够达到全国平均水平的比重；二是湖南省受过大学教育的劳动力比重的上升速度明显低于全国平均水平，因为在2011—2015年这一比例基本上没有多少差距，差距的形成主要是2015年之后的事情。

2015年以来，由于湖南省的大学毕业生人数占全国的比重基本上变化不大，并且与湖南省总劳动力所占全国的比重基本相当，结合2015年以来湖南省总就业人数的下降速度快于全国平均水平状况，由此可以做出这样的推断：2015年以来，湖南省的大学毕业生有相当一部分的净流出，即跨省就业的湖南省大学毕业生超过了外地毕业来湘就业的大学生人数。只有这种情况才能够导致湖南省劳动力中受过大学教育的比重上升速度缓慢，并拉大了与全国平均水平的差距。

我们以湖南省工业企业研发人员的数量占比来反映湖南省专业技术人员的状况（见附表13）。

附表 13　湖南省工业企业研发人员占全国的比重

	1990—1999	2000—2009	2010—2014	2015	2016	2017	2018	2019
湖南省工业企业 R&D 人员全时当量占全国比例	/	2.68%	2.99%	3.18%	3.20%	3.44%	3.45%	3.39%

从湖南省工业企业研发人员投入的全时当量在全国的比例变化来看，2010

年以来这一比重虽有所上升，但是 2019 年这一比重（3.39％）的绝对水平明显低于当年湖南省总就业人数占全国总就业人数的比重（4.73％），这表明湖南省工业企业研发人员占总就业人数的比例仅为全国平均水平的 71.6％。这一数据反映了湖南省研发投资中的研发人员数量相对不足，由此也说明湖南省工业企业中专业技术人员的比重相对不足。

4. 湖南经济发展过程中技术创新与进步方面存在的问题

尽管湖南全要素生产率的增长率与对经济发展的贡献率比较高，但这个主要是资本投资所带来的溢出效应，原因在于湖南的投资率比较高，投资的增长速度比较高，这是承接经济发达地区的产业转移所带来的结果。从一些产业指标来看，湖南的技术创新和进步状况并不乐观。附表 14 是湖南省 2014—2017年高技术产业新产品销售收入的状况。

附表 14　湖南高技术产业新产品销售收入

年份	2014	2015	2016	2017
湖南省/亿元	871.74	1 151.71	1 321.42	1 320.76
全国/亿元	35 494.17	41 413.49	47 924.24	53 547.11
比重	2.46％	2.78％	2.76％	2.47％

从附表 14 中的数据我们可以发现，2014—2017 年期间，湖南省高新技术产业新产品销售收入占全国的比重仅仅在 2.46％～2.78％的水平，明显低于湖南省 GDP 占全国比重 4％的水平，由此说明湖南省高技术产业发展速度明显低于全国平均水平。

反映技术创新和进步状况的重要数据是新产品销售收入的增长状况，我们可以将全国与湖南省工业企业新产品销售收入状况做比较（见附表 15）。

附表 15　全国与湖南省规模以上工业企业新产品销售收入状况

年份	2000	2005	2010	2014	2015	2016	2017	2018
湖南省/万元	99.99	457.48	2 350.13	6 310.37	7 349.80	8 098.47	8 585.72	7 616.24
全国/万元	7 641.374	24 097.09	72 863.9	142 895.3	150 856.5	174 604.2	191 568.7	197 094.1
比重	0.013 1	0.019	0.032 3	0.044	0.048 7	0.046 4	0.044 8	0.038 6

从附表 15 中的数据可以发现，2015 年以来，湖南省规模以上工业企业新产品销售收入相对于全国水平而言，其比重正在逐步下降。这一状况说明湖南省制造业的技术创新能力不足。

湖南大中型工业企业的销售净利润率和资产收益率水平（见附表 16）也

低于全国平均水平，由此也说明湖南省工业企业的技术创新能力相对于全国平均水平较低。

附表16　大中型工业企业销售净利润率及资产收益率水平

		2014	2015	2016	2017	2018	2019
销售净利润率	湖南省	4.78%	4.60%	4.65%	5.89%	5.39%	6.34%
	全国	6.26%	5.99%	6.39%	7.12%	6.83%	6.65%
资产收益率	湖南省	5.59%	5.27%	5.32%	6.27%	5.30%	6.31%
	全国	6.50%	5.78%	6.02%	6.44%	5.91%	5.47%

经过上面的研究，我们可以发现湖南经济之所以滞后于全国水平跨越中等收入陷阱，其问题表现在以下几个方面：

第一，湖南农村剩余劳动力转移速度明显低于全国平均水平，导致湖南省就业结构的转换速度低于全国平均水平，也导致湖南第二、三产业的发展进程落后于全国。

第二，最近5年湖南省存在劳动力净流出现象，特别是大学毕业生有相当一部分净流出，导致湖南省劳动力中受过大学教育的比重上升速度缓慢并拉大了与全国平均水平的差距。研究生教育水平相对落后，湖南工业企业的专业技术人员的比重也明显低于全国平均水平。

第三，湖南省高新技术产业新产品销售收入和工业企业新产品销售收入占全国的比重，明显低于湖南省 GDP 占全国的比重，湖南大中型工业企业的销售净利润率和资产收益率水平也低于全国平均水平，由此说明湖南省工业企业的技术创新能力相对于全国平均水平较低。

四、湖南经济滞后跨越中等收入陷阱的直接原因与根本原因

经过前面对湖南经济发展的动力和存在问题的分析与研究，我们已经发现湖南经济发展水平滞后于全国平均水平，其滞后表现出来的问题有三个方面：一是就业结构的转换迟缓；二是受过高等教育的劳动力比重和专业技术人员所占的比重明显低于全国平均水平；三是湖南的技术创新能力低于全国平均水平。我们需要深入探讨形成这三个问题的原因及其与跨越中等收入陷阱之间的关系。

经过研究，我们有以下两个判断，一个判断是湖南农村剩余劳动力转移滞后，是导致湖南经济发展水平相对较低，滞后于全国跨越中等收入陷阱的直接原因；另一个判断是湖南研发投资的比重较低、研发效率不高，是导致湖南经

济滞后于全国跨越中等收入陷阱的根本原因。

1. 湖南农村剩余劳动力转移滞后是湖南滞后于全国跨越中等收入陷阱的直接原因

比较湖南省就业结构的变化与全国就业结构的变化，最近 10 年湖南第一产业就业比重的下降速度，明显慢于全国平均水平。到 2019 年，湖南省第一产业的就业比重还高达 38.4%，比同一时期全国平均水平 25.1%，高 13.3%。

从比较劳动生产率的角度来看，2019 年湖南省在全部劳动力比重的 38.4% 的农业劳动力，仅仅获得 9.2% 的农业产出水平；相对于 61.6% 的非农业劳动力所获得的非农业产出水平 90.8%，相对劳动生产率有 5 倍的差距。考虑到湖南农村劳动力具有兼业特征，其非农业的劳务性收入比重大约为 50%，即便如此，农业劳动生产力水平也仅仅为非农业劳动生产率的 33.3%～50%。由于劳动生产率的差异，使得湖南省城乡居民收入也存在显著差异，2019 年湖南省城市居民的人均收入水平大约是农村居民收入水平的 2.59 倍。

从附表 17 中的数据我们可以发现：2019 年湖南省城镇居民的人均收入水平为 39 842 元，同年全国城镇居民人均收入水平为 42 359 元，湖南城镇居民的人均收入水平为全国水平的 94.06% 。2019 年，湖南农村居民的人均收入水平大约为全国平均水平的 96.1%。两个社会群体收入直接比较所产生的差距均小于 6%，这个差距远小于湖南人均 GDP 距离全国水平 19% 的差距，产生这一巨大差距的原因只能是两个群体的数量比重存在显著差距。

附表 17　湖南省和全国平均水平的居民可支配收入　　　　单位：元/人

		2000	2005	2010	2015	2016	2017	2018	2019
湖南省	城镇	6 218.70	9 524.00	16 565.70	28 838.10	31 283.90	33 947.90	36 698.30	39 842
	农村	2 197.20	3 117.70	5 622.00	10 992.50	11 930.40	12 935.80	14 092.50	15 395
	差距倍数	1.83	2.05	1.95	1.62	1.62	1.62	1.60	1.59
全国	城镇	6 280.00	10 493.00	19 109.44	31 194.80	33 616.20	36 396.20	39 250.80	42 359
	农村	2 253.40	3 254.90	5 919.01	11 421.70	12 363.40	13 432.40	14 617.00	16 021
	差距倍数	1.79	2.22	2.23	1.73	1.72	1.71	1.69	1.64

由于居民收入主要来源于劳动收入，劳动力就业结构的差距就成为产生人

均 GDP 差距的主要原因。2019 年湖南省第一产业劳动力的比重为 38.4%，远高于 25.1% 的全国平均水平。如果将 2019 年湖南第一产业劳动力的比重降低至全国平均水平，即由 38.4% 降低至 25.1%，即有 13.3% 劳动力将因此提高劳动生产率 1～2 倍，仅仅以这部分劳动力的产出水平提高 1.5 倍来进行计算，可以使湖南省总产出水平提高约 20%，由此可见湖南省人均产出水平距全国平均水平的差距大部分可以用湖南农村劳动力的比重过高来解释。

剩余的小部分差距则是由于湖南第二、三产业的劳动生产率水平与相应的全国平均水平存在差距所致。例如 2019 年湖南省城镇居民的人均收入水平为 39 842 元，同年全国城镇居民人均收入水平为 42 359 元，存在约 6% 的差距。由此说明湖南城市劳动生产率与全国水平存在相应的差距。

根据前面的计算和推理，我们可以做出这样的判断：湖南农村剩余劳动力转移缓慢，第一产业劳动力就业比重远远超过全国平均水平是导致湖南人均国内生产总值与全国平均水平存在显著差距的原因，也是湖南滞后于全国跨越中等收入陷阱的直接原因。

2. 湖南研发投资的比重较低、研发效率不高是导致湖南经济滞后于全国跨越中等收入陷阱的根本原因

对这个判断，我们可以从以下三个方面来进行论证：湖南研发投资规模与研发投资的效率状况，湖南研发状况与劳动力流动之间的关系，湖南研发状况与第二、三产业的发展水平之间的关系。

（1）湖南研发投资投入不足的状况与湖南研发投资的效率相对较低

我们可以从研发投资的资金规模或人力资源规模以及产出水平，来推断湖南省技术创新能力较低和高新技术产业发展滞后的原因。附表 18 是湖南省与全国研发投资所涉及的人员规模和人员全时当量的对比。

附表 18　湖南与全国 R&D 投入状况

		2000	2005	2010	2014	2015	2016	2017	2018
R&D 人员数 /人	湖南省	103 704	121 421	109 749	162 548	173 514	191 125	205 083	234 172
	全国	3 223 519	3 814 654	3 542 244	5 351 472	5 482 528	5 830 741	6 213 627	6 571 372
	比值	3.22%	3.18%	3.10%	3.04%	3.16%	3.28%	3.30%	3.56%
R&D 人员全时当量 /（万人/年）	湖南省	2.89	3.80	7.26	10.74	11.49	11.93	13.08	14.69
	全国	92.21	136.48	255.38	371.06	375.88	387.81	403.36	438.14
	比值	3.14%	2.79%	2.84%	2.90%	3.06%	3.08%	3.24%	3.35%

续表

		2000	2005	2010	2014	2015	2016	2017	2018
R&D 经费内部支出 /亿元	湖南省	19.24	44.52	186.56	367.93	412.67	468.84	568.53	658.27
	全国	895.66	2 449.97	7 062.58	13 015.63	14 169.89	15 676.75	17 606.13	19 677.93
	比值	2.15%	1.82%	2.64%	2.83%	2.91%	2.99%	3.23%	3.35%
经济总量占比		3.54%	3.52%	3.89%	4.20%	4.20%	4.23%	4.07%	3.95%

从附表 18 中的数据我们可以发现，湖南研发人员的投入规模明显比全国平均水平小。尽管湖南省研发人员的投入规模仅仅小于经济总量占比的 10%，但是研发人员的全时当量明显低于经济总量的占比，差距近 20%。这说明湖南省研发人员投入的比重只相当于全国平均水平的 80%，表明湖南研发投资的人员规模及其专业化程度未达到全国平均水平。

以研发投资内部支出占全国的比重来看，湖南省研发投资的规模占比没有达到湖南省占全国的经济规模的占比，仅仅为经济规模占比的 85%。

如果不考虑研发投资效率之间的差别，那么研发投资的规模状况就直接决定了研发的产出状况，这可以通过产出水平或要素收入水平来反映。前面我们在研究湖南经济增长动力的时候，就已经发现湖南高新技术产业的产出水平相对较低、新产品的销售收入产出水平相对较低，此外，湖南的资本收益率和劳动者的工资水平也低于全国平均水平，这些数据都说明湖南研发投入不足，导致湖南技术创新和进步水平低于全国平均水平。

专利技术是反映研发投资产出效率的一个很重要的指标，我们可以将湖南省获得的国内专利授权数占全国的比重来反映湖南省研发投资的效率（见附表 19）。

附表 19　湖南与全国专利授权数比较　　　　　　　　单位：件

	2000	2005	2010	2015	2016	2017	2018	2019
湖南省	2 555	3 659	13 873	34 075	34 050	37 916	48 957	54 685
全国	95 236	171 619	740 620	1 596 977	1 628 881	1 720 828	2 335 411	2 474 406
比值	2.68%	2.13%	1.87%	2.13%	2.09%	2.20%	2.10%	
经济总量占比	3.54%	3.52%	3.89%	4.20%	4.23%	4.07%	3.95%	

从这些数据中我们可以发现，湖南省所获得的国内专利授权数的比重明显低于湖南省研发投入人员的比重，也明显低于湖南省研发投资资金的比重，产出专利数的比重低于研发投入的比重程度很大，超过了 50%。这说明湖南省研发投资的产出效率也大大低于全国平均水平。

反映湖南研发投资相对不足、研发效率不够高的另外一个指标是上市交易的湖南省高新技术产业企业规模发展状况：截至 2020 年 12 月 20 日，湖南省在深交所创业板上市的企业为 27 家，占比为 3.06%；湖南省在上交所科创板上市的企业为 6 家，占比为 2.87%。这两个数据都明显低于湖南省经济占全国的比重。

综上，从研发人员的投入比重、研发资金的投入比重和专利技术的产出状况来看，研发投入比重较低、专利技术的产出效率较低是湖南省技术创新能力、高新技术产业发展速度低于全国平均水平的重要原因。

（2）湖南研发状况导致技术进步不足、城乡劳动收入差距较小，使得农村剩余劳动力转移的动力不足，同时也导致湖南省劳动力中高素质劳动力的净流出

湖南研发投入比重、研发效率相对不足，导致非农产业特别是第二产业发展水平低于全国平均水平，标志是第二产业的产出比重相对全国平均水平较低、城市的劳动收入水平相对较低。前面我们通过统计数据已经发现，湖南城乡劳动力的收入差距相对全国要小 6% 左右，这导致农村劳动力转移动力的不足，也导致了农村劳动力不完全流动的兼业化倾向。

按照劳动力迁移理论，农村劳动力向城市转移的动力，在于就业的概率以及就业之后带来的收入差距。第二产业发展规模不够，使得农村剩余劳动力向第二产业转移的概率下降；就业之后的劳动收入水平提升幅度不够高，使得转移动力不足。劳动力迁移理论的逻辑可以解释湖南农村剩余劳动力转移不足、第一产业劳动力比重居高不下的原因。

当然我们也应该认识到，湖南农村劳动力具有兼业的特点，即可以通过兼业来获得劳务性收入来提升其收入水平，此外湖南农业技术水平相对较高、农业中投入的有效劳动其产值水平较高，这些导致了湖南城乡劳动力收入差距的缩小。但城乡劳动力的收入差距相对于全国水平较小的根本原因，还在于湖南能够带来更高劳动收入的高技术产业发展规模不够。

研发投资不够、研发效率较低、高新技术产业规模发展不够，所带来的另外一个结果就劳动收入水平相对低，特别是高素质劳动力的劳动收入水平相对更低。由此带来的一个结果就是湖南省劳动力的净流出，这使得湖南省劳动力占全国的比重有逐渐下降的趋势，高素质劳动力的净流出也导致湖南省劳动力中受过大学教育的比重明显低于全国平均水平。研发投资比重的不足，也使得湖南省工业企业专业技术人员的比例相对不足。

如果说一般劳动力到省外务工，还有可能带来一个有利的结果就是其劳动收入的相当一部分会转化为本省的居民收入，其中有一部分被转为储蓄与投资

的来源，这是湖南省资本积累率相对全国平均水平较高的原因之一。但是高素质劳动力的净流出，不仅使得湖南省的劳动生产率水平受到抑制，而且使得本地产业的技术进步能力受到抑制，这是湖南省工业化水平相对滞后的重要原因。

（3）湖南研发状况导致技术进步不足，限制了第二、三产业产品的技术水平、产业的竞争能力、产业的发展高度和空间，进而导致第二、三产业的发展水平距离全国发展水平有明显的差距

决定第二、三产业特别是第二产业的发展水平的主要因素是技术水平、劳动力素质、资本和劳动投入的数量。研发投资不足，使得湖南具有先进技术水平的第二产业发展规模和能够达到的技术水平都受到抑制，也制约了其劳动力素质水平的提高；研发投资的不足，也制约了资本和劳动投入的数量，因为生产要素的投入数量受制于其边际生产率。只有在研发投资充分、技术进步速度较快的情况下，才能够不断提升要素的生产力水平，使着资本和劳动的投入规模不受制于其边际生产率。

前面我们的分析，已经发现从近几年统计数据来看，湖南的资本要素收益率水平相对全国较低、劳动收入水平相对全国较低、劳动力人数的增长速度相对全国水平较低，这些都是湖南技术进步的速度不够、创新能力不足所带来的结果，而这些状况又是研发投资的相对规模不足、研发投资的效率不够高所导致的，最终导致了湖南第二、三产业的发展水平距离全国水平有明显差距。

五、湖南技术创新驱动经济加速发展的对策

由于湖南经济滞后于全国发展水平，导致跨越中等收入陷阱进程也滞后全国，因此有必要采取有力措施来加速湖南经济发展速度和跨越中等收入陷阱进程。经过前面对湖南经济发展动力、经济结构转换、技术创新状况的研究，我们可以寻找到三个方面的应对对策：首先是加强技术创新方面的对策，其次是应该加快农村剩余劳动力转移和就业结构转换的对策，最后从全面提升要素的生产率水平和要素的增长速度的角度来采取综合的对策。

1. 提升技术创新研发投资强度与效率、提升高新技术产业发展速度的对策

由于湖南省高新技术创新的投入规模或产出效率都明显低于全国平均水平，这是导致湖南滞后于全国跨越中等收入陷阱的根本原因，改变这一状况的唯一途径就是扩大技术创新投资的规模，并通过有效的管理来提升投资的效率。为此我们可以采取以下几个方面的对策。

第一，集中全省可以利用的技术创新财政能力和社会资金，成立大规模高

新技术产业发展基金，以加大高新技术产业投资的规模、提升高新技术产业发展的速度。

由于湖南省具有较高的高于全国平均水平的储蓄率和投资率，说明湖南省具备扩大高新技术产业投资规模的能力。只是由于研发投资效率的约束，使得大量潜在的能够投入到研发的资金，无法形成投资能力。例如一些地区和企业缺乏相应的可投资的高新技术项目，或者缺乏较高水平具有较高研发能力的人才，因此只能将其投资到传统的项目之中。毕竟高新技术产业的发展及其研发需要相应的人才以及相应的市场条件，湖南相当一部分地区缺乏这样的市场条件和人才条件，因此就不具备将传统经济所获得的收入转化为高新技术产业投资的能力。在这种情况下有必要成立省一级的高新技术产业发展基金，将全省各类有意愿投资于高新技术产业的资金集中起来。

高新技术产业发展基金应该达到千亿元规模水平，因为千亿元规模的水平也不过是湖南省 GDP 的 2.5％。中国每年研发投资规模已经接近于 GDP 的 2.5％的水平，发达国家每年则有占 GDP 比重高达 4％左右的研发投资规模。因此千亿元规模的高新技术产业发展基金是完全有能力成立的。之所以要达到足够大的规模，原因在于产业投资基金需要有规模才有效率。现在高新技术产业所需要的研发投资规模和持续投入时间往往比较长，小规模的基金没办法投资于这样的项目。一些高新技术产业在进入市场快速扩展阶段也需要大规模的投资资金，这就需要大基金才能够支撑这样的投资。

第二，采用专业化和市场化的运作方式来有效地管理高新技术产业发展基金。

20 世纪 80 年代以来，高新技术产业研发与投资已经形成了专业化和市场化的管理模式。由于高新技术产业的研发与投资存在较大的风险，为了解决其中的风险不对称和激励专业人员投资能力的发展，产生了以风险投资为代表的管理模式，极大地提高了风险投资的效率。为了促进湖南省研发投资规模和效率的提高，高新技术产业发展基金的运作模式也需要借鉴这种专业化比较成熟的风险投资模式，将全省的高新技术产业发展基金设定为母基金，每一个具体的项目应该采取有限合伙制的方式来进行运作，充分激励科技研发人员、基金管理人员的效率。

由于省属高新技术产业发展基金的设立目的在于促进本省的高新技术产业的发展，选择高新技术项目的基本要求应该是在湖南省内进行研发及其产业化。除此之外，考虑到高新技术产业的发展潜力以及带动全省经济发展的能力，应该选择那些技术创新潜力和程度较大的技术作为技术选择标准，以市场需求规模大、市场需求增长潜力大作为技术选择的市场标准。在对技术研发人员的资质条件、管理水平进行充分考核的基础上来设定投资对象的人才标准。很显然，技术标准、市场标准和人才标准如何有效运作，也需要基金管理人员专业化的运作，引进和培养高水平的基金管理人员是设立大规模高新技术产业发展基金并有效运作的前提。

第三，充分利用国内外金融市场来扩张研发投资和高新技术产业发展资金的来源。

湖南经济的规模仅仅为全国规模的 4%，从投资资金来源的角度来讲，如果能够充分利用全国金融市场来获得研发投资和高新技术产业发展资金，就可以大大扩大湖南省的研发投资和高新技术产业发展的资金来源。

在设立产业基金的时候，就可以引入省外的有意于投资湖南高新技术产业的资金，也可以借助金融市场寻求直接发行可专门用于湖南省高新技术产业的投资基金。在投资产业化项目的时候，可以充分与省外的风险投资基金合作，由此来增加省外的资金来源。

获得省外投资资金的一个重要的途径是将已经产业化的高新技术企业在证券市场进行资金募集和上市交易，由此来获得省外的投资资金。目前中国证券市场有创业板和科创板，而在这两个板块上市的湖南企业数量甚少，没有达到湖南经济占全国经济的比重，原因在于湖南省的高新技术产业的企业数量和规模达到上市的标准不多，根本原因还在于湖南省的研发投资规模不够。如果湖南省规模化的产业投资基金能够有效运作，促进湖南省更多的科技型企业在中国证券市场上市，那么就可以获得更多的研发资金和产业化的资金。由此会形成一种良性的循环，使得湖南省的研发投资规模迅速增长，这应该成为湖南省高新技术产业发展基金的投资目标。

第四，充分挖掘和利用国内外的技术创新人才。

高新技术创新及其产业化的基础是研发出能够商业化并具有世界先进水平的技术，技术的研发与拥有的基础是人才，能够充分挖掘和利用国内外具有先进技术水平的技术创新人才是湖南高新技术产业发展的基础性条件。湖南有湖南大学、中南大学、国防科学技术大学，这三所工科为主的综合性院校，长期以来为湖南和中国培养了一大批专业技术人才，这些人才使得湖南机械技术、材料科学、计算机科学等领域的研发及其产业化位于全国前列，也为省外技术创新型的企业培养了技术人才和管理人才，其中一些成为著名企业的领军人物。

但是从湖南省高新技术产业的研发及其产业发展现状来看，湖南省培养出来的这些具有创新能力的人才大部分并没有为湖南经济的发展做出该有贡献。这一状况说明在充分利用国内外技术创新人才方面，湖南省具有充分的潜力，这需要采取一些有力的措施来改变这种状况。

为了改变高素质人才在湖南制造业比重较低的状况，需要为具有技术创新能力的人才在湖南省就业或创业提供良好的条件，这是吸引和利用国内外技术创新人才的充分条件。生活补贴、住房补贴只是吸引高技术人才就业的必要条件。目前经济发达地区基本上已经用这些优惠条件来吸引人才，湖南省也不应该例外。为拥有技术创新能力并能产业化的人才提供创业条件就更有利于此类人才在湖南的创业。产业发展基金不仅可以为此类人才的技术研发提供天使基金，而且在产业化过程中可以提供更多的管理与资金方面的帮助。如果能够在湖南形成技术创新人才聚集和创业的良好社会氛围，一定会吸引大批人才在湖南进行创业，湖南的高新技术产业化水平将得到加速提升。

第五，为高新技术产业的研发和市场化提供高效率的、全方位的政府公共服务。

中国一些发达地区已经为高新区产业的发展提供了全方位的政府公共服务，尽可能降低高新技术企业在创业和发展过程中所要付出的社会成本，这是一些发达地区，例如深圳高新技术产业得以迅速发展的重要原因。

提供全方位高水平的政府公共服务是地方政府管理效率的一种表现，如果我们充分认识到高新技术产业对于湖南经济发展的重要性，那么就应该为高新技术企业在湖南的发展提供全方位高效率的服务，这需要通过建立专门的政府管理机制来达到这一目的。

主动走出去，为高新技术产业发展进行招商引资是高效率的政府公共服务的一种表现。如果说早期的招商引资侧重于传统产业的发展，那么现在的招商引资就应该侧重于高新技术产业的发展，目标客户应该是那些具有创新能力的著名企业、具有创新潜力和发展空间的细分产业龙头企业，以及拥有一流的技术创新成果并进行产业化的技术人才和管理人才。

由于湖南省地理位置适中、土地要素成本和一般劳动力的成本相对于发达地区具有一定的优势，如果能够在产业投资资金、社会管理水平、人才挖掘和招商优惠条件等方面做出充分的努力，湖南省高新技术产业发展一定能够呈现出一个新的局面。

2. 促进农村剩余劳动力加速转移、加速就业结构转换的对策

通过产业结构的优化和制度改革来带动城镇化、促使农村剩余劳动力的加速转移，可以提高劳动力的配置效率，为第二、三产业的发展提供动力，为此至少应该采取以下对策、做好以下工作：

第一，提高农村剩余劳动力的专业技能水平，以适应转移到城市工作的需要，防止农村剩余劳动力进入中年阶段之后因年龄较大无法在城市找到合适的

工作。

现代科学技术的发展使得一般体力劳动者适应于城市工作的机会越来越小，只有受过专业技能训练的劳动力可以在城市部门终身就业，否则就会产生转移之后剩余劳动力又回流到农业部门的现象，从而降低了就业结构转变的速度。因此所有转移的农业劳动力应该都受到适当的培训，使他们都能够获得专业技能，具备在城市部门终身就业的能力。专业技能培训可以由政府部门来组织进行，也可以由政府资助、企业部门来组织进行。

第二，改革农村财产制度和户籍制度，使得转移的农村劳动力在无后顾之忧的基础上不再眷恋其在农村的资产。

转移劳动力之所以在中年又回到农村，原因在于目前的农村财产制度为其提供了失业和养老保险的功能，如果其在农村的财产能够通过交易来变为现金，进而由城市部门来承担失业和养老保险的功能，则已经转移的农业劳动力将不会回流到农村。转移劳动力在农村的财产主要是两项，一是农村的宅基地和住房；二是农业土地的所有权和使用权。为了使其财产能够变现，首先应该对农村农民的宅基地和住房建立交易制度，允许其在一定的范围内进行流通，使之可以变现。可以对其变现之后的现金去向加以限定，例如必须购买终身养老保险、失业保险和医疗保险以及城市的住房。其次，应该对农民的土地所有权和使用权进行确权，使之具有可转让、可继承的特点，为其交易奠定基础。

第三，给予到城市就业的农村转移劳动力及其家庭享有城市居民的一切待遇。

在城市就业的农村转移劳动力，应当获得城市居民同等的一切权利，包括子女上学权利、养老失业保险权利、医疗保险权利、购买住房权利等，使他们能够在城市部门终身就业定居。为此应该改变城乡分割的户籍制度，作为过渡性的措施，可以实行居住证政策，在城市就业并进行定居的农村转移劳动力及其家庭，无论是购买住房或者是租赁住房，只要有正当的谋生手段，可以发给居住证明，并享有现有城市居民一切权利。

3. 全面提升要素生产率水平和要素增长速度的综合对策

通过技术创新来加速湖南经济发展也必须立足于湖南的现实条件，尽管最近 10 年湖南在高新技术产业发展相对滞后、农村剩余劳动力的转移速度滞后的情况下，湖南经济发展的速度还与全国平均水平基本相当，这说明驱动湖南经济发展的其他方面动力因素有着十分重要的作用。前面我们在研究湖南经济发展的动力结构时，已经发现湖南的储蓄率水平比较高，资本增长速度比较高，全要素生产率增长所带来的经济增长率所占的份额也比较高，其中原因在于湖南外出务工人员所获得的收入提升了本身的储蓄率水平，通过招商引资吸引了国内外资金在湖南进行投资，这使得湖南的储蓄率水平相对较高。更为重要的是高储蓄率、技术水平相对高的实业投资带来了溢出效应，使得湖南省全要素生产率的增长率也比较高，这是湖南经济发展速度能够保持与全国平均水平一致的重要原因。基于这种状况，可以采取以下综合对策来夯实跨越中等收入陷阱的基础。

第一，充分发挥湖南经济发展目前已经具备了的有利条件。由于湖南与沿海发达地区已经形成了要素收入的差距，由此带来了劳动力的外出务工以及产业转移的动力，这是湖南经济发展的有利条件。鼓励一般劳动力外出务工的政策必须坚持，通过改进优惠条件来进一步推动招商引资的政策也必须坚持并发扬光大。

第二，全面提高企业本身的技术创新能力的对策。企业是技术创新及其驱动经济发展的主要承担者，企业本身的技术创新能力的高低对于全社会的技术创新效率、技术创新驱动经济发展效率有至关重要的决定作用。为了提高企业的技术创新能力和效率，除了企业自身的努力之外，还可以通过政府或者行业协会来做以下工作：

培训技术创新的管理者。成功的技术创新往往需要长时间的经验积累，如果成功者的经验积累能够有效地传播到其他企业，这可以提高其他企业的技术创新效率。因此政府和社会应该对企业的技术创新的管理者进行培训，邀请成功的技术创新企业的管理者传授其经验。

政府还可以通过官方机构或民间机构为企业的技术创新提供咨询服务，由此来提高企业的技术创新的效率和能力。现代科技创新及其在经济中的运用需要广泛、专深的科技知识和经济知识，单个企业进行技术创新的时候往往这方面的知识不够充沛，希望得到社会的帮助。政府的机构特别是涉及到科学技术发展的管理机构、经济管理部门拥有大量这方面的专业人才，可以为企业的技术创新行为提供咨询服务，这需要适当的途径来激励政府机构来参与这方面的工作。

推进国有企业的制度改革，以增加国有企业技术创新的动力。在竞争性的国有企业领域，必须通过制度改革形成技术创新和进步的动力。引入非国有资本、形成混合所有制的国有控股或参股企业，是通过所有制改革提升企业技术创新动力的一大途径。改革企业的分配体制以提升管理阶层、核心技术人员技术创新的动力。在相对垄断的国有企业里，应该尽可能减少行政垄断的程度，尽可能放开社会资本的进入，由此来形成竞争性的市场环境。在自然垄断或者必须垄断的国有经济领域，除了对产品和服务的价格、质量进行严格控制之外，应该加强对技术进步状况的考核。可以通过评估产品和服务的价格和质量、参照发达国家具有国际竞争水平的同类产品和服务的价格和质量，来评估其技术创新和进步的状况，以此来形成垄断行业国有企业技术进步的动力。

第三，提升科技创新的管理水平，使其更好服务于湖南的经济发展。从技术上的可行性和经济上的可行性来选择技术创新的方向和目标，以提高湖南技术创新促进经济发展的效率，应该遵循以下准则：①有足够的规模性。技术创新和进步有典型的规模经济的特性，技术创新所涉及到的经济规模越大，其驱动经济发展的效率越大。规模性准则的执行似乎相对简单，只要依据现实中的产业规模就能够确定。但是潜在的产业规模需要有一定的预见性。②有明显的技术创新和进步的速度。通过技术创新和进步来改进产品的性能、降低产品的成本，进而刺激供给和需求来促进经济发展，其效率明显与技术创新和进步的速度有密切的关系。能够显著改变产品性能和降低成本的技术进步更能够有效促进经济的发展。③有足够的可持续性。技术本身深受科学原理的制约，这决定了技术创新和发展的极限。④制定可行的、具有效率的技术创新规划。技术创新规划的主要作用在于确定技术创新的路径、时机和方式。可行的、有效率的技术创新的规划，对技术创新的研发效率和技术创新驱动经济发展的效率有至关重要的作用。

第四，持续提升湖南的教育水平。提升湖南的教育水平，应该做好以下几个方面的工作：①提升普及性的基础教育水平。这关键在于提升农村教学质量水平。对农村地区的教师给予适当的培训，采用现代化的教学手段，使发达地区或教育先进地区的优秀教师资源能够被教育落后地区所分享；提升师资的经济待遇，使得优秀教师愿意在当地进行教育工作。②持续提升大学教育普及率。湖南的基础教育良好，有必要使大学普及率领先于全国平均水平，为此应该在近期逐步在湖南将大学毛入学率提高到 60％的水平。③提升高水平研究生教育的规模和水平。高水平研究生教育是提升全社会研发效率的基础，湖南省研究生的培养占比低于全国平均水平，这是湖南省研发人员的比例相对较低的原因之一。从发达国家的研究生教育水平来看，高水平的研究生教育是成为一流发达国家的必要条件。湖南省要着力于扩大一流大学的研究生培养规模，为此应该增加湖南地区大学的研究生的拨款规模，并可以考虑为湖南籍研究生设立特别的奖学金，利用省外大学的培养能力为湖南定向培养研究生。

通过以上对策的有效实施，使得湖南省高新技术产业的发展速度能够超过湖南经济平均发展速度，高新技术产业的比重越来越高，并通过农村剩余劳动力来促进第二、三产业的发展，由此使得湖南省的经济发展水平快速赶上并超越全国平均的发展水平，由此带来的结果必然是湖南经济得以快速跨越中等收入陷阱。

（关于湖南经济的数据及其处理方法省略）

参考文献

［1］ AGHION PHILIPPE，HOWITT PETER. A model of growth through creative destruction ［J］. Econometrica，1992，60 （2）.

［2］ ARROW K J. The economic implications of learning by doing ［J］. The Review of Economic Studies，1962，29 （3）.

［3］ ARROW K J. Economic welfare and the allocation of resources for invention ［J］. International Library of Critical Writings in Economics，1996，70.

［4］ BALACHANDRA，FRIAR. Factors for success in R&D projects and new product innovation：a contextual framework ［J］. IEEE Transactions on Engineering Management，1997，44 （3）.

［5］ BARKER V L，MUELLER G C. CEO characteristics and firm R&D spending ［J］. Management Science，2002，48 （6）.

［6］ BEN-ZION U，FIXLER D J. Market structure and product innovation ［J］. Southern Economic Journal，1981.

［7］ CHEN Y，SCHWARTZ M. Product innovation incentives：monopoly vs competition ［D］. Georgetown University，2010.

［8］ COLE，OHANIAN，RIASCOS，et al. Latin America in the rearview mirror ［J］. Journal of Monetary Economics，2005，52 （1）.

［9］ CREPON B，DUGUET E，MAIRESSEC J. Research，innovation and productivity：An econometric analysis at the firm level ［J］. Economics of Innovation and New Technology，1998，7 （2）.

［10］ DAMANPOUR F. Organizational innovation：a meta-analysis of effects of determinants and moderators ［J］. Academy of Management Journal，1991，34 （3）.

［11］ DASGUPTA P，STIGLITZ J. Industrial structure and the nature of innovative activity ［J］. Economic Journal，1980，90 （358）.

［12］ DIXIT，AVINASH K，JOSEPH E，et al. Monopolistic competition and optimum product diversity ［J］. American Economic Review，vol. 67，1977，June.

［13］ GARY D HANSEN，EDWARD C PRESCOTT. Malthus to solow ［J］. American Economic Association，2002，92 （4）.

［14］ GREENSTEIN S，RAMEY G. Market structure，innovation，and vertical product differentiation ［J］. International Journal of Industrial Organization，1998，16.

［15］ GROSSMAN GENE M, HELPMAN E. Innovation and growth in the global economy ［M］. Cambridge, MA: MIT Press, 1991.

［16］ HAUSMAM J A, HALL B H, GRILICHES Z. Econometric models for count data with an application to the patents-R&D relationship ［J］. 1984.

［17］ INDERMIT GILL, HOMI KHARAS. An East Asian renaissance: ideas for economic growth. World Bank Publications, 2007.

［18］ KAMIEN I, SCHWARTZ L. On the degree of rivalry for maximum innovative activity ［J］. Quarterly Journal of Economics , 1976, 90.

［19］ LEWIS W A. Economic development with unlimited supplies of labour. The Manchester School, XXII (2), pp. (1954). 139-191. Reprint.

［20］ LUCAS R E. On the mechanics of economic development ［J］. Journal of Monetary E-conomics, 1988, 22 (1).

［21］ LOUIS KUIJS. China through 2020—a macroeconomic scenario. World Bank China Office Research Working Paper NO. 9 , June 2009.

［22］ ODED GALOR. Unified growth theory ［M］. Princeton, Princeton University Press, 2011.

［23］ REINGANUM J. Dynamic games with R&D rivalry ［D］. Evanston: Northwestern U-niversity, 1979.

［24］ ROMER PAUL M. Increasing return and long-run growth ［J］. Journal of Political E-conomy, 1986, 94 (10).

［25］ ROMER, PAUL M. Endogenous technological change ［J］. Journal of Political Econo-my, vol. 98, 1990, October, part II.

［26］ RONALD L GOETTLER, BRETT R GORDON. Competition and product innovation in dynamic oligopoly ［D］. University of Chicago and Columbia University, 2012.

［27］ SCHUMPETER JOSEPH A. The theory of economic development ［M］. Cambridge, MA: Harvard University Press, 1934.

［28］ SIMON SMITH KUZNETS. Modern economic growth ［M］. New Haven: Yale Uni-versity Press, 1966.

［29］ SITKIN S B, WEINGART L R. Determinants of risky decision-making behavior: a test of the mediating role of risk perceptions and propensity ［J］. Academy of Manage-ment Journal, 1995, 38 (6).

［30］ SOLOW R M. A contribution to the theory of economic growth ［J］. Quarterly Journal of Economics, 1956, 70 (1).

［31］ SPENCE M. Cost reduction, competition, and industry performance ［J］. Economet-rica, 1984, 52 (1).

［32］ SPENCE, MICHAEL. Product selection, fixed costs, and monopolistic competition ［J］. Review of Economics and Statistics, vol. 43, 1976, June.

［33］ STOKEY N L. R & D and economic growth ［J］. Review of Economic Studies,

1995，62.

[34] SWAN T W. Economic growth and capital accumulation [J]. The Review of Economics and Statistics，1956，78 (4).

[35] TODARO M P. A model of labor migration and urban unemployment in less developed countries [J]. AER, 1969, vol. 59.

[36] WISEMAN R M, GOMEZ-MEJIA L R. A behavioral agency model of managerial risk taking [J]. Academy of Management Review, 1998，23 (1).

[37] D. W. 乔根森. 生产率：经济增长的国际比较：第 2 卷 [J]. 北京：中国发展出版社，2001.

[38] [美] 约瑟夫·熊彼特. 资本主义、社会主义与民主 [M]. 吴良建，译. 北京：商务印书馆，1999.

[39] [法] 保尔·芒图. 十八世纪产业革命 [M]. 北京：商务印书馆，1983.

[40] 保罗·肯尼迪. 大国的兴衰 [M]. 北京：国际文化出版公司，2006.

[41] 德隆·阿西莫格鲁，詹姆斯·A. 罗宾逊. 国家为什么会失败 [M]. 长沙：湖南科学技术出版社，2015.

[42] 弗里曼，苏特. 工业创新经济学 [M]. 华宏勋，华宏慈，等译. 北京：北京大学出版社，2004.

[43] 钱纳里. 结构变化与发展政策 [M]. 北京：经济科学出版社，1991.

[44] 阿吉翁，霍伊特. 内生增长理论 [M]. 陶然，倪彬华，汪柏林，等译. 北京：北京大学出版社，2004.

[45] 陈平. 文明分岔、经济混沌和演化经济学 [M]. 北京：经济科学出版社，2000.

[46] 徐幼民. 基于技术进步的经济理论研究 [M]. 北京：中国经济科学出版社，2013.

[47] 张昕，王学军. 技术创新采用决策影响因素研究 [J]. 科技进步与对策，2008，25 (4).

[48] 张世贤. 阈值效应：技术创新的低产业化分析：以中国医药技术产业化为例 [J]. 中国工业经济，2005，4.

[49] 严海宁，朱劲松. 过程创新和产品创新的市场竞争程度分析 [J]. 太原理工大学学报（社会科学版），2008，26 (3).

[50] 戴艳娟，泉弘志. 基于全劳动生产率的中国各产业生产率的测算 [J]. 财经研究，2014 (12).

[51] 闫森. 经济增长收敛与"中等收入陷阱"：基于亚洲经济体的实证研究 [J]. 亚太经济，2017 (01).

[52] 刘钢. 拉美六国人均产出稳态值相对变化及原因分析和启示 [J]. 数量经济技术经济研究，2019 (05).

[53] 张欢，徐康宁. 关于中等收入陷阱的学说渊源及其思辨 [J]. 江苏社会科学，2017 (02).

[54] 李月，邓露. 知识、全要素生产率与中等收入陷阱 [J]. 世界经济研究，2017 (05).

[55] 王刚，代法涛，张龙. 社会资本、技术创新和跨越"中等收入陷阱"[J]. 经济问题探

索，2017（03）.

[56] 林毅夫. 遵循比较优势发展战略，进行结构持续升级，避免中等收入陷阱 [J].
CMRC 中国经济观察，2012（31）.

[57] 郑秉文."中等收入陷阱"与中国发展道路：基于国际经验教训的视角 [J]. 中国人口
科学，2011（01）.

[58] 程文，张建华. 收入水平、收入差距与自主创新：兼论"中等收入陷阱"的形成与跨
越 [J]. 经济研究，2018（04）.

[59] 程文，张建华."中等收入陷阱"的定量识别与跨越路径 [J]. 统计与决策，2019
（01）.

[60] 张建华，程文. 服务业供给侧结构性改革与跨越增长收入陷阱 [J]. 中国社会科学，
2019（03）.

[61] 王友明. 拉美陷入"中等收入陷阱"的教训、经验及启示 [J]. 当代世界，2012
（07）.

[62] 周文，孙懿. 中国面对"中等收入陷阱"问题的解构：本质、挑战与对策 [J]. 经济
学动态，2012（07）.

[63] 张卓元. 避免"中等收入陷阱"在于转变经济发展方式 [J]. 当代经济，2011（14）.

[64] 王一鸣. 跨越与落入"中等收入陷阱"国家的企业研发机构：以韩国和巴西为例 [J].
科学管理研究，2018（02）.

[65] 全毅. 跨越"中等收入陷阱"：东亚的经验及启示 [J]. 世界经济研究，2012（02）.

[66] 邹静娴，张斌. 后中等收入经济体的对外开放：国际经验对中国的启示 [J]. 国际经
济评论，2018（02）.

[67] 蔡昉. 中国经济如何跨越"低中等收入陷阱"？[J]. 中国社会科学院研究生院学报，
2008（01）.

[68] 蔡昉. 从中等收入陷阱到门槛效应 [J]. 经济学动态，2019（11）.

[69] 姚树洁. 中国跨越"中等收入陷阱"的经济理论及战略 [J]. 国际经济评论，2018
（01）.

[70] 黄先海，宋学印. 中国跨越潜在"中等收入陷阱"的新增长战略：从追赶导向到竞争
导向 [J]. 国际经济评论，2018（01）.

[71] 陆善勇，叶颖. 中等收入陷阱、比较优势陷阱与综合优势战略 [J]. 经济学家，2019
（07）.

[72] 杨俊龙. 如何理性应对中等收入陷阱 [J]. 财贸研究，2018（06）.

[73] 华民. 如何才能跨越经济增长的陷阱 [J]. 国际经济评论，2018（01）.

[74] 杜宇玮. 中国何以跨越"中等收入陷阱"：基于创新驱动视角的考察 [J]. 江海学刊，
2018（04）.

[75] 龚刚，魏熙晔，杨先明，等. 建设中国特色国家创新体系 跨越中等收入陷阱 [J]. 中
国社会科学，2017（08）.

[76] 魏熙晔，等. 收入分配、产业升级与中等收入陷阱 [J]. 浙江社会科学，2019（10）.

［77］胡莹，陈韬. 新发展理念与"中等收入陷阱"的跨越［J］. 贵州社会科学，2019（02）.

［78］朱玉成. 中国跨越"中等收入陷阱"和预防"高收入之墙"的政策创新研究［J］. 社会科学，2020（04）.

［79］徐永慧，李月. 跨越中等收入陷阱中全要素生产率的作用及比较［J］. 世界经济研究，2017（02）.

［80］杨先明，王希元. 经济发展过程中的结构现代化：国际经验与中国路径［J］. 经济学动态，2019（10）.

［81］孙振清，等. 中国跨越中等收入陷阱潜力研究：专利技术视角［J］. 科技进步与对策，2019（01）.

［82］徐幼民，徐小康. 论技术创新的最优市场结构［J］. 财经理论与实践，2013（03）.

［83］徐幼民，等. 论技术创新状况的经济评价指标［J］. 财经理论与实践，2014（03）.

［84］徐幼民，等. 基于投资风险与阈值的企业产品创新理论［J］. 湖南大学学报（社会科学版），2014（04）.

［85］徐达实，徐幼民. 技术创新驱动经济发展效率决定国家经济发展的状态［J］. 财经理论与实践，2018（06）.

［86］徐幼民，徐达实. 论技术创新驱动经济发展的加速效应［J］. 财经理论与实践，2017（06）.